国家社会科学基金（教育学）重大项目（VDA200004）阶段性研究成果
北京外国语大学"双一流"建设标志性项目（BW202018）阶段性研究成果

"一带一路"国家文化教育大系　　　　　总主编　王定华

巴基斯坦
文化教育研究

پاکستان

ثقافت و تعلیم

徐墨　高雅茹　著

外语教学与研究出版社
FOREIGN LANGUAGE TEACHING AND RESEARCH PRESS
北京 BEIJING

图书在版编目（CIP）数据

巴基斯坦文化教育研究 / 徐墨，高雅茹著. —— 北京：外语教学与研究出版社，
2022.9
（"一带一路"国家文化教育大系 / 王定华总主编）
ISBN 978-7-5213-3979-6

Ⅰ.①巴… Ⅱ.①徐… ②高… Ⅲ.①教育研究－巴基斯坦 Ⅳ.①G535.3

中国版本图书馆 CIP 数据核字 (2022) 第 174947 号

出 版 人　王　芳
项目负责　孙凤兰　巢小倩
责任编辑　赵　雪
责任校对　夏洁媛
装帧设计　李　高
出版发行　外语教学与研究出版社
社　　址　北京市西三环北路 19 号（100089）
网　　址　http://www.fltrp.com
印　　刷　北京盛通印刷股份有限公司
开　　本　787×1092　1/16
印　　张　18.75　彩插 1 印张
版　　次　2022 年 10 月第 1 版 2022 年 10 月第 1 次印刷
书　　号　ISBN 978-7-5213-3979-6
定　　价　150.00 元

购书咨询：（010）88819926　电子邮箱：club@fltrp.com
外研书店：https://waiyants.tmall.com
凡印刷、装订质量问题，请联系我社印制部
联系电话：（010）61207896　电子邮箱：zhijian@fltrp.com
凡侵权、盗版书籍线索，请联系我社法律事务部
举报电话：（010）88817519　电子邮箱：banquan@fltrp.com
物料号：339790001

记载人类文明
沟通世界文化
www.fltrp.com

"一带一路"国家文化教育大系编写委员会

顾　　问：顾明远　　　马克垚　　　胡文仲

总主编：王定华

委　　员（按姓氏音序排列）：

常福良	戴桂菊	郭小凌	金利民	柯　静	李洪峰
刘宝存	刘　捷	刘生全	刘欣路	钱乘旦	秦惠民
苏莹莹	陶家俊	王　芳	谢维和	徐　辉	徐建中
杨慧林	张民选	赵　刚			

"一带一路"国家文化教育大系编审委员会

主　　任：王　芳

副主任：徐建中　　　刘　捷

秘书长：孙凤兰

委　　员（按姓氏音序排列）：

蔡　喆	柴方圆	巢小倩	杜晓沫	华宝宁	焦缨添
刘相东	刘真福	马庆洲	彭立帆	石筠弢	孙　慧
万作芳	王名扬	杨鲁新	姚希瑞	苑大勇	张小玉
赵　雪	祝　军				

伊斯兰堡马格拉山国家公园一角

拉合尔市中心花园一角

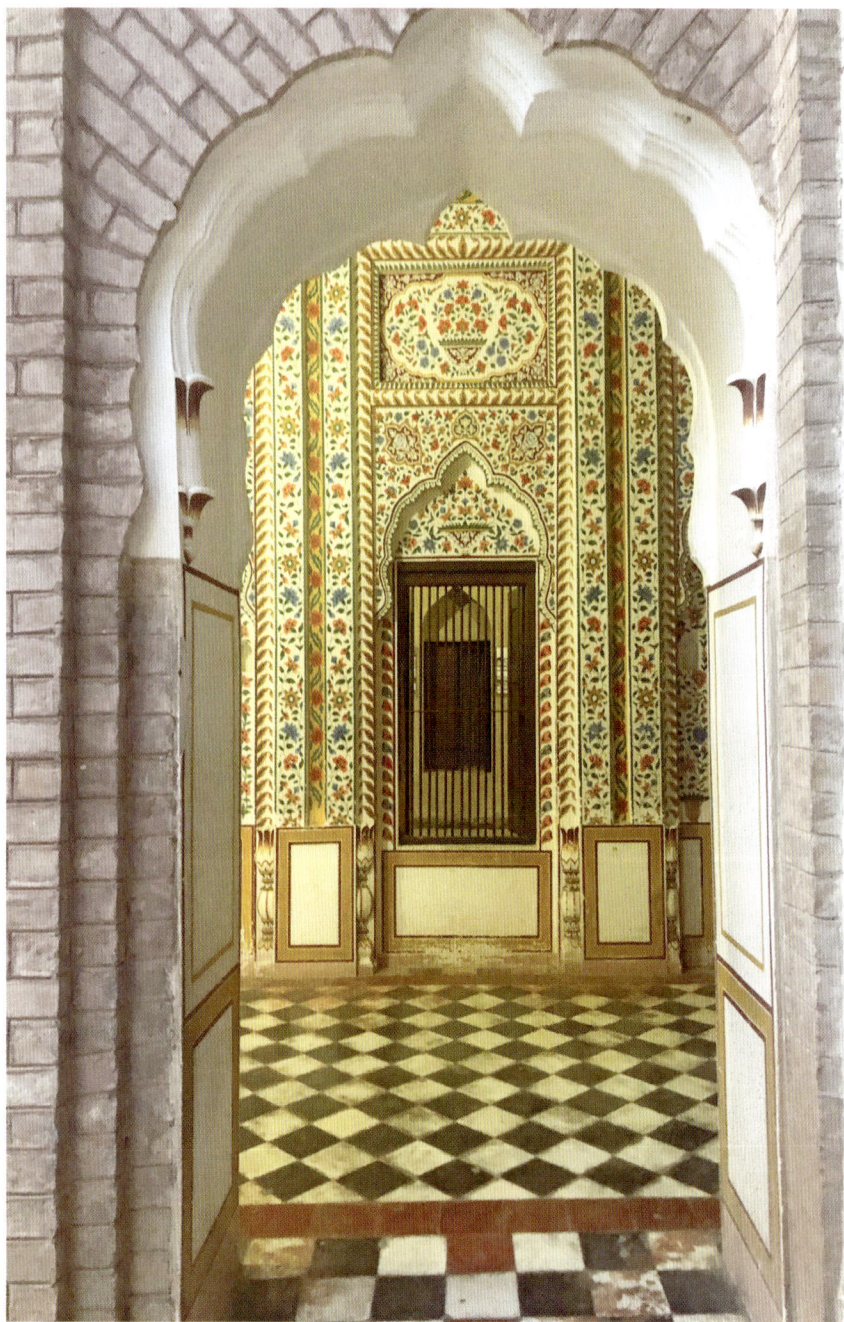

伊斯兰风格的建筑

沙阿·费萨尔清真寺

周末市集

山间海景露天餐厅

伊斯兰堡餐厅的特色午餐

婚礼仪式中的"瓦利马"环节

婚礼仪式中的"迈哈迪"环节

巴基斯坦学前儿童参加2021年国际和平日活动

巴基斯坦小学生参加洪灾捐赠活动

巴基斯坦小学生参加2021年国际残疾人日活动

国立现代语言大学

拉合尔政府学院大学

国际伊斯兰大学高级翻译学院

旁遮普天津技术大学学生实践活动

旁遮普天津技术大学校园活动

本书作者访问江苏师范大学巴基斯坦研究中心

出版说明

2013 年 9 月 7 日，国家主席习近平提出共建"丝绸之路经济带"重大倡议。2013 年 10 月 3 日，习近平主席提出共建"21 世纪海上丝绸之路"重大倡议。两者合称"一带一路"倡议。以 2013 年金秋为起点，"一带一路"倡议作为构建人类命运共同体的伟大设想，在开拓和平、繁荣、开放、绿色、创新、文明之路的非凡征程中，孕育生机和活力，汇聚信心和期待，在世界范围内广受欢迎和响应。

文化交流、文明互鉴是构建人类命运共同体的人文基础。文化发展，教育先行。作为"共和国外交官的摇篮"、文化教育的主动践行者、"一带一路"倡议的踊跃响应者和构建人类命运共同体的积极参与者，北京外国语大学在党委书记王定华教授的带领下，放眼世界，找准坐标，勇于担当，主动作为，深耕文化教育相关领域，研究、策划并组织编写了"一带一路"国家文化教育大系（以下简称大系）。国内相关高校和研究机构的众多专家学者献计献策，踊跃参加，形成了一个范围广泛、交流互动、共同进步的"一带一路"国家文化教育学术研究共同体。大系旨在填补国内相关研究领域的学术空白，实现"一带一路"国家教育研究全覆盖，为中国教育"走出去"和相关国家先进教育理念"请进来"提供科学理论和实践指导，具有重要的学术价值。同时，大系服务国家重大战略，通过分期分批出版，形成规模和品牌，向中国共产党建党一百周年和"一带一路"倡议提出十周年献礼，具有深远的意义。

作为国家社会科学基金（教育学）重大项目"新时代提升中国参与全球教育治理的能力及策略研究"、北京外国语大学"双一流"建设标志性项目"'一带一路'国家文化教育研究"的课题研究成果和北京外国语大学党委的"奋进之举"，大系秉承学术性与可读性兼顾的原则，对"一带一路"国家文化教育理论与实践问题展开深入研究，从国情概览、文化传统、教育历史、学前教育、基础教育、高等教育、职业教育、成人教育、教师教育、教育政策、教育行政、教育交流等方面，全景擘画"一带一路"国家的教育风貌，帮助读者了解"一带一路"国家教育的历史与现状、经验与特点，为我国教育的发展和对外交流合作提供有益的借鉴、思考与启迪。

肆虐全球的新冠肺炎疫情严重影响了各国人民的生产生活，带来了二战以来人类面临的最严重的全球性危机，同时也再次阐述了人类命运共同体深刻内涵的世界性意义。在疫情防控常态化背景下，大系所有专家学者不畏困难，齐心协力，直面挑战，守望相助，化危为机，切实履行了响应和支持"一带一路"倡议的承诺。在此，特别感谢大系总策划、总主编王定华教授，以及所有顾问、编委和作者的心血倾注、智慧贡献和努力付出。

外语教学与研究出版社对大系的编写和出版工作给予了高度重视。自2019年项目启动以来，外研社抽调精锐力量成立大系工作组，多次组织相关部门和人员召开选题论证会，商建编委会，召开全体作者大会，制订周密、科学的出版计划，以保证项目的顺利开展和图书的优质出版。目前，大系的出版工作已取得阶段性成果，预计在2023年"一带一路"倡议提出十周年之前，将分期分批推出数量和规模可观的、具有相当科研价值和学术价值的系列专著。期望大系的编写和出版能为"一带一路"建设、中外教育交流及我国文化教育发展发挥基础性、服务性、广远性的作用。

外语教学与研究出版社
2021 年 4 月

总　序

王定华

改革开放以来，中国各项事业取得了巨大成就。中国经济和世界经济高度关联，中国一以贯之地坚持对外开放的基本国策，构建全方位开放新格局，深度融入世界经济体系。2013 年 9 月和 10 月，习近平主席在出访中亚和东南亚国家期间，先后提出共建"丝绸之路经济带"和"21 世纪海上丝绸之路"的重大倡议（以下简称"一带一路"倡议），得到国际社会的高度关注。其中，"丝绸之路经济带"东边牵着亚太经济圈，西边系着发达的欧洲经济圈，是世界上最长、最具发展潜力的经济大走廊；"21 世纪海上丝绸之路"串起连通东盟、南亚、西亚、北非、欧洲等各大经济板块的市场链，发展面向南海、太平洋和印度洋的战略合作经济带，以亚欧非经济贸易一体化为发展的长期目标。

一、精准把握"一带一路"倡议的时代意蕴

"经济带"概念是对地区经济合作模式的创新。其中经济走廊涵盖中蒙

俄经济走廊、新亚欧大陆桥、中国-中亚-西亚经济走廊、孟中印缅经济走廊、中国-中南半岛经济走廊等，以经济增长极辐射周边，超越了传统发展经济学理论。"丝绸之路经济带"概念不同于历史上所出现的各类"经济区"与"经济联盟"，同后两者相比，经济带具有灵活性高、适用性广以及可操作性强的特点，各国都是平等的参与者，本着自愿参与、协同推进的原则，发扬古丝绸之路兼容并包的精神。

"一带一路"倡议是我国在新时代推进全方位对外开放的重要举措，为当今世界提供了一个充满东方智慧、实现共同发展的中国方案，也是对历史文化传统的高度尊重，凝聚了世界各国利益的最大公约数。丝绸之路是起始于古代中国，连接亚洲、非洲和欧洲的古代陆上商业贸易路线，最初的作用是运输古代中国出产的丝绸、瓷器等商品，后来成为东方与西方之间在经济、政治、文化等方面进行交流的主要通道。1877 年，德国地质、地理学家李希霍芬（F. P. W. Richthofen）在其著作《中国》一书中，把公元前 114 年至公元 127 年，中国与中亚、中国与印度间以丝绸贸易为媒介的这条西域交通道路命名为"丝绸之路"，这一名词很快为学术界和大众所接受，并正式运用。其后，德国历史学家赫尔曼（A. Herrmann）在 20 世纪初出版的《中国与叙利亚之间的古代丝绸之路》一书中，根据新发现的文物考古资料，进一步把丝绸之路延伸到地中海西岸和小亚细亚，并确定了丝绸之路的基本内涵，即它是中国古代与中亚、南亚、西亚以及欧洲、北非的陆上贸易交往通道。进入 21 世纪，海上丝绸之路也被纳入丝绸之路的涵盖范围，即从中国沿海港口过南海到印度洋并延伸至欧洲，从中国沿海港口过南海到南太平洋。随着时代的发展，"丝绸之路"成为古代中国与西方所有政治经济文化往来通道的统称。

推进"一带一路"建设既是中国扩大和深化对外开放的需要，也是加强和世界各国互利合作的需要，中国愿意承担更多责任和义务，为人类和平发展做出更大的贡献。文明交流互鉴是构建人类命运共同体的重要途径，是推动人类文明共同进步、实现世界和平发展的重要动力。共建"一带一路"要顺应世界多极化、经济全球化、文化多样化、社会信息化的潮流，秉持开放的区域合作精神，致力于推动"一带一路"各国实现经济政策协调，开展更大范围、更高水平、更深层次的区域合作，共同打造开放、包容、均衡、普惠的区域经济合作架构，维护全球自由贸易体系和开放型世界经济格局。

"一带一路"贯穿亚欧非大陆，一头是活跃的东亚经济圈，一头是发达的欧洲经济圈，中间广大腹地国家经济发展潜力巨大。根据"一带一路"走向，陆上依托国际大通道，以中心城市为支撑，以重点经贸产业园区为合作平台，共同打造新亚欧大陆桥以及中蒙俄、中国-中亚-西亚、中国-中南半岛等国际经济合作走廊；海上以重点港口为基点，共同建设通畅安全高效的运输大通道。

"一带一路"建设是有关国家开放合作的宏大经济愿景，需要各国携手努力，朝着互利互惠、共同安全的目标相向而行：努力实现区域基础设施更加完善，安全高效的陆海空通道网络基本形成，互联互通达到新水平；投资贸易便利化水平进一步提升，高标准自由贸易区网络基本形成，经济联系更加紧密，政治互信更加深入；人文交流更加广泛深入，不同文明互鉴共荣，各国人民相知相交、和平友好。

"一带一路"倡议是具有开放性和包容性的友好建议。当今世界是一个开放的世界，开放带来进步，封闭导致落后。中国认为，只有开放才能发现机遇、抓住并用好机遇、主动创造机遇，才能实现国家的奋斗目标。"一带一路"倡议就是要把世界的机遇转变为中国的机遇，把中国的机遇转变为世界的机遇。正是基于这种认知与愿景，"一带一路"倡议以开放为导向，冀望通过加强交通、能源和网络等基础设施的互联互通建设，促进经济要素有序自由流动、资源高效配置和市场深度融合，开展更大范围、更高水平、更深层次的区域合作，打造开放、包容、均衡、普惠的区域经济合作架构，以此来解决经济增长和平衡问题。"一带一路"倡议的开放包容性是区别于其他区域性经济倡议的一个突出特点。

"一带一路"倡议是超越地缘政治的务实合作的广阔平台。"和平合作、开放包容、互学互鉴、互利共赢"的丝路精神是人类共有的历史财富，"一带一路"倡议就是秉承这一精神与原则提出的新时代重要倡议，通过加强相关国家间的全方位多层面交流合作，充分发掘与发挥各国的发展潜力与比较优势，形成互利共赢的区域利益共同体、命运共同体和责任共同体。在这一机制中，各国是平等的参与者、贡献者、受益者。因此，"一带一路"倡议从一开始就具有平等性、和平性特征。平等是中国坚持的重要国际准则，也是"一带一路"建设的关键基础。只有建立在平等基础上的合作才能是持久的合作，也才会是互利的合作。"一带一路"倡议平等包容的合作特征为其推进减轻了阻力，提升了共建效率，有助于国际合作真正"落地生根"。同时，"一带一路"建设离不开和平安宁的国际环境和地区环境，和平是"一带一路"建设的本质属性，也是保障其顺利推进所不可或缺的重要因素。这些就决定了"一带一路"倡议不应该也不可能沦为大国政治较量的工具，更不会重复地缘博弈的老路。

"一带一路"倡议是政府、企业、团体共同发力的项目载体。"一带一路"建设是在双边或多边联动基础上通过具体项目加以推进的，是在进行充分政策沟通、战略对接以及市场运作后形成的发展倡议与规划。2017 年 5 月发布的《"一带一路"国际合作高峰论坛圆桌峰会联合公报》强调了建设"一带一路"的合作原则，其中就包括市场运作原则，即充分认识市场作用和企业主体地位，确保政府发挥适当作用，政府采购程序应开放、透明、非歧视。可见，"一带一路"建设的核心主体与支撑力量并不是政府，而是企业，根本方法是遵循市场规律，并通过市场化运作模式来实现参与各方的利益诉求，政府在其中发挥构建平台、创立机制、政策引导等指向性、服务性功能。

"一带一路"倡议是与现有相关机制对接互补的有益渠道。参与"一带一路"建设的国家要素禀赋各异，比较优势差异明显，互补性很强。有的国家能源资源富集但开发力度不够，有的国家劳动力充裕但就业岗位不足，有的国家市场空间广阔但产业基础薄弱，有的国家基础设施建设需求旺盛但资金紧缺。我国目前经济总量居全球第二，外汇储备居全球第一，优势产业越来越多，基础设施建设经验丰富，装备制造能力强、质量好、性价比高，具备资金、技术、人才、管理等综合优势。这就为我国与其他"一带一路"建设参与方实现产业对接与优势互补提供了现实可能与重大机遇。因而，"一带一路"倡议的核心内容就是要加强基础设施建设和促进互联互通，对接各国政策和发展战略，以便深化务实合作，促进协调联动发展，实现共同繁荣。由此可见，"一带一路"倡议不是对现有地区合作机制的替代，而是与现有机制互为助力、相互补充。实际上，"一带一路"建设已经与俄罗斯主导的欧亚经济联盟、印尼全球海洋支点发展规划、哈萨克斯坦光明之路经济发展战略、蒙古国草原之路倡议、欧盟欧洲投资计划、埃及苏伊士运河走廊开发计划等实现了对接与合作，并形成了一批标志性项目，如中哈（连云港）物流合作基地。作为新亚欧大陆桥经济走廊建设成果之一，中哈（连云港）物流合作基地初步实现了深水大港、远洋干线、中欧班列、物流场站的无缝对接。该项目与哈萨克斯坦光明之路经济发展战略高度契合。

"一带一路"倡议是促进人文交流的沟通桥梁。"一带一路"倡议跨越不同区域、不同文化、不同宗教信仰，但它带来的不是文明冲突，而是各文明间的交流互鉴。"一带一路"倡议在推进基础设施建设、加强产能合作与发展战略对接的同时，也将"民心相通"作为工作重心之一。民心相通是"一带一路"建设的社会根基。民心相通就是要传承和弘扬丝绸之路友好合作精神，广泛进行文化交流、学术交流、人才交流往来、媒体合作、青年和妇女交往、志愿者服务等，为深化双边和多边合作奠定坚实的民意基础。一是扩大相互间留学生规模，开展合作办学；国家间互办文化年、艺术节、电影节、电视周和图书展等活动，深化国家间人才交流合作。二是加强旅游合作，扩大旅游规模，联合打造具有丝绸之路特色的国际精品旅游线路和旅游产品。三是强化与周边国家在传染病疫情信息沟通、防治技术交流、专业人才培养等方面的合作，提高合作处理突发公共卫生事件的能力。四是加强科技合作，共建联合实验室（研究中心）、国际技术转移中心、海上合作中心，促进科技人员交流，合作开展重大科技攻关，共同提升科技创新能力。五是整合现有资源，开拓和推进参与国家在青年就业、创业培训、职业技能开发、社会保障管理服务、公共行政管理等共同关心领域的务实合作。六是充分发挥政党、议会交往的桥梁作用，加强国家之间立法机构、主要党派和政治组织的友好往来，互结友好城市。七是加强各国民间组织的交流合作，重点面向基层民众，广泛开展教育、医疗、减贫开发、生物多样性和生态环保等主题的各类公益慈善活动，改善贫困地区生产生活条件；加强文化传媒领域的国际交流合作，积极利用网络平台，运用新媒体工具，塑造和谐友好的文化生态和舆论环境；通过强化民心相通，弘扬丝绸之路精神，开展智力丝绸之路、健康丝绸之路等建设，在科学、教育、文化、卫生、民间交往等领域广泛合作，使"一带一路"建设的民意基础更为坚实，社会根基更加牢固。"一带一路"建设就是要以文明交流超越文明隔阂，以文明互鉴超越文明冲突，以文明共存超越文明优越，为相关国家人民加强交流、增进理解搭起新的桥梁，为不同文化和文明加强对话、交流互鉴织就新的纽带，推动各国相互理解、相互尊重、相互信任。

"一带一路"是促进共同发展、实现共同繁荣的友谊之路。共建"一带一路"旨在促进各国发展战略的对接和耦合，有利于发掘区域市场的潜力，推动经济要素有序自由流动、资源高效配置和市场深度融合，促进投资和消费，创造需求和就业，增进各国人民的人文交流与文明互鉴，从而让各国人民相逢相知、互信互敬，共享和谐、安宁、富裕的生活。共建"一带一路"符合国际社会的根本利益，彰显了人类社会的共同理想和美好追求，是国际合作及全球治理新模式的积极探索，将为世界和平发展增添新的正能量。中国政府倡议秉持和平合作、开放包容、互学互鉴、互利共赢的理念，全方位推进务实合作，打造政治互信、经济融合、文化包容的利益共同体、命运共同体和责任共同体。

"一带一路"倡议已经得到世界上众多国家和地区的积极响应，成为维护全球自由贸易体系和开放型世界经济的重要支撑。截至 2021 年 1 月 30 日，中国已经同 171 个国家和国际组织签署 205 份共建"一带一路"合作文件。[1] 特别是 2017 年 5 月第一届"一带一路"国际合作高峰论坛、2019 年 4 月第二届"一带一路"国际合作高峰论坛和 2019 年 5 月亚洲文明对话大会的成功举办，充分彰显了我国开放、包容的大国外交风范。在此背景下，我们一方面应致力于向世界介绍中国，推动中国文化"走出去"，讲好中国故事；另一方面也应加强对"一带一路"国家的历史、文化、语言、教育、艺术等方面的介绍和研究，让中国人民更多地了解"一带一路"国家的具体国情，特别是文化传统和教育体系。

"一带一路"倡议合作范围不断扩大，合作领域愈加广阔。它不仅给参与各方带来了实实在在的合作红利，也为世界贡献了应对挑战、创造机遇、强化信心的智慧与力量。

当今世界，新冠肺炎疫情带来诸多挑战，局部战争风险依然存在，经济增长动能不足，"逆全球化"思潮涌动，地区动荡持续，恐怖主义蔓延。和平赤字、发展赤字、治理赤字带来的严峻问题，已摆在全人类面前。这充分说明现有的全球治理体系面临结构性问题，亟须找到新的破解之策与应对方略。作为一个新兴大国，中国有能力、有意愿同时也有责任为完善全球治理体系贡献智慧与力量。面对新挑战、新问题、新情况，中国给出

---

[1] 中国一带一路网. 我国已签署共建"一带一路"合作文件 205 份 [EB/OL]. （2021-01-30）[2021-02-23]. https://www.yidaiyilu.gov.cn/xwzx/gnxw/163241.htm.

的全球治理方案是：构建人类命运共同体，实现共赢共享。"一带一路"倡议正是朝着这个目标努力的具体实践。"一带一路"倡议强调各国的平等参与、包容普惠，主张携手应对世界经济面临的挑战，开创发展新机遇，谋求发展新动力，拓展发展新空间，共同朝着人类命运共同体方向迈进。正是本着这样的原则与理念，"一带一路"倡议针对各国发展的现实问题和治理体系的短板，创立了亚洲基础设施投资银行、丝路基金等新型国际机制，构建了多形式、多渠道的交流合作平台。这既能缓解当今全球治理机制代表性、有效性、及时性难以适应现实需求的困境，在一定程度上扭转公共产品供应不足的局面，提振国际社会参与全球治理的士气与信心，又能满足发展中国家尤其是新兴市场国家变革全球治理机制的现实要求，大大增强了新兴国家和发展中国家的话语权，是推进全球治理体系朝着更加公正合理方向发展的重大突破。

"一带一路"倡议涵盖了发展中国家与发达国家，实现了"南南合作"与"南北合作"的统一，有助于推动全球均衡可持续发展。"一带一路"建设以基础设施建设为着眼点，促进经济要素有序自由流动，推动中国与相关国家的宏观政策的对接与协调。对于参与"一带一路"建设的发展中国家来说，这是一次搭中国经济发展"快车""便车"，实现自身工业化、现代化的历史性机遇，有利于推动"南南合作"的广泛展开，同时也有助于增进"南北对话"，促进"南北合作"的深度发展。不仅如此，"一带一路"倡议的理念和方向同联合国《2030 年可持续发展议程》也高度契合，完全能够加强对接，实现相互促进。联合国秘书长古特雷斯表示，"一带一路"倡议与《2030 年可持续发展议程》都以可持续发展为目标，都试图提供机会、全球公共产品和双赢合作，都致力于深化国家和区域间的联系。

二、深入推动"一带一路"国家的教育交流

2020年6月印发的《教育部等八部门关于加快和扩大新时代教育对外开放的意见》指出，教育对外开放是教育现代化的鲜明特征和重要推动力，要以习近平新时代中国特色社会主义思想为指导，坚持教育对外开放不动摇，主动加强同世界各国的互鉴、互容、互通，形成更全方位、更宽领域、更多层次、更加主动的教育对外开放局面。

教育为国家富强、民族繁荣、人民幸福之本，在共建"一带一路"中具有基础性和先导性作用。教育交流为各国民心相通架设桥梁，人才培养为各国政策沟通、设施联通、贸易畅通、资金融通提供支撑。各国间教育交流源远流长，教育合作前景广阔，大家携手发展教育，合力共建"一带一路"，是造福各国人民的伟大事业。推进"一带一路"国家教育共同繁荣，既是加强与各国教育互利合作的需要，也是推进中国教育改革发展的需要，中国愿意在力所能及的范围内承担更多责任和义务，为区域教育大发展做出更大的贡献。

（一）教育合作的原则

"一带一路"国家教育合作应遵循四个重要原则。

一是育人为本，人文先行。加强合作育人，提高区域人口素质，为共建"一带一路"提供人才支撑。坚持人文交流先行，建立区域人文交流机制，搭建民心相通桥梁。

二是政府引导，民间主体。政府加强沟通协调，整合多种资源，引导教育融合发展。发挥学校、企业及其他社会力量的主体作用，活跃教育合作局面，丰富教育交流内涵。

三是共商共建，开放合作。坚持共商、共建、共享，推进各国教育发

展规划相互衔接，实现各国教育融通发展、互动发展。

四是和谐包容，互利共赢。加强不同文明之间的对话，寻求教育发展最佳契合点和教育合作最大公约数，促进各国在教育领域互利互惠。

（二）教育合作的重点

"一带一路"各国教育特色鲜明、资源丰富、互补性强、合作空间巨大。中国将以基础性、支撑性、引领性三方面举措为建议框架，开展三方面重点合作，对接各国意愿，互鉴先进教育经验，共享优质教育资源，全面推动各国教育提速发展。

1. 开展教育互联互通合作

一是加强教育政策沟通。开展"一带一路"国家教育法律、政策协同研究，构建各国教育政策信息交流通报机制，为各国政府推进教育政策互通提供决策建议，为各国学校和社会力量开展教育合作交流提供政策咨询。积极签署双边、多边和次区域教育合作框架协议，制定各国教育合作交流国际公约，逐步疏通教育合作交流政策性瓶颈，实现学分互认、学位互授联授，协力推进教育共同体建设。

二是助力教育合作渠道畅通。推进"一带一路"国家间签证便利化，扩大教育领域合作交流，形成往来频繁、合作众多、交流活跃、关系密切的携手发展局面。鼓励有合作基础、相同研究课题和发展目标的学校缔结姊妹关系，逐步深化和拓展教育合作交流。举办校长论坛，推进学校间开展多层次、多领域的务实合作。支持高等学校依托优势学科和专业，建立"产学研用"相结合的国际合作联合实验室（研究中心）、国际技术转移中心，共同应对各国在经济发展、资源利用、生态保护等方面面临的重大挑战与机遇。打造"一带一路"国家学术交流平台，吸引各国专家学者、青年学生开展研究和学术交流。推进"一带一路"国家优质教育资源共享。

三是促进语言互通。研究构建语言互通协调机制，共同开发语言互通开放课程，逐步将国家语言课程纳入各国的学校教育课程体系。拓展政府间语言学习交换项目，联合培养、相互培养高层次语言人才。发挥外国语院校人才培养优势，推进基础教育多语种师资队伍建设和外语教育教学工作。扩大语言学习国家公派留学人员规模，倡导各国与中国院校合作在华开办本国语言专业。支持更多社会力量助力孔子学院和孔子课堂建设，加强汉语教师和汉语教学志愿者队伍建设，全力满足不同国家的汉语学习需求。

四是推进民心相通。鼓励学者开展或合作开展中国课题研究，增进各国对中国发展模式、国家政策、教育文化等各方面的理解。建设国别和区域研究基地，与对象国合作开展经济、政治、教育、文化等领域研究。逐步将理解教育课程、丝路文化遗产保护纳入各国中小学教育课程体系，加强青少年对不同国家文化的理解。加强"丝绸之路"青少年交流，注重通过志愿服务、文化体验、体育竞赛、创新创业活动和新媒体社交等途径，增进不同国家青少年对其他国家文化的理解。

五是推动学历学位认证标准联通。推动落实联合国教科文组织《亚太地区承认高等教育资历公约》，支持联合国教科文组织建立世界范围学历互认机制，实现区域内双边、多边学历学位关联互认。呼吁各国完善教育质量保障体系和认证机制，加快推进本国教育资历框架开发，助力各国学习者在不同种类和不同阶段教育之间进行转换，促进终身学习社会的建设。共商、共建区域性职业教育资历框架，逐步实现就业市场的从业标准一体化。探索建立各国教师专业发展标准，促进教师流动。

2．开展人才培养培训合作

一是实施"丝绸之路"留学推进计划。设立"丝绸之路"中国政府奖学金，为各国专项培养行业领军人才和优秀技能人才。全面提升来华留学人才培养质量，把中国打造成为深受各国学子欢迎的留学目的地。以国家公派留学为引领，推动更多中国学生到"一带一路"其他国家留学。坚持"出国留学和来华留学并重、公费留学和自费留学并重、扩大规模和提高质量并重、依法管理和完善服务并重、人才培养和发挥作用并重"，完善全链条的留学人员管理服务体系，保障平安留学、健康留学、成功留学。

二是实施"丝绸之路"合作办学推进计划。有条件的中国高等学校开展境外办学要集中优势学科，选好合作契合点，做好前期论证工作，构建科学的人才培养模式、运行管理模式、服务当地模式、公共关系模式，使学校顺利落地生根、开花结果。发挥政府引领、行业主导作用，促进高等学校、职业院校与行业企业深度产教融合。鼓励中国优质职业教育配合高铁、电信运营等行业企业"走出去"，探索开展多种形式的境外合作办学，合作设立职业院校、培训中心，合作开发教学资源和项目，开展多层次职业教育和培训，培养当地急需的各类"一带一路"建设者。整合资源，积极推进与各国在青年就业培训等共同关心领域的务实合作。倡议国家之间开展高水平合作办学。

三是实施"丝绸之路"师资培训推进计划。开展"丝绸之路"教师培训，加强先进教育经验交流，提升区域教育质量。加强"丝绸之路"教师交流，推动各国校长交流访问、教师及管理人员交流研修，推进优质教育模式在各国的互学互鉴。大力推进各国优质教学仪器设备、教材课件和整体教学解决方案的输出，跟进教师培训工作，促进各国教育资源和教学水平均衡发展。

四是实施"丝绸之路"人才联合培养推进计划。推进国家间的研修访学活动。鼓励各国高等院校在语言、交通运输、建筑、医学、能源、环境工程、水利工程、生物科学、海洋科学、生态保护、文化遗产保护等国家发展急需的专业领域联合培养学生，推动联盟内或校际教育资源共享。

3．共建丝路合作机制

一是加强"丝绸之路"人文交流高层磋商。开展国家间的双边、多边人文交流高层磋商，商定"一带一路"教育合作交流总体布局，协调推动各国建立教育双边和多边合作机制、教育质量保障协作机制和跨境教育市场监管协作机制，统筹推进"一带一路"教育共同行动。

二是充分发挥国际合作平台作用。发挥上海合作组织、东亚峰会、亚太经合组织、亚欧会议、亚洲相互协作与信任措施会议、中阿合作论坛、东南亚教育部长组织、中非合作论坛、中巴经济走廊、孟中印缅经济走廊、中蒙俄经济走廊等现有双边、多边合作机制的作用，增加教育合作的新内涵。借助联合国教科文组织等国际组织力量，推动各国围绕实现世界教育发展目标形成协作机制。充分利用中国–东盟教育交流周、中日韩大学交流合作促进委员会、中阿大学校长论坛、中非高校20+20合作计划、中日大学校长论坛、中韩大学校长论坛、中俄综合性大学联盟等已有平台，开展务实的教育合作交流。支持在共同区域、有合作基础、具备相同专业背景的学校组建联盟，不断延展教育务实合作平台。

三是实施"丝绸之路"教育援助计划。发挥教育援助在"一带一路"教育共同行动中的重要作用，逐步加大教育援助力度，重点投资于人、援助于人、惠及于人。发挥教育援助在"南南合作"中的重要作用，加大对相关国家尤其是最不发达国家的支持力度。统筹利用国家、教育系统和民间资源，为相关国家培养培训教师、学者和各类技能人才。积极开展优质教学仪器设备、整体教学方案、配套师资培训一体化援助。加强中国教育培训中心和教育援外基地建设。倡议各国建立政府引导、社会参与的多元化经费筹措机制，通过国家资助、社会融资、民间捐赠等渠道，拓宽教育经费来源，做大教育援助格局，实现教育共同发展。

三、精心组织"一带一路"国家文化教育大系的编著出版

在编写"一带一路"国家文化教育大系过程中，应当全面了解国内外对"一带一路"倡议的响应情况，关注进展，总结做法；应当在新冠肺炎疫情得到控制后到对象国去走一走，看一看，实地感受其教育情况和发展变化；应当广泛收集对象国一手资料，认真阅读，消化分析，吐故纳新；应当多方检索专家学者已经开展的相关研究，虚心参阅已有的研究成果。肆虐全球的新冠肺炎疫情，给人类身体健康和生命安全带来了巨大威胁，对世界格局和世界治理体系产生了重大影响，给全球各行各业带来了巨大挑战。教育置身其间，影响十分明显。因而，对"一带一路"国家文化教育进行研究时，必须观察分析疫情对相关国家文化教育和全球教育治理的深刻影响。

"一带一路"倡议提出后，中外已形成多个"一带一路"多边大学联盟。2015 年 5 月 22 日，由西安交通大学发起的新丝绸之路大学联盟成立，迄今已吸引 38 个国家和地区的 150 余所大学加盟。该联盟是海内外大学结成的非政府、非营利性的开放性、国际化高等教育合作平台，以"共建教育合作平台，推进区域开放发展"为主题，推动"新丝绸之路经济带"国家和地区大学之间在校际交流、人才培养、科研合作、文化沟通、政策研究、医疗服务等方面的交流与合作，增进青少年之间的了解和友谊，培养具有国际视野的高素质、复合型人才，服务"新丝绸之路经济带"及欧亚地区的发展建设。

2015 年 10 月 17 日，丝绸之路（敦煌）国际文化博览会筹委会文化传承创新高端学术研讨会在敦煌举行。中国的复旦大学、北京师范大学、兰州大

学和俄罗斯乌拉尔国立经济大学、韩国釜庆大学等46所中外高校在甘肃敦煌成立了"一带一路"高校战略联盟，以探索跨国培养与跨境流动的人才培养新机制，培养具有国际视野的高素质人才。46所高校当日达成《敦煌共识》，联合建设"一带一路"高校国际联盟智库。联盟将共同打造"一带一路"高等教育共同体，推动"一带一路"国家和地区大学之间在教育、科技、文化等领域的全面交流与合作，服务"一带一路"国家和地区的经济社会发展。

2016年9月，中国、中亚及丝绸之路经济带沿线7个国家的51所高校共同发起成立了中国-中亚国家大学联盟，旨在打造开放性、国际化互动平台，深化"一带一路"科教合作。

此外，高等教育合作研讨会也日渐增多，既有官方推动形成的研讨会，也有民间自发举办的研讨会。比如，中外大学校长论坛、新加坡-中国-印度高等教育论坛、"一带一路"教育对话论坛，以及北京师范大学举办的"一带一路"国家教育交流与合作高端研讨会，北京外国语大学举办的"一带一路"与行业国际化人才培养高峰论坛，北京理工大学主办的"一带一路"高等教育研究国际会议，浙江大学举办的"一带一路"背景下的工程科技人才培养国际研讨会等。这些多边研讨会的召开，不仅吸引了大量"一带一路"沿线国家的教育研究者与实践者参会，推动了研究与实践合作，而且创新了教育合作模式，促进了国际化高端人才培养，为"一带一路"建设奠定了民意基础。

"一带一路"倡议提出之后，中国学术界迅速开展了关于"一带一路"的研究活动，有关"一带一路"主题的图书主要有以下五类。第一类是倡议解读类图书，一般是梳理"一带一路"倡议的提出、发展及其理论内涵与外延。第二类是经济贸易类图书，专业性较强，主要为理论研究型图书。第三类是国情文史类图书，多为介绍"一带一路"国家国情概览、历史情况、发展概况的工具书，语言平实，部分图书学术性较强。第四类是丝路历史类图书，一般回顾古代丝绸之路的形成与发展、丝绸之路上的人物和大事记等，追古溯源，以便更好地开启"一带一路"新篇章。第五类是法律税收类图书，多为法律指引、税务规范手册等。

可以看出，国内对"一带一路"国家的研究已有一定基础，但是囿于语言翻译的障碍，已经出版的"一带一路"图书，大多是政策解读、数据报告、概况介绍等，对对象国的研究广度和深度还很不够，尤其是针对"一带一路"国家文化教育的系统研究还比较少。

在"一带一路"国家中，遴选具有代表性的对象，对其文化、教育进行系统性的研究，并在此基础上编写"一带一路"国家文化教育大系，分期分批出版，对于帮助中国普通读者和研究人员了解"一带一路"国家的文化教育情况，以及对于拓展我国比较教育研究领域、丰富比较教育研究文献，乃至对于促进中外文明互通、更好地参与推进"一带一路"建设，都具有重要意义。基于对选题背景与意义、相关出版产品调研和北京外国语大学比较优势的分析，"一带一路"国家文化教育大系坚持学术性、可读性兼顾原则，分批次推出，不断积累，以形成规模和品牌。

大系在内容上，一方面呈现"一带一路"国家的文化概貌，展示"一带一路"国家教育发展的文化背景和社会依托。大系采用专题形式，力求用简洁平实的语言生动活泼地介绍"一带一路"国家的自然地理、人文景观、历史发展、风土人情、文化遗产等内容，重点呈现对象国独有的文化现象和独特风貌，集中揭示其民族文化内涵、民族精神、人文意蕴。另一方面，大系重点研究、评价、介绍"一带一路"国家教育的基本情况、发展历史、发展战略、政策法规、现存体系、治理模式与师资队伍等，这方面内容占较大篇幅，是全书的重点和主要内容。

"一带一路"倡议正在成为我国参与全球开放合作、改善全球治理体系、促进全球共同发展繁荣、推动构建人类命运共同体的中国方案。作为国家社会科学基金（教育学）重大项目"新时代提升中国参与全球教育治理的能力及策略研究"的部分研究成果和北京外国语大学"双一流"建设重大标志性成果，"一带一路"国家文化教育大系计划在 2021 年中国共产党建党 100 周年和北京外国语大学建校 80 周年之际，推出首批图书。2023 年"一带一路"倡议提出 10 周年时，推出该项目二期成果。同时积极参与党和国家相关主题纪念活动，以及国家重大图书项目的申报评选工作。

北京外国语大学以外语见长，国际交往活跃，被誉为"共和国外交官的摇篮"，先后培养了 400 多位大使、2 000 多位参赞，以及更多的外交外事外贸工作者。凡是有五星红旗飘扬的地方，都能看到北外人的身影。北外不仅承担着培养各类国际化人才的任务，更担负着向中国介绍世界、向世界介绍中国的历史使命。迄今为止，北外已获批开设 101 种外国语言，成立了 37 个区域与国别研究中心，丰富的涉外资源正在助力"一带一路"国家的研究。

大系由外研社具体组织实施。外研社隶属北外，多年来致力于"一带一路"国家的合作交流，服务讲好"中国故事"，在中华思想文化传播、打造中外出版联盟、推动中外学术互译等方面积累了丰富经验，对于协助研究、编著、出版"一带一路"国家文化教育大系具有良好的工作基础。这也是北外及外研社的使命和担当之所在。

大系编著者以北外教师为主。服务国家重大战略，北外人责无旁贷。同时，国内有研究专长和研究意愿的专家学者也踊跃参与，他们或独自撰著一书，或与北外同仁合作。大系还邀请了驻外使领馆的同志和对象国的学者参加撰写或审稿，他们运用一手资料，开展实地调研，力图提升大系的准确性。

四、结语

"一带一路"倡议植根历史，更面向未来；源于中国，更属于世界。"一带一路"作为文明互鉴的桥梁，从亚欧大陆延伸到非洲、美洲、大洋洲，与世界各国发展战略及众多国际和地区组织的发展实现对接联通，在通路、通航的基础上更好地通商，进而开展文化教育交流与沟通，加强商品、资金、技术、文化、教育流通，达成互学互鉴的文明愿景。"一带一路"倡议的目标是中国与"一带一路"国家在互联互通基础上分享优质产能，共商项目投资，共建基础设施，共享合作成果，内容包括政策沟通、设施联通、贸易畅通、资金融通、民心相通"五通"。"一带一路"倡议肩负重大使命，它要探寻经济增长之道，将中国自身的产能优势、技术与资金优势、经验与模式优势转化为市场与合作优势，实行全方位开放，共享中国改革发展红利；它要实现全球化再平衡，鼓励向西开放，带动西部开发以及中亚、蒙古等内陆国家和地区的开发，在国际社会推行全球化的包容性发展理念，主动向西推广中国优质产能和比较优势产业，惠及沿途、沿岸国家，避免西方国家所开创的全球化造成的贫富差距和地区发展不平衡情况，推动建立持久和平、普遍安全、共同繁荣的和谐世界；它要开创地区新型合作，强调共商、共建、共享原则，超越了马歇尔计划和传统的对外援助活动，给 21 世纪的国际合作带来了新的理念。所以，新时代中国的教育学者应当将"一带一路"国家文化教育研究作为比较教育新的增长点，全面深入开展研究，以自己的聪明才智丰富学术，为国出力，服务国家重大发展战略；在加强与"一带一路"国家的交流合作中，推动"一带一路"建设高质量发展，努力建设高质量的中国教育体系，并积极参与全球教育治理体系改革，加快构建以国内大循环为主体、国际国内双循环相互促进的新发展格局。

2021 年春
于北京外国语大学

（王定华，北京外国语大学党委书记、博士、教授、博士生导师，国家督学。历任河南大学教师、中国驻纽约总领事馆教育领事、教育部基础教育一司司长、教育部教师工作司司长等。）

本书前言

巴基斯坦伊斯兰共和国，简称巴基斯坦，位于南亚次大陆西北部，与中国、印度、阿富汗、伊朗交界，国土面积约 796 095 平方千米（不包括巴控克什米尔地区），是南亚国土面积第二大的国家。首都伊斯兰堡是全国的政治中心。截至 2021 年 8 月，巴基斯坦全国人口约 2.08 亿人，是世界第六人口大国，主要包括旁遮普族（63%）、信德族（18%）、普什图族（11%）、俾路支族（4%）等民族。全国 95% 以上的居民信奉伊斯兰教（国教），少数信奉基督教、印度教和锡克教等。乌尔都语和英语是巴基斯坦的官方语言，其主要的民族语言为旁遮普语、信德语、普什图语和俾路支语。

巴基斯坦拥有悠久的文化教育历史，其传统伊斯兰教育可以追溯至 8 世纪。国家独立之后，巴基斯坦在延续伊斯兰教育的同时，大力发展现代教育体系，在推动国家经济和社会发展方面发挥了重要作用。政府长期致力于提升教育的公平与质量，缓解教育资源分配不均等现实问题。近年来，巴基斯坦在教育领域呈现出国民识字率稳步上升、各类教育机构数量增加、教育机构类型多样化、教育质量有所提升、师资结构不断优化、教育国际化程度逐渐加深等一系列发展态势。

本书第一章首先从自然地理、国家制度和社会生活三个维度勾勒巴基斯坦的国情概貌，展示巴基斯坦文化教育所处的社会背景。第二章通过对风土人情和文化名人的介绍，简要梳理巴基斯坦的历史，呈现其文化传统和特色。第三章按照历史发展的脉络，结合重大的教育事件对巴基斯坦教育发展的历史阶段进行划分，提炼不同发展阶段的特点，并介绍巴基斯坦知名教育人物及其重要教育活动和教育观点。本书第四章至第八章聚焦巴基斯坦的教育情况，根据现行的教育体系介绍其学前教育、基础教育、高等教育、职业教育、教师教育的历史和发展现状。立足于巴基斯坦教育发展的现实和教育国际化大背景，第九章、第十章介绍巴基斯坦教育政策、教育行政的相关内容，描述和分析巴基斯坦在教育发展中遇到的问题和挑战以及其应对策略。最后，第十一章在叙述中巴两国教育交流历史、现状、模式的基础上，分析两国教育合作的成功经验，展望两国在"一带一路"倡议下开展更为深入的合作交流的未来图景。

本书综合运用文献研究法、案例分析法、比较研究法等方法，通过实地考察和文献整理搜集可靠的数据和资料，兼顾学术性与可读性，对巴基斯坦文化教育进行全方位的介绍。本书主要有以下三个特点。第一，研究范围有所突破。目前，我国出版的有关巴基斯坦研究的著作主要集中在政治、经济、军事、历史、国际关系等领域，聚焦巴基斯坦文化教育领域的著作还有待补充。本书以巴基斯坦文化教育为主线，系统性地呈现巴基斯坦教育细分领域的概况和特点，并对其教育发展的困难和挑战以及应对策略进行详细分析，这是学界以往不曾关注或鲜有涉足的领域。第二，使用材料具有丰富性。本书参考和借鉴了国内有关"一带一路"区域国别研究、南亚研究、巴基斯坦研究方面的专著、译著和核心刊物，以及世界银行、联合国教科文组织、联合国儿童基金会等国际组织发布的重要报告。此外，笔者还曾于2018—2019年受邀访问巴基斯坦进行调研，广泛收集一手资料用于本书编写。第三，把握时代性和权威性原则。本书使用了巴基斯坦财政部、巴基斯坦教育部、中国外交部、巴基斯坦驻华大使馆等机构发布的最新的、权威的政策文件和数据统计，力求准确翔实地介绍巴基斯坦文化教育中的相关情况。

中国和巴基斯坦是全天候战略合作伙伴，是"铁杆兄弟"，两国人文交流源远流长。中巴自 1951 年建交以来，双边关系稳步发展，历经 70 余年国际风云变幻的考验，两国之间的互信和友谊愈发坚如磐石。随着"一带一路"倡议的不断深化推进，两国签署了一系列双边合作文件，在政治、经贸、能源、基建、文化、科技、教育等领域深化合作。虽然中巴双方在经济、政治方面的交流合作较为深入和紧密，但是两国在人文教育方面的交流合作仍存在一定的滞后性，双方对彼此的文化历史和教育发展现状的了解略有不足。增进两国的文化教育理解、加强两国的文化教育合作符合两国互利合作的现实需要，有助于双方在"一带一路"倡议下共同提升国际竞争力。本书的推出不仅可以在一定程度上填补相关研究的空白，同时也契合时代发展的前沿，对深化中巴两国文化教育交流合作具有一定的参考价值和实践指导意义。

本书综合考虑两位作者的学术兴趣以及编写体量，做出如下写作分工：前言、第一章、第二章、第三章、第六章、第七章、第十一章、结语由徐墨撰写，附录、主要参考文献由徐墨整理汇总，书中收录的照片也主要由徐墨在巴基斯坦实地拍摄；第四章、第五章、第八章、第九章、第十章由高雅茹撰写。

本书系国家社会科学基金（教育学）重大项目"新时代提升中国参与全球教育治理的能力及策略研究"（VDA200004）、北京外国语大学"双一流"建设标志性项目"'一带一路'国家文化教育研究"（BW202018）的阶段性研究成果。笔者在写作过程中得到了北京外国语大学党委书记、中国教育学会国际教育分会理事长、"一带一路"国家文化教育大系总主编王定华教授，北京外国语大学国际教育学院院长秦惠民教授，江苏师范大学巴基斯坦研究中心主任孙红旗教授，外语教学与研究出版社常务副社长刘捷编审、期刊分社社长孙凤兰编审等多位专家学者的热心鼓励和悉心指导，外语教学与研究出版社巢小倩、赵雪、姚希瑞等编辑老师给予了大力的专业支持，北京外国语大学亚非学院乌尔都语教研室周袁老师，天津职业技术师范大学赵巍教授和霍启飞老师，美国范德堡大学巴基斯坦毕业生 Maheen Shakeel、Saad Zubair、Zain Murtaza Maken，旁遮普天津技术大学学生 Muhammad Muneeb、Muhammad Hasnat、Hamid Habib、Nasir Mehmood，江苏师范大学巴基斯坦留学生 Mati Ur Rehman，巴基斯坦加里森学院学生 Tooba Sarfaraz Satti，巴基斯坦国际记者 Salahuddin Salazrai 等众多中巴朋友在搜集、整理和翻译资料方面提供了大力帮助，在此一并表示衷心的感谢！

　　本书的编写依托大系宏大开阔的视角以及严谨细致的布局，但巴基斯坦文化教育专题研究作为新颖、独立的领域，相关信息十分庞杂，书中难免有错漏和不足之处。本书仅是抛砖引玉，敬请批评指正。

徐墨　高雅茹

2022 年 10 月于北京外国语大学国际教育学院

目　录

第一章 国情概览

巴基斯坦伊斯兰共和国，简称巴基斯坦，意为"清真之国""圣洁的土地"。巴基斯坦原为英属印度的一部分。1947年6月，《蒙巴顿方案》生效后，印巴分治，巴基斯坦正式独立。1956年3月23日，巴基斯坦伊斯兰共和国成立。

第一节 自然地理

一、地理位置

巴基斯坦位于南亚次大陆西北部的印度河流域，北临喀喇昆仑山脉和喜马拉雅山脉，南濒阿拉伯海，是南亚通往中亚和西亚的陆上要冲之地，也是中亚国家乘船出海的捷径之所。该国东北部与中国接壤，东部紧邻印度，西北部与阿富汗相连，西部与伊朗相连。作为南亚面积第二大的国家，巴基斯坦国土面积约合796 095平方千米（不包括巴控克什米尔地区），其中陆地面积约为 778 720 平方千米，领水面积约为 25 220 平方千米。[1][2]

二、地形地貌

整体来看，巴基斯坦的地势呈现出西北高、东南低的特点。西北部和西南部多为山区和高原，东部为肥沃的印度河平原，荒漠和沙漠主要分布于东南部和西南部地区。[3][4]

（一）山脉

巴基斯坦境内的主要山脉为喜马拉雅山、兴都库什山、喀喇昆仑山和萨菲德山。其中，喜马拉雅山形成了巴基斯坦与中国、印度、尼泊尔等国的天然国界，海拔约为 4 000 米。兴都库什山位于中国、巴基斯坦和阿富汗三国的交界处，平均海拔约为 5 000 米，山脉绵延起伏、冰川地貌广泛分布。喀喇昆仑山的西部主要位于巴基斯坦境内，平均海拔超过 6 000 米，冰川覆盖率高达 37%，气候条件极度恶劣，山脉中的乔戈里峰是世界第二高峰，海拔高 8 611 米。萨菲德山译自乌尔都语，意指"白色群山"，是巴基斯坦与西北部接壤的阿富汗之间的天然国境线，山脉北侧的白沙瓦河谷气候宜人、土壤肥沃。[5]

---

[1] 数据来源于 Worldatlas 官网。

[2] 中国外交部. 巴基斯坦国家概况 [EB/OL]. [2021-01-10]. https://www.fmprc.gov.cn/web/gjhdq_676201/gj_676203/yz_676205/1206_676308/1206x0_676310/.

[3] 孔亮. 巴基斯坦概论 [M]. 广州：世界图书出版公司，2016：3-17.

[4] 张淑兰，朱修强，拉里. 巴基斯坦 [M]. 大连：大连海事大学出版社，2019：1-4.

[5] 孔亮. 巴基斯坦概论 [M]. 广州：世界图书出版公司，2016：5-8.

（二）高原与平原

巴基斯坦境内的高原主要为博德瓦尔高原和俾路支高原。其中，博德瓦尔高原位于巴基斯坦东北部，伊斯兰堡以南、印度河与杰赫勒姆河之间的区域，海拔约为 300—600 米，地貌崎岖，古生物化石和盐矿资源丰富。俾路支高原位于北部高地的南部和印度河平原以西，其面积约占巴基斯坦总面积的 40%，地形复杂，油气资源丰富。[1]

印度河平原位于盐岭以南，夹于巴基斯坦和印度两国之间，是世界上最大的冲积平原之一，约占巴基斯坦全境面积的 33%。[2][3] 印度河冲积扇平原与河口三角洲为这一地区提供了得天独厚的自然条件。肥沃的土壤和充沛的水源令种植业繁荣发展，吸引大量人口迁入，推动众多城镇的建立。印度河东南部分布着巴基斯坦全境最大的沙漠——塔尔沙漠，这一区域的沙化和风化地貌明显，不适宜种植业发展，多发展畜牧业。

三、气候与水文

巴基斯坦年平均气温约为 27℃，12 月中旬至次年 3 月为冬季，气候适宜、干燥凉爽，昼夜温差较大。4 月至 6 月为夏季，炎热干旱，超过 40℃ 的极端高温天气时有发生。7 月至 9 月为雨季，受西南季风影响，降水较为集中。10 月至 12 月季风影响逐步衰减，降水稀少、气候十分干燥。[4] 巴基斯坦纬度横跨范围较广，且地形复杂多样，气候总体呈炎热干旱、雨季和旱季界限分明、降水不均的特点。全境可分为四大气候区，分别为高山气

[1] 孔亮. 巴基斯坦概论 [M]. 广州：世界图书出版公司，2016：9-11.

[2] 杨柏翠，刘成琼. 巴基斯坦 [M]. 北京：社会科学文献出版社，2005：203.

[3] 邓伟，李爱农. 南亚地理——资源与环境 [M]. 成都：四川科学技术出版社，2016：28.

[4] HUMA N S. The environment of Pakistan [M]. London: Peak Publishing, 2007: 25.

候区、半干旱气候区、沿海气候区和干旱气候区。其中，高山气候区分布于西北部的山区，冬季漫长寒冷，夏季短暂凉爽；半干旱气候区分布于印度河平原，夏季酷暑炎热，冬季凉爽宜人，雨季降水集中；沿海气候区涵盖南部狭长的沿岸区域，气候温和湿润，昼夜温差较小；干旱气候区涵盖塔尔沙漠以及卡兰沙漠等，全年炎热干旱，风沙强劲，昼夜温差较大。

印度河是巴基斯坦的"母亲河"，自北向南蜿蜒 2 897 千米纵贯巴基斯坦全境，最终注入阿拉伯海，流域面积为 1 165 500 平方千米。巴基斯坦境内的杰赫勒姆河、奇纳布河、拉维河、赫萨特莱杰河、比亚斯河等主要支流皆源于印度河。印度河水系每年流量约为 2 070 亿立方米，季节分布差异明显，雨季河流流量充沛，约为冬季水系流量的 10—15 倍。[1]

四、自然资源

巴基斯坦自然资源丰富，但地区间分布不均、开采难度较大。

（一）水资源

虽然雨季降水较多且印度河水系发达，但因气候炎热干旱以及超量的生活和灌溉用水，巴基斯坦正在面临严重的水资源短缺危机。目前，巴基斯坦人均可用水量为 1 038 立方米，仅占 1951 年人均可用水量的 20%，人均储备水量仅为 132 立方米。全国共计超过 2 000 万英亩的土地因缺乏灌溉水源而无法耕种。[2]

---

[1] 赵常庆. 简明南亚中亚百科全书 [M]. 北京：中国社会科学出版社，2004：323.

[2] 中国驻巴基斯坦大使馆经济商务处. 巴基斯坦水资源储备急剧下降 [EB/OL].（2015-03-16）[2021-01-10]. http://pk.mofcom.gov.cn/article/jmxw/201503/20150300909972.shtml.

（二）矿产资源

巴基斯坦位于特提斯成矿域东段，成矿地质条件良好，非金属矿产资源丰富，但能源和金属矿产的储备相对短缺。截至 2022 年，境内已勘探到 55 种矿产资源类型，主要包括：天然气 6 056 亿立方米、石油 1.84 亿桶、煤 1 860 亿吨、铁 4.3 亿吨、铝土 7 400 万吨，还有大量的铬矿、大理石和宝石。[1] 虽然当前开采能力不足且受到自然条件的限制，但由于矿藏丰富，巴基斯坦的采掘勘探业发展潜力巨大。

（三）生物资源

巴基斯坦气候干旱、植被稀少，森林资源较为匮乏，地表植被覆盖率仅为 4.8%，森林总面积约为 300 多万公顷。[2] 但受气候、地形和土壤条件的影响，植被的种类丰富，包括落叶阔叶林、灌木丛、针叶林、荒漠植被等。此外，动物资源数量众多、种类多样，各类羊、猴、狼、蛇等动物不一而足，光是鸟类就多达 100 多种，生活在高山地带的捻角山羊和凶猛异常的库达犬是巴基斯坦的国宝级动物。[3] 南部蜿蜒绵长的海岸线，瓜达尔港和卡拉奇港等优良港口，也为巴基斯坦带来得天独厚的渔业资源。各类鱼虾、贝类等水产品的养殖、捕捞和贸易构成了巴基斯坦的渔业产业，其产值约占国内生产总值的 0.4%。[4]

---

[1] 中国外交部. 巴基斯坦国家概况 [EB/OL]. [2022-09-24]. https://www.fmprc.gov.cn/web/gjhdq_676201/gj_676203/yz_676205/1206_676308/1206x0_676310/.

[2] 卫哲. "一带一路"沿线国家法律风险防范指引·巴基斯坦 [M]. 北京：经济科学出版社，2016：3.

[3] 殷永林. 独立以来的巴基斯坦经济发展研究（1947—2014）[M]. 北京：中国社会科学出版社，2016：4.

[4] Finance Division Government of Pakistan. Pakistan economic survey 2019—2020 [R]. Islamabad: Finance Division Government of Pakistan, 2020: 14.

第二节 国家制度

巴基斯坦是以旁遮普族、信德族、普什图族、俾路支族等组成的多民族国家。全国人口约为 2.08 亿人，是世界第六人口大国，也是除非洲国家之外全球人口增长速度最快的国家之一。[1] 据联合国预计，巴基斯坦人口总数将于 2050 年达到 4.03 亿，主要城市卡拉奇和拉合尔将分别成为世界百大城市的第八名和第十五名。[2][3] 其官方语言为乌尔都语和英语，主要的民族语言为旁遮普语、信德语、普什图语和俾路支语。95% 以上的居民信奉伊斯兰教，少数信奉基督教、印度教和锡克教等。[4]

一、国家标识

（一）国旗与国徽

巴基斯坦的国旗呈长方形，左侧为白色竖长方形条带，右侧为深绿色长方形，其中心为一弯白色新月和一颗白色五角星。在巴基斯坦的人民心中，白色象征和平，绿色象征繁荣，新月象征进步，五角星象征光明。此外，国旗中的新月和五角星还象征着巴基斯坦人民对伊斯兰教的虔诚信仰。

国徽与国旗的颜色相同，顶部是深绿色的新月和五角图案，中部是由

---

[1] 中国外交部. 巴基斯坦国家概况 [EB/OL]. [2021-01-10]. https://www.fmprc.gov.cn/web/gjhdq_676201/gj_676203/yz_676205/1206_676308/1206x0_676310/.

[2] 数据来源于联合国官网。

[3] DANIEL H, KEVIN P. Socioeconomic pathways and regional distribution of the world's 101 largest cities [R]. Toronto: University of Toronto Global Cities Institute, 2014: 9-20.

[4] 中国外交部. 巴基斯坦国家概况 [EB/OL]. [2021-01-10]. https://www.fmprc.gov.cn/web/gjhdq_676201/gj_676203/yz_676205/1206_676308/1206x0_676310/.

棉花、小麦、茶和黄麻四种农作物组成的盾徽，象征着立国之本。围绕着盾徽的是代表和平的鲜花和绿叶，国徽底部的绿色饰带上以乌尔都语写着"虔诚、统一、戒律"的国家格言。

（二）国歌与国花

自 1956 年 8 月起，由乌尔都语写成的《保佑神圣的土地》成为巴基斯坦的国歌。其曲调由知名音乐家和作曲家艾哈迈德·G. 查格拉创作，歌词由巴基斯坦著名诗人阿布·阿萨尔·哈菲茨·朱伦德里创作。歌词大意为："祝福神圣而富饶的土地，巴基斯坦是坚强不屈的象征，歌颂你的信仰。国家的秩序来自人民的团结，民族与国家永沐荣光，实现我们共同的期盼。这星月之旗，指引着前进的道路，诉说着过去的历史、现在的辉煌、未来的企望，象征真主的保护。"[1]

巴基斯坦的国花为素馨花，也有素英花、耶悉茗花、大花茉莉、四季茉莉等别称。该植物广泛分布于巴基斯坦、印度、越南、缅甸、斯里兰卡等国，在我国云南、四川、西藏等地也有生长。其小枝呈圆柱形，具有棱或沟；叶对生，长约 3—8 厘米、宽约 3—6 厘米；花芳香，白色花冠，裂片多为 5 枚，花瓣为长圆形，花期长达 8—10 个月。素馨花适合生长于温暖、湿润的自然环境，土壤以富含腐殖质的砂质壤为佳，常分布于海拔高约 1 800 米的生石灰岩山地中。素馨花在巴基斯坦随处可见，深受巴基斯坦人民的喜爱，成为巴基斯坦的国花。

---

[1] 国歌歌词的中文大意由作者翻译，乌尔都语和英文版国歌歌词来源：巴基斯坦驻华大使馆. 国歌 [EB/OL]. [2022-05-20]. http://www.pakbj.org/index.php?m=content&c=index&a=show&catid=30&id=4.

二、行政区划

巴基斯坦境内设有俾路支省、旁遮普省、信德省和开伯尔–普什图赫瓦[1] 四省，以及伊斯兰堡首都特区，各省下设专区、县、乡和村联会。[2] 其中，俾路支省面积最大，其首府为奎达；旁遮普省为面积第二大省，首府为拉合尔；信德省和开伯尔–普什图赫瓦省德首府分别为卡拉奇和白沙瓦。1967 年，巴基斯坦首都由卡拉奇迁至伊斯兰堡，位于海拔 600 多米的波特瓦尔高原之上，气候宜人、景色秀美，是一座兼具现代化都市气息和伊斯兰教传统氛围的城市。

三、政治制度

（一）宪法

巴基斯坦曾于 1956 年、1962 年和 1973 年先后颁布了三部宪法。第一部宪法于 1956 年 3 月 23 日生效，标志着巴基斯坦正式建国，宪法强调伊斯兰教的重要地位，确定联邦议会制的政体，厘清立法、司法和行政权力的行使主体，尊重和保护公民的基本权利等。第二部宪法（也被称为"阿尤布·汗宪法"）于 1962 年 3 月 1 日颁布，突出强调伊斯兰教的国教地位，强化总统的权力。第三部宪法（也被称为"布托宪法"）于 1973 年 8 月 14 日实行，旨在削弱总统的权力，加强议会和总理的权力，在一定程度上体现了民主集中制的原则，成为巴基斯坦后续多次宪法修订的基础。[3]

---

[1] 开伯尔–普什图赫瓦省，亦译作"开伯尔–普赫图瓦省"，原名"西北边境省"。

[2] 中国外交部. 巴基斯坦国家概况 [EB/OL]. [2021-10-08]. https://www.fmprc.gov.cn/web/gjhdq_676201/gj_676203/yz_676205/1206_676308/1206x0_676310/.

[3] 孔亮. 巴基斯坦概论 [M]. 广州：世界图书出版公司，2016：304-315.

（二）国家机构

在巴基斯坦，议会是联邦立法机构，由国民议会和参议院组成。国民议会经由普选方式产生，参议院按照每省议席均等的原则，通过省议会和国民议会选举产生。国民议会共设342个议席，其中272席为普选议席，60席为妇女保留席位，10席为非穆斯林保留席位，具体分配比例按各政党普选得票比例计算。国民议会设议长和副议长各1人，议员任期5年。参议院设100个议席，议员任期6年，每3年改选半数。设主席和副主席各1人，任期3年。[1] 可见，国民议会的议席显著多于参议院，在两院联席会议和共同投票上占据优势地位，换句话说，国民议会是巴基斯坦真正的权力机构。

最高法院为最高司法机关，各省和伊斯兰堡设立高等法院，各由1名首席大法官和若干法官组成。其中，法院可分为联邦法院和地方法院。此外，司法监管机构也是巴基斯坦司法体系中不可或缺的组成部分，由法律管理局和司法检察公署组成。全国设总检察长，各省设省检察长。[2]

行政机构由总统、总理以及内阁成员组成。总统是国家元首和武装力量最高统帅，是国家统一的象征。联邦政府总理应就国家内政外交及拟向议会的提议与总统保持沟通，总统则应按总理建议行使其职权。[3] 总统与总理二者之间的权力争夺一直是巴基斯坦政治的主要特点之一。当前，巴基斯坦现任总统阿里夫·阿尔维于2018年9月9日就任，是正义运动党创始人之一，曾于2013年、2018年两次当选国民议会议员。现任总理夏巴兹·谢里夫在选举中共获得174名国会议员的支持，并于2022年4月11日

---

[1] 中国外交部. 巴基斯坦国家概况 [EB/OL]. [2021-01-10]. https://www.fmprc.gov.cn/web/gjhdq_676201/gj_676203/yz_676205/1206_676308/1206x0_676310/.

[2] 中国人大网. 巴基斯坦议会简况 [EB/OL].（2016-05-11）[2022-09-15]. http://www.npc.gov.cn/npc/c16115/201605/2e549be2e6cb4ed2a96f6c50993acb8f.shtml.

[3] 中国人大网. 巴基斯坦议会简况 [EB/OL].（2016-05-11）[2022-09-15]. http://www.npc.gov.cn/npc/c16115/201605/2e549be2e6cb4ed2a96f6c50993acb8f.shtml.

就职。他曾三次担任旁遮普省首席部长，并于 2018 年 3 月当选穆斯林联盟（谢里夫派）主席。

（三）政党

巴基斯坦实行多党制，现有政党派系繁多，党派数目约为 200 个左右。具有全国影响力的大党主要包括三大政党，分别为正义运动党、巴基斯坦穆斯林联盟（谢里夫派），以及巴基斯坦人民党。其中，正义运动党成立于 1996 年，关注打击腐败、扶贫减贫、改善民生；巴基斯坦穆斯林联盟（谢里夫派）成立于 1906 年，专注于在本国实现政治、社会和经济改革；巴基斯坦人民党成立于 1967 年，主张议会民主、自由和平和经济私有化，在信德省和旁遮普省的影响力颇大。

第三节　社会生活

一、经济生产

巴基斯坦的经济生产以农业为主，工业基础相对薄弱。根据世界银行的统计，2019 年巴基斯坦的国内生产总值（GDP）为 2 782.22 亿美元，其人均 GDP 为 1 284 美元。近十年来，巴基斯坦农业、工业和服务业占其 GDP 的比重较为稳定，各占 20%、20% 和 60%。其中，农业和工业的占比略有下降，而服务业的占比略有上升。[1] 2010—2020 年巴基斯坦各产业 GDP 占比见图 1.1。

---

[1] 数据来源于世界银行官网。

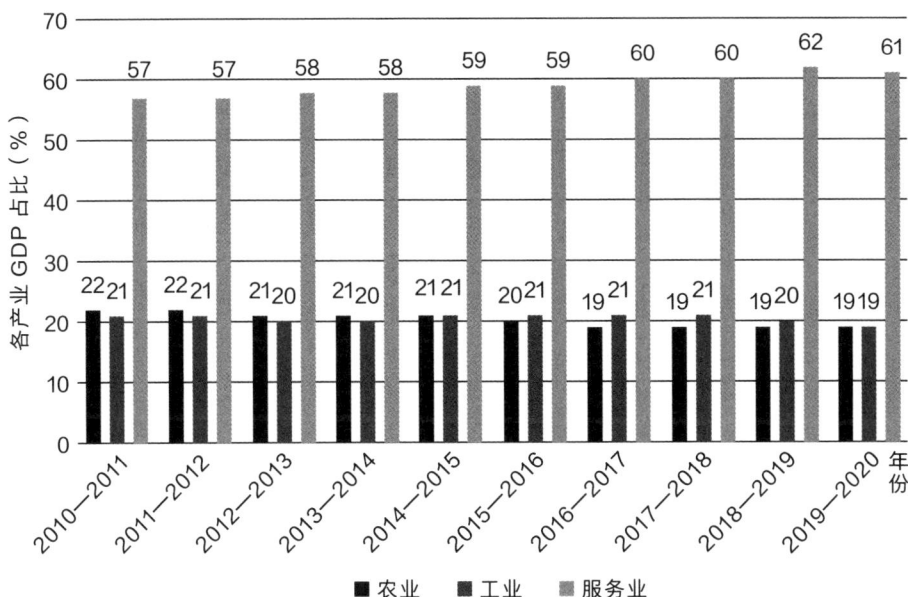

图 1.1 2010—2020 年巴基斯坦各产业 GDP 占比 [1]

（一）农业

2020 年，巴基斯坦农业增长率约为 2.67%。其主要农作物包括小麦、大米、甘蔗、玉米和棉花等。全国可耕地面积为 5 768 万公顷，其中实际耕作面积为 2 168 万公顷。农业人口约占全国人口的 66.5%。[2]2013—2020 年主要农作物的产量数据见表 1.1。

---

[1] Finance Division Government of Pakistan. Pakistan economic survey 2019—2020 [R]. Islamabad: Finance Division Government of Pakistan, 2020: 14, 19.

[2] 中国外交部. 巴基斯坦国家概况 [EB/OL]. [2020-1-10]. https://www.fmprc.gov.cn/web/gjhdq_676201/gj_676203/yz_6 76205/1206_676308/1206x0_676310/.

表 1.1 2013—2020 年巴基斯坦主要农作物产量（万吨）及增长率 [1]

农作物名称	2013—2014 年	2014—2015 年	2015—2016 年	2016—2017 年	2017—2018 年	2018—2019 年	2019—2020 年
小麦	2 597.9	2 508.6	2 563.3	2 667.4	2 507.6	2 434.9	2 494.6
	7.3%	-3.4%	2.2%	4.1%	-6.0%	-2.9%	2.5%
大米	679.8	700.3	680.1	684.9	745.0	720.2	741.0
	22.8%	3.0%	-2.9%	0.7%	8.8%	-3.3%	2.9%
甘蔗	6 746.0	6 282.6	6 548.2	7 548.2	8 333.3	6 717.4	6 688.0
	5.8%	-6.9%	4.2%	15.3%	10.4%	-19.4%	-0.4%
玉米	494.4	493.7	528.1	613.4	590.2	682.6	723.6
	17.2%	-0.1%	6.8%	16.4%	-3.8%	15.7%	6.0%
棉花（万包）	1 276.9	1 396.0	991.7	1 067.1	1 194.6	986.1	917.8
	-2.0%	9.3%	-29.0%	7.6%	11.9%	-17.5%	-6.9%

[1] 2019—2020 年的各项数据为 2019 年 7 月至 2020 年 3 月之间的统计数据。

（二）工业

2020 年受新冠肺炎疫情影响，巴基斯坦制造业增长率约为 –2.64%。全国最大的工业部门是纺织业，其他还有食品饮料、烟草、煤炭石油、水泥、天然气、汽车、化肥、制药、造纸、电力、化学、制革和林业等。据《巴基斯坦经济调查（2019—2020 年）》数据显示，2018—2020 年大型制造业的主要产品生产情况如表 1.2 所示。

表 1.2　巴基斯坦大型制造业主要产品产量及同比增长率 [1]

产品	单位	产量		产量同比增长
		2018—2019 年 [2]	2019—2020 年	2019—2020 年
棉纱	吨	2 574 700	2 498 515	-2.96%
棉布	千平方米	785 200	763 115	-2.81%
糖	吨	4 898 869	4 816 448	-1.68%
混合茶	吨	120 127	98 189	-18.26%
食用油	吨	302 944	331 366	9.28%
菜酥油	吨	1 040 630	1 098 324	5.54%
烟	百万件	48 931	33 540	-31.45%
冰柜	件	93 981	72 819	-22.52%
冰箱	件	806 269	672 659	-16.57%
磷肥	吨	463 787	455 513	-1.78%

[1]　Finance Division Government of Pakistan. Pakistan economic survey 2019—2020 [R]. Islamabad: Finance Division Government of Pakistan, 2020: 14, 48-49.

[2]　2018—2019 年的数据为 2018 年 7 月至 2019 年 3 月的统计数据，2019—2020 年的数据为 2019 年 7 月至 2020 年 3 月的统计数据。

续表

产品	单位	产量		产量同比增长
		2018—2019 年	2019—2020 年	2019—2020 年
氮肥	吨	2 204 632	2 352 979	6.73%
混凝土	千吨	29 535	30 049	-1.74%
机动车	辆	175 863	91 918	-47.73%
皮革	千平方米	20 427	19 641	-3.85%
糖浆	千升	78 697	68 672	-12.74%
药品	千件	21 114 883	20 649 378	-2.20%
石油	千升	11 414 582	9 421 835	-17.46%

（三）服务业

1. 旅游业

巴基斯坦的旅游业发展较慢，旅游者多为定居在欧美国家的巴基斯坦人和海湾国家公民。主要的旅游城市为卡拉奇、拉合尔、白沙瓦、拉瓦尔品第、伊斯兰堡、奎达、费萨拉巴德等。目前，全国被联合国教科文组织列入世界遗产名录的遗产共计六项，包括塔克希拉、塔克特依巴依佛教遗址和萨尔依巴赫洛古遗址、塔塔城历史建筑、拉合尔古堡和夏利玛尔公园、摩亨佐·达罗古城遗址，以及罗赫达斯要塞。[1][2]

---

[1] 中国外交部. 巴基斯坦国家概况 [EB/OL]. [2021-01-10]. https://www.fmprc.gov.cn/web/gjhdq_676201/gj_676203/yz_676205/1206_676308/1206x0_676310/.

[2] 联合国教科文组织. 世界遗产名录 [EB/OL]. [2021-01-10].http://whc.unesco.org/zh/list/?cid=31&lother=zh&action=list&search= 巴基斯坦 &searchSites=&search_by_country=&type=&criteria_restrication=&region=&order=&mode=table.

2．交通运输

巴基斯坦的客货运输主要以公路为主，其客运占客运总量的 90%，其货运占货运总量的 96%。全境公路长约 26 万公里，机动车辆保有量为 941.38 万辆。国内铁路全长 7 791 公里。卡拉奇和卡西姆是巴基斯坦的两个国际港口，承担全国国际货运量的 95%。空运交通方面，巴基斯坦国际航空公司有民航飞机 44 架，航线通往 38 个国际机场和 24 个国内机场，总长 38.97 万公里，境内 5 个国际机场分别位于伊斯兰堡、卡拉奇、拉合尔、白沙瓦和木尔坦。[1]

3．金融业

2019—2020 财年，巴基斯坦财政收入 6.272 万亿卢比，其中税收收入为 4.747 万亿卢比，非税收收入为 1.524 万亿卢比。同年财政支出为 9.648 万亿卢比。2019—2020 年全国财政收入约占 GDP 的 14.27%，其中税收收入 10.80%，非税收收入 3.47%，财政支出约占 GDP 的 21.98%。[2] 2022 年 7 月，巴基斯坦卢比的兑换汇率为 1 元人民币约合 35 卢比。

4．对外贸易

巴基斯坦不断加速工业化进程，扩大出口、缩小贸易逆差，现已陆续与全球 90 多个国家和地区建立贸易关系。其进口产品主要包括石油及石油制品、机械和交通设备、钢铁产品、化肥和电器产品等。其出口产品主要包括大米、棉花、纺织品、皮革制品和地毯等。2014—2020 年，巴基斯坦外

[1] 中国外交部. 巴基斯坦国家概况 [EB/OL]. [2021-01-10]. https://www.fmprc.gov.cn/web/gjhdq_676201/gj_676203/yz_676205/1206_676308/1206x0_676310/.

[2] 中国外交部. 巴基斯坦国家概况 [EB/OL]. [2021-01-10]. https://www.fmprc.gov.cn/web/gjhdq_676201/gj_676203/yz_676205/1206_676308/1206x0_676310/.

贸进出口情况见表 1.3，其出口额呈逐年递增趋势，进口额于 2016—2017 年达到顶峰后逐年下降。[1]

表 1.3　2014—2020 年巴基斯坦外贸进出口情况（亿美元）

年份	2014—2015	2015—2016	2016—2017	2017—2018	2018—2019	2019—2020
出口额	199	182	205	240	235	225
进口额	378	360	530	443	421	424
差额	−179	−178	−325	−203	−186	−199

二、社会文化

（一）科学技术

英国殖民时期，巴基斯坦受西方国家先进技术的影响，逐步学习现代科学技术。独立后，政府出台多项政策，如《国家科学技术政策》（1984 年）、《国家技术政策》（1993 年）、《巴基斯坦 2010 年愿景规划》（1997 年），以及《国家科学技术和创新政策》（2012 年），系统性地提升国家的科学技术实力，逐步建立完善有效的监督机制。[2] 在政策的宏观支持和推动之下，巴基斯坦在通信、核能、农业等领域均取得不俗的成果，例如，1993 年成功研发了巴基斯坦第一台超级微型计算机，1998 年成功发射了可携带核弹头的中程地对

---

[1] 中国外交部. 巴基斯坦国家概况 [EB/OL]. [2021-01-10]. https://www.fmprc.gov.cn/web/gjhdq_676201/gj_676203/yz_676205/1206_676308/1206x0_676310/.

[2] 张淑兰，朱修强，拉里. 巴基斯坦 [M]. 大连：大连海事大学出版社，2019：93.

地导弹，2007 年成功培育了第一个杂交玉米良种 FH–421 等。[1][2]

（二）新闻媒体

巴基斯坦的官方媒体渠道主要包括三种，即电视、广播和报纸，其中电视和广播最受国内民众欢迎，主要使用英语和乌尔都语进行信息传播。巴基斯坦的电视覆盖率达 87.8%，城市居民大多能够通过电视机收看巴基斯坦电视公司旗下或其他电视台制作的电视节目。巴基斯坦广播公司拥有 27 个电台，通过 7 种不同的语言对外进行日常广播播报。主流的英文报纸有《新闻报》《黎明报》《国民报》等，主流的乌尔都文报纸有《战斗报》《时代之声》《东方报》等。[3] 根据年度新闻自由报告，巴基斯坦媒体的世界排名由 2015 年的第 159 位上升至 2017 年的 139 位，新闻媒体的自由度呈现逐步提升的趋势。[4]

（三）医疗卫生

巴基斯坦医疗卫生体系的雏形来自英印殖民时期当局为殖民雇员和城市人口提供的公共保健服务体系。当前，全国医疗卫生相关的政策法律主要包括预防性疾病、疾病治疗、疾病康复、其他卫生健康四大部分。近年来，巴基斯坦的医疗卫生水平得到了长足的进步。世界卫生组织发布的数据报告表明，2015 年，巴基斯坦人口的平均寿命为 66.4 岁（男性平均寿命为 65.5 岁，女性平均寿命为 67.5 岁）；1990—2018 年，巴基斯坦新生儿死亡率从 139 人每千人降至 42 人每千人，孕产妇死亡率从 431 人每十万人降

[1] 张旗. 2007 年巴基斯坦科技发展综述 [J]. 全球科技经济瞭望，2008（8）：64-66.

[2] 易铭. 巴基斯坦科技发展现状 [J]. 全球科技经济瞭望，1998（12）：44.

[3] 中国外交部. 巴基斯坦国家概况 [EB/OL]. [2021-01-10]. https://www.fmprc.gov.cn/web/gjhdq_676201/gj_676203/yz_676205/1206_676308/1206x0_676310/.

[4] 阿萨迪，李丛，Muhammad，等. 巴基斯坦电子媒体发展迅猛 [J]. 中国投资，2017（15）：64-65.

至 140 人每十万人。[1] 根据《2016—2025 年产妇、新生儿及儿童健康改善愿景》，巴基斯坦政府将在 2025 年前重点解决妇女健康问题、卫生资源分配问题、医疗卫生资源匮乏问题，以及政府监管力度缺失问题等。[2]

（四）体育运动

巴基斯坦政府十分重视体育事业。1947 年和 1962 年联邦体育部和体育委员会相继成立，负责统筹全国体育事业的发展。体育委员会下设 44 个单项体育联合会，囊括射箭、柔道、板球、曲棍球、马球、壁球、田径、拳击、卡巴迪 [3]、乒乓球、手球等，负责组织国内相关赛事，促进本国体育教育的普及。截至 2017 年，巴基斯坦共有 10 个大型运动场，其中 1984 年建成的伊斯兰堡国家体育中心是全国最大的综合体育场馆，可供近五万人参与体育赛事。在政府和民间机构的推动下，巴基斯坦的体育实力不俗，在国际比赛中屡斩奖牌，尤其在曲棍球、板球等项目中取得了较好的成绩。根据国际奥林匹克委员会于 2022 年 2 月 21 日发布的数据，巴基斯坦自 1948 年首次参加伦敦夏季奥林匹克运动会以来，该国运动员在夏季国际奥林匹克运动会中共计获得奖牌 10 枚，其中包括 2 枚个人奖牌，获奖项目集中于男子曲棍球、拳击和摔跤。[4] 值得一提的是，前任总理伊姆兰·汗曾于 1982 年出任巴基斯坦国家板球队队长，并于 1992 年带领团队获得板球世界杯冠军，是巴基斯坦家喻户晓的板球明星。

---

[1] World Health Organization. World Health Statistics 2020: Monitoring Health for the SDGs, Sustainable Development Goals [R]. Geneva: World Health Organization, 2020: 37.

[2] 张淑兰，朱修强，拉里. 巴基斯坦 [M]. 大连：大连海事大学出版社，2019：95.

[3] 卡巴迪（Kabaddi）是一项源于西亚的古老的民间游戏，运动者在平坦的场地上徒手对抗，需要运动员有较好的肌肉协调性和快速反应能力，以及团队之间的默契配合，被称作"奔跑的格斗技"。

[4] 数据来源于奥林匹克运动会官网。

第二章 文化传统

巴基斯坦于 1956 年建国，在世界版图中还是一个年轻的国家。但与此同时，巴基斯坦却拥有着灿烂悠久的文明，多个民族的交织与融合为世界带来丰富的文化遗产，被公认为人类文明的发源地之一。

第一节 风土人情

一、饮食习惯

受伊斯兰文化影响，巴基斯坦男女食不同席、禁止喝酒和食用猪肉。主食大多为面食和米饭，比如，在街头巷尾经常能够见到的粗面饼"恰巴蒂"，油炸的土豆馅三角包，还有家家户户常吃的肉抓饭。此外，巴基斯坦人喜欢吃辛辣的食物，其咖喱食品十分有名。巴基斯坦人大多制作炖菜或者沙拉，炒菜则比较少见，常见的菜肴包括炖的软烂的牛羊肉、咖喱鸡、西红柿土豆沙拉等。配合菜肴的饮品主要为由牛奶和红茶制作而成的奶茶，其香味浓郁，能够中和菜肴的油腻和辛辣味道。

二、民族服饰

巴基斯坦的男性日常一般穿着胸前开襟、两侧开衩的米白色过膝长衫，头上缠头巾或佩戴帽子以彰显身份，在正式场合，男性则多穿正装礼服或西装。女性穿着华丽鲜艳的长袖长裤，佩戴纱巾和精致繁复的耳饰、项链、鼻环、戒指、足饰等饰品。不同饰品的寓意不同，比如，已婚妇女佩戴鼻环意味着丈夫健在。巴基斯坦的女性大多只把纱巾搭在头部，纱巾垂下来的部分缠绕脖颈、手臂或者置放在胸前。嫁妆首饰大多包括头饰、戒指、手镯、鼻饰、镯子、项链等，由金或银制作而成，颜色闪亮、颇显富贵。

三、婚嫁习俗

巴基斯坦人的婚姻大多由父母包办。婚前，男女双方不能相见，在公众场合也要分隔开来。一场完整的婚礼需要新人经历三场仪式才能完成。第一场仪式是"迈哈迪"[1]，新人会提前在手脚上用海娜香膏画出图案，在家中穿着华丽的婚服和亲朋好友一同载歌载舞庆祝新娘出嫁。第二场是迎亲仪式，新郎从家出发迎接新娘，在享用丰盛的宴席之后，双方一同在宾客们的祝福和见证下签订结婚契约。第三场仪式是"瓦利马"[2]，这也是婚礼中最高规格的一场仪式，主要由男方家庭操办，作为婚礼结束的标志。在这场仪式中，新人会穿着华丽的衣服坐在会场中的最高位置，用美味的食物宴请宾客，与来宾进行合照并接受他们的祝福。

---

[1] 迈哈迪（Mehndi）是用植物做成的香膏在人身上创造出装饰图案的一种艺术形式，风靡印度、孟加拉国、巴基斯坦、斯里兰卡等国。"迈哈迪"也指巴基斯坦婚礼中的第一场仪式。

[2] 瓦利马（Walima）是婚宴的意思，婚礼仪式在新郎和新娘居住的地方举行。

四、节日庆典

1．国庆日（公历 3 月 23 日）

1940 年 3 月 23 日，全印穆斯林联盟通过《拉合尔决议》，正式决定建立一个独立的主权国家。1956 年 3 月 23 日，巴基斯坦通过了国家的第一部宪法，定国名为巴基斯坦伊斯兰共和国，使巴基斯坦成为世界上第一个以伊斯兰命名的国家。为了纪念这两个重要的日子，巴基斯坦将这一天定为国庆日，全国放假并举行隆重的庆祝活动。首都伊斯兰堡也会在这一天举行阅兵仪式，为国家的独立和 1956 年宪法的颁布而礼赞。

2．独立日（公历 8 月 14 日）

1947 年 8 月 14 日，巴基斯坦自治领 [1] 正式成立。为了纪念巴基斯坦实现独立，这一天被定为巴基斯坦的独立日。庆祝仪式主要在首都伊斯兰堡举行。

3．真纳诞辰纪念日（公历 12 月 25 日）

"国父"真纳诞生于 1876 年 12 月 25 日，是巴基斯坦独立运动的领袖和国家的创建者。巴基斯坦将这一天定为真纳诞辰纪念日，以此缅怀这位对巴基斯坦做出突出贡献的领袖。这一天，全国放假并举行纪念活动，政府会在主要的公共建筑上悬挂国旗，民众也会自发来到卡拉奇的真纳墓前献上鲜花。

---

[1] 自治领（Dominion）是大英帝国殖民地制度下一种特殊的国家体制，是殖民地迈向独立的最后一步。

4．开斋节（伊历 10 月 1 日）

开斋节也被叫作"小尔德节"，是全球穆斯林庆祝斋月结束的重大节日，它标志着长达一个月的斋戒结束。在这一天，穆斯林都会早早起来梳妆打扮，聚集到当地最大的清真寺进行虔诚的礼拜。礼毕，穆斯林会以各种方式庆祝节日，而食物便是这些庆祝活动中的核心主题，人们会宴请亲朋好友、互赠节日食品，表达对安拉的感激。因此，这个节日也称"甜蜜开斋节"。

5．宰牲节（伊历 12 月 10—12 日）

宰牲节也被叫作"大尔德节""祭祀节"，与开斋节并称为伊斯兰教的两大节日。在这一天，穆斯林也要在清早沐浴更衣，身着节日盛装赴清真寺进行礼拜活动。有经济条件的穆斯林会在这一天屠宰牲畜，三分之一的肉留做家庭食用，并把其余的肉食分给亲朋好友以及周围的穷人。

五、名胜古迹

1．沙阿·费萨尔清真寺

沙阿·费萨尔清真寺坐落于首都坦伊斯兰堡，是世界第六大清真寺，也是南亚地区最大的清真寺。该寺占地约为 19 万平方米，建筑高达 80 米，向世界各地的穆斯林以及游客全年开放，最多可同时容纳万余人。沙阿·费萨尔清真寺由土耳其著名设计师维达特·达罗凯所设计，其外观呈八角形，由白色的大理石构成，看上去像一顶沙漠帐篷，造型十分奇特新颖，与传统清真寺的圆顶设计大为不同。该寺始建于1976年，由沙特阿拉伯前国王费萨尔捐资建设，故该寺以他的名字命名以作纪念。

2．塔克希拉

塔克希拉位于伊斯兰堡西北部，是一座拥有悠久历史的古城。塔克希拉拥有距今约2 000多年历史的佛教遗迹，是全球闻名的犍陀罗艺术中心，并于1980年入选世界遗产名录。中国高僧玄奘等曾来到过这里，并把塔克希拉描述为"地称活壤、稼穑殷盛。泉流多、花果茂。气序和畅、崇敬三宝。"足以见得当年这座城市的繁荣盛况。塔克希拉古城出土了众多的珍贵文物，其中包括具有独特犍陀罗艺术风格的石雕和泥塑佛像，公元前3000年至公元前2000年的陶器，以及印有希腊国王头像的古钱币等。

3．拉合尔古堡

拉合尔古堡位于巴基斯坦东部文化名城——拉合尔，它与夏立玛尔公园于1981年共同入选世界遗产名录。拉合尔古堡呈长方形，其外墙由巨大的红褐色岩石构成，每隔一段距离设置一个半圆形的护墙，堡内建有贾汗吉尔花园、大殿、寝宫、沐浴房、后花园、镜子宫、八孔门、喷泉池等共计21座建筑物，建筑风格独特，建造工艺精湛，展现出辉煌灿烂的莫卧儿文化。其中，最负盛名的建筑物是位于古堡东北部的镜子宫。它是沙·贾汗国王为王后所建造的宫殿，因其宫殿墙上镶嵌了90万余块的玻璃镜片而得名"镜子宫"。除了玻璃镜片之外，镜子宫还使用了大量的金银线、大理石以及其他宝石作为装饰，在阳光的照耀下美不胜收、熠熠生辉。

4．摩亨佐·达罗古城遗址

摩亨佐·达罗古城遗址位于信德省拉尔卡纳县以南 25 公里，坐落于印度河河谷之中，是印度河流域文明中最古老、保存最完好的城市遗址之一。1922 年，英国考古学家约翰·马歇尔发现了这座古城遗迹，并将它命名为"死亡之丘"。摩亨佐·达罗古城遗址与旁遮普哈拉帕是印度河流域文明和哈拉帕文化的代表。古城建设在巨大的地基之上，全部由毛坯砖构成。古城外设置了高大的砖墙和防御塔楼，古城内建有完善的下水道、谷仓、会议厅和浴池，街道布局十分整齐。它见证了早期城市规划的雏形，并对之后印度半岛人类居住区域的城市化产生了巨大影响，因此 1980 年摩亨佐·达罗古城遗址被列为世界遗产名录之中。

第二节 文化名人

一、穆罕默德·阿里·真纳

穆罕默德·阿里·真纳（1876—1948），出生于卡拉奇的一户商人家庭，是巴基斯坦民族独立运动领袖、巴基斯坦的创建者，被誉为巴基斯坦的"国父"。1892 年，16 岁的真纳在中学毕业后考入孟买大学，后于 1892 年远赴英国伦敦攻读法律学位，并在 1896 年取得伦敦林肯律师学院高级律师资格。毕业后，真纳回到卡拉奇从事律师业务，因其非凡的辩论才能和渊博的知识储备而在国内法律界声名鹊起。1906 年，真纳加入印度国民大会党，担任党主席达达巴伊·那奥罗治的秘书，由此开始了他的政治生涯。第一次世界大战期间，真纳致力于促进伊斯兰教徒与印度教徒的团结。战后，由于真纳不认同甘地发起的不合作纲领，因此他于 1921 年脱离印度国民大会党。1930 年和 1931 年，真纳作为英属印度代表出席在伦敦举办的首届和第二届关于解决印度问题的圆桌会议。1934 年，真纳通过选举成为穆斯林联盟的终身主席，并逐步成为伊斯兰教徒的领袖。在从政的道路中，真纳逐渐认识到次大陆的广大穆斯林应该拥有属于自己的独立国家。在他的领导之下，1940 年全印穆斯林联盟在拉合尔召开第 27 届年会，会议通过了著名的《拉合尔决议》，首次提出穆斯林和印度教教徒是"两个民族"，主张建立独立的伊斯兰国家。这一决议得到了大多数伊斯兰教徒的认可，标志着穆斯林民族独立运动正式开始。第二次世界大战期间，真纳全心投身于巴基斯坦建国的事业。1947 年 8 月 14 日，真纳宣誓就任巴基斯坦自治领首任总督，获得"伟大领袖"的称号。巴基斯坦建国后，教派之间的冲突加剧，国家经济建设百废待兴，真纳积劳成疾，最终因染肺结核于1948 年 9 月 11 日病逝，享年 72 岁。巴基斯坦政府在卡拉奇修建了真纳墓，现已成为人们缅怀"国父"、庆祝国家独立的胜地。

二、穆罕默德·伊克巴尔

穆罕默德·伊克巴尔（1877—1938）出生于旁遮普省西亚尔科特拉的一户商人家庭，笃信伊斯兰教，是巴基斯坦近代诗人、哲学家和社会活动家。伊克巴尔 1895 年考入拉合尔国立学院；1899 年获得旁遮普大学文学硕士学位；1905 年远赴欧洲深造，先后在剑桥大学和慕尼黑大学学习哲学和法律，并于 1908 年获得慕尼黑大学哲学博士学位。回国之后，伊克巴尔先是担任拉合尔国立学院哲学教授，后专注于从事政治、哲学研究和文学创作。1930 年，他成为全印度穆斯林联盟年会的主席，提出要在南亚次大陆西北部建立一个单独的伊斯兰国家，为巴基斯坦的独立奠定了基础。

伊克巴尔曾用乌尔都文、波斯文和英文创作过大量的诗歌作品，共计出版 10 部诗集，以此表达自己对民族独立的热切期盼。主要诗歌作品包括《驼队的铃声》《永恒之歌》《自我的秘密》等。在伊克巴尔的诗歌中，他通过描绘自然山川的美景来表达对祖国的爱，并表达了对殖民统治者的愤慨，呼吁人民摒弃宗教矛盾、团结一心，为了祖国独立和自身自由而战斗。

此外，他还创作了充满宗教哲理的诗歌作品，如他在著名叙事长诗《自我的秘密》中阐述了对"自我"的看法。他认为，"自我"是抽象化了的人的个性，它是世界的本质、生命的源泉和社会发展的动力。伊克巴尔的诗歌创作受到迦利布 [1] 等人的影响，他善用伊斯兰教的经典和传说作为典故，并以古典诗歌的形式反映当时的社会生活，其诗立意新颖、辞藻优美，集抒情和哲理为一身，具有爱国主义思想。伊克巴尔的诗歌已有不少译成中文，如 1977 年人民文学出版社出版了由王家瑛翻译的《伊克巴尔诗选》，受到国内的诗歌、文学爱好者的喜爱。

三、阿杜尔·萨塔尔·艾德希

阿杜尔·萨塔尔·艾德希（1928—2016）出生在印度西部的古吉拉特邦，1947 年与家人移民到刚刚独立的巴基斯坦。他是世界著名的慈善家，卡拉奇大学名誉博士，曾创办艾德希国际基金会，旨在资助救济巴基斯坦和孟加拉国的穷苦人民，目前这一基金会仍是巴基斯坦最大的福利组织之一。自成立以来，艾德希国际基金开设了免费的疗养院、孤儿院、诊所、妇女庇护所、康复中心等机构，已拯救超过 2 万名弃婴，培训护士 4 万多名，并帮助 5 万多名孤儿恢复正常生活。[2] 该基金会还在巴基斯坦国内开

---

[1] 伽利布（1797—1869），印度诗人、散文作家，其主要代表作为《诗全集》《散文全集》《伽利布诗选》等。

[2] 数据来源于巴基斯坦无线电广播电台官网。

设 330 多家福利中心，为妇女、儿童等弱势群体提供食物、住所和医疗服务。此外，基金会还组建了世界上最大规模的志愿救护车网络，共运营着 1 500 多辆救护车，为有需要的人提供 24 小时紧急服务。截至 2020 年，该基金会除了在巴基斯坦境内提供救援服务之外，还在美国、英国、阿联酋、加拿大、澳大利亚、尼泊尔、孟加拉国、印度、日本等国设有分部。因其卓越的人道主义工作受到国际上的认可，阿杜尔曾多次获得荣誉和奖项，包括 1988 年由意大利政府颁发的列宁和平奖、2000 年巴尔赞和平奖、2009 年联合国教科文组织马登吉特·辛格奖等。2016 年 7 月 8 日，阿杜尔因病去世，享年 88 岁。巴基斯坦政府为其举行国葬，纪念他为人道主义慈善事业做出的伟大贡献。

四、努斯拉特·法特赫·阿里·汗

努斯拉特·法特赫·阿里·汗（1948—1997）出生自旁遮普省的穆斯林家庭，是巴基斯坦著名的歌唱家、音乐家，以演唱卡瓦利（Qawwali）[1]音乐享誉全球。努斯拉特的祖辈拥有惊人的音乐才能，家族成员大多以此为职业。1963 年，15 岁的努斯拉特在巴基斯坦广播电台举办的年度音乐节上第一次进行公开表演，用乌尔都语、旁遮普语、印地语等演唱卡瓦利歌曲。随着名气渐长，努斯拉特逐渐走出国门，到伦敦、巴黎、纽约等国际大都市进行演出，向西方观众展示卡瓦利音乐的魅力。比如，受邀参演 1985 年伦敦世界音乐、艺术和舞蹈节，1987 年第五届亚洲传统表演艺术节，1989 年纽约布鲁克林音乐学院演出等，赢得国际观众的认可和赞誉。1989 年，受英国伯明翰东方之星公司委托，努斯拉特与作曲家安德鲁·克

---

[1] 卡瓦利是一种苏菲派穆斯林的宗教音乐。

里斯蒂、制作人约翰·海恩斯等艺术家合作，共同制作了一系列的原创音乐作品。此外，努斯拉特还为《坠入爱河》等三部宝莱坞电影创作了音乐，并为电影献唱主题曲。努斯拉特不断探索新的音乐形式，创作了一系列的优秀歌曲，并获得诸多世界级奖项。1997 年，专辑《沉醉的灵魂》和《夜曲》分别被提名为格莱美最佳传统民谣专辑奖和格莱美最佳世界音乐专辑奖，但在这一年，努斯拉特去世，终年 48 岁，一生共录制超过 125 张卡瓦利音乐专辑。为了纪念这位音乐家，努斯拉特在 2005 年英国亚洲音乐颁奖典礼中被追授"传奇人物"奖，并于 2006 年被《时代》列为在过去 60 年中世界上伟大的 12 位艺术家和思想家之一。

五、瓦西姆·阿克拉姆

瓦西姆·阿克拉姆，1966 年出生于旁遮普拉合尔市，是巴基斯坦著名的板球运动员，曾担任巴基斯坦国家板球队队长。他以左臂快攻著称，保持着多项世界纪录，被认为是板球历史上最伟大的左臂快投手。1985 年，瓦西姆首次代表巴基斯坦进行板球比赛便取得了不俗的成绩，并迅速在国际板球界成为一颗冉冉升起的新星。1986 年，瓦西姆作为巴基斯坦队的成员对战新西兰队，获得巴基斯坦国际板球比赛的胜利。此后，虽然腹股沟处的伤病令瓦西姆在 20 世纪 80 年代后期的板球事业受阻，但是经过两次手术之后，他在 20 世纪 90 年代重新崛起，成为一名快投手，投球技巧有了质的飞跃。在瓦西姆的职业生涯中，他曾获得 17 次最佳球员奖，并保持多项板球运动的最佳纪录。退役之后，瓦西姆受雇于电视网络媒体公司，对包括 2009 年女子板球世界杯、2009 年板球世界杯、2011 年板球世界杯等国际重大赛事进行专业解说与评论。因为瓦西姆在其板球运动职业生涯中做出的杰出贡献，他曾多次获得各类荣誉和奖项。比如，2013 年瓦西姆是唯

——个被列入纪念《维斯登板球运动员年鉴》150 周年的巴基斯坦板球运动员，巴基斯坦政府还于 2019 年对其授予勋章，以表彰他在板球领域的终身成就。

六、马拉拉·尤萨夫·扎伊

马拉拉·尤萨夫·扎伊于 1997 年出生于巴基斯坦开伯尔-普什图赫瓦省的知识分子家庭，致力于为巴基斯坦的妇女儿童争取受教育权利。马拉拉多次为失学女童、妇女等弱势群体在媒体上发声。2011 年，马拉拉被巴基斯坦政府授予国家青年和平奖。但不幸的是，2012 年 10 月 9 日，马拉拉与其他两名女孩在乘校车回家的途中被塔利班枪手射中头部，伤势一度危及生命。这一事件令塔利班武装组织在国际上受到各国政府和团体的谴责。2012 年 10 月 15 日，联合国全球教育特使以"我是马拉拉"作为口号开启了支持马拉拉的请愿书，旨在确保至 2015 年每个孩子都能享有受教育的权利。同年年底，马拉拉登上美国《时代》杂志的封面，被列为 2012 年全球最具影响力的人物之一。身体康复之后，马拉拉与其伙伴共同创立了非营利组织"马拉拉基金"，为弱势儿童，特别是女童发声，倡导在发展中国家保障女孩受教育的权利。马拉拉将自己的经历编纂成书，并于 2013 年出版国际畅销的个人回忆录《我是马拉拉》。2014 年，马拉拉成为诺贝尔和平奖最年轻的获奖者，也是有史以来第二个获得诺贝尔奖的巴基斯坦人。2015 年，她成为奥斯卡候选纪录片《他叫我马拉拉》的主角。与此同时，一颗颜色乌黑、直径四公里，位于火星和木星轨道之间的小行星被命名为"马拉拉星"，纪念她为妇女儿童的受教育权和世界和平所做出的贡献。

第三章 教育历史

第一节 历史沿革

一、伊斯兰教育

伊斯兰教育分为"马克塔布"[1]和"马德拉萨"[2]两大类。其中,"马克塔布"多设于清真寺、居民院子甚至村口广场中,未成年的学生们在"马克塔布"诵读和背默《古兰经》,学习算术、写作、阿拉伯语和波斯语等课程,完成宗教启蒙阶段的教育。只要学生能够掌握《古兰经》的基本读写并能全文背诵便可以从学校毕业,并可以选择是否在"马克塔布"继续深造。"马克塔布"的组织形式比较松散,教学的正常运转全部依赖于教师的参与。[3]"马克塔布"的办学规范性较弱,因此被视作非正规教育。相较于"马克塔布","马德拉萨"是较为正规的宗教教育机构,日常教学和考试都须遵守其隶属的教育联盟所制定的教育大纲。教育大纲主要涵盖8年制或16年制的教学标准,包括以下四个阶段,即"穆达瓦萨德""塔纳维

---

[1] 马克塔布(Maktab)也称 Kuttāb,阿拉伯语中有"学校"之意,指穆斯林小学。

[2] 马德拉萨(Madrasah)一词衍生自闪米特语,与"教学"相关,指穆斯林中学。

[3] 孔亮. 巴基斯坦概论 [M]. 广州:世界图书出版公司,2016:262-264.

亚""阿里亚"和"阿拉米亚",分别相当于中国普通教育中的初中、高中、本科和研究生阶段。其中,"穆达瓦萨德"属于"马德拉萨"的中级阶段,后三者属于"马德拉萨"的高级阶段。[1] 现代伊斯兰教育中的"马德拉萨"不仅囊括传统"马德拉萨"讲授的内容,更增设英语、数学、历史、科学、贸易、巴基斯坦研究、计算机等紧跟时代发展的新式课程,帮助学生在获得宗教研究能力和波斯语交流能力的同时,与在普通学校上学的学生一样掌握现代科学文化知识。一些实力雄厚的宗教学校还会为学生提供法语、德语等外语学习的机会,便于其在毕业之后把握更多海外工作、出国留学等机会。

巴基斯坦独立后,以"伊斯兰促进会"为首的宗教政党与政府在教育发展方向上一直存在意见分歧。宗教政党强调神权至上,提出单独发展宗教教育以彰显其重要地位,但政府则打算将宗教教育作为国民教育体系之中的一个部分以顺应"世俗""民主"的时代潮流。虽然在独立之始,备受国民爱戴的"国父"真纳呼吁"建立一个能反映自身历史和民族思想、符合国情并富有成效的教育体系"[2],但是真纳因过早离世而无法将自己的教育思想真正落地。真纳过世后,巴基斯坦因权力阶层出现真空而深陷分裂与冲突的泥潭。随着伊斯兰教政党地位不断攀升,以及 20 世纪 50 年代国内宗教学校的数量逐年递增、影响力逐步扩大,非宗教学校也纷纷开始设立伊斯兰教的相关院系或开设伊斯兰教课程。[3] 例如,1950—1960 年,旁遮普大学、信德大学等多所高等院校设立伊斯兰教或伊斯兰文化院系,卡拉奇也在政府的支持下建立伊斯兰教研究中心,担任总统处理宗教事务的重要智库。20 世纪 80 年代,齐亚·哈克政府施行伊斯兰化的政策,进一步推动宗教学校的发展。

---

[1] 拉赫曼,布克哈瑞. 巴基斯坦:宗教教育及其机构 [J]. 刘径华,译. 南亚研究季刊,2007(1):82-89.

[2] 周国黎. 伊斯兰教育与科学 [M]. 北京:中国社会科学出版社,1994:61.

[3] 唐孟生,孔菊兰. 巴基斯坦文化与社会 [M]. 北京:民族出版社,2006:210.

此后，英美西方国家和沙特等中东国家的非政府组织和私人渐渐向宗教学校提供大笔资金捐助，从政府手中逐步夺得对宗教学校的实际控制权。在此背景下，学校只向学生灌输宗教知识而不讲授科学知识和生存技能。据巴基斯坦学者的统计和预测[1]，"马德拉萨"的数量在巴基斯坦独立后至21世纪中期从137所激增至12 000—15 000所，覆盖境内200多万人口的宗教教育事务。这些学生在毕业后除了以宗教为职业之外，大多没有其他能够维持生计的工作选择。由此，在国外资本和私人资本控制下的宗教学校成为宗教极端主义滋长的温床。在这一背景下，巴基斯坦多任政府出台多项政策，尝试加大对宗教学校的控制。例如，左勒菲卡尔·阿里·布托政府于1994年宣布禁止注册成立新的宗教学校，但事与愿违，未注册的宗教学校数量庞大使得政府反而更加难以开展监督与管理工作。2005年，穆沙拉夫总统颁布多项法令要求宗教学校的全部海外留学生须在当年9月30日之前离境，并要求所有宗教学校须在当年12月31日前于政府部门登记备案，接受政府的监督管理，未登记在案的宗教学校将面临被查封的惩罚。这一系列的举措加深了宗教与政府之间的隔阂和矛盾。

近年来，"马德拉萨"的数量持续激增，宗教学校的力量不断壮大。据统计，当前巴基斯坦的"马德拉萨"约有3万多所，入学就读的学生约180万—350万人。[2]与此同时，现代公立学校体系的短板愈加突出。例如，偏远和农村地区的学校数量较少，并且阿富汗等国家的难民持续涌入，这些学生因难以就读公立学校转而选择接受宗教教育。基于此，巴基斯坦各界人士和国际组织专家建议政府考虑对宗教教育进行政策改革和制度创新。比如，像"国父"真纳倡导的那样，将宗教教育纳入统一的国民教育体系，或

[1] ALI S. Islam and education: conflict and conformity in Pakistan's madrassahs [M]. Newark: Oxford University Press, 2008: 25-34.

[2] SAAD S. Pakistan plans to bring 30 000 madrasas under government control [EB/OL]. (2019-04-29) [2021-01-15]. https://www.reuters.com/article/us-pakistan-madrasas/pakistan-plans-to-bring-30000-madrasas-under-government-control-idUSKCN1S517Z.

加强政府对宗教学校课程设置、课程大纲、学历颁发、毕业生就业等问题的制度化管理，削弱宗教极端组织和海外资本对国内宗教教育的控制力。[1] 但是，宗教学校的发展问题仍旧因牵扯盘根错节的势力和纷繁复杂的历史而未能找到很好的解决方案，并将持续面临着内部和外部的双重压力。只靠教育无法让宗教教育的难题迎刃而解，解决这一难题还需各方的持续努力。

二、普通教育

巴基斯坦的普通教育发展较晚，萌芽于英印殖民时期，形成于国家独立之后。随着欧洲殖民者叩开伊斯兰世界的大门，现代教育体系在这片次大陆上开始孕育。19 世纪中叶，英国殖民者借其统治的便利，全面打压伊斯兰文化，穆斯林掀起伊斯兰启蒙运动应对挑战，兴办学校、刊发报纸以学习和传播西方先进的科学技术知识。[2] 西方教育认为科学知识应当与宗教信仰区分开来，这在一定程度上挑战了穆斯林的传统观念，成为区分普通教育和宗教教育的关键所在。

教育领域的贫富差距和资源分配不均问题制约着巴基斯坦的教育发展，成为政府在教育领域长期亟待解决的主要矛盾。巴基斯坦社会生活评估调查 [3] 结果显示，教育机会与家庭收入和城乡地理位置显著相关，高收入家庭的儿童比低收入家庭的儿童的入学率更高，拥有更高质量的教育资源。高收入家庭倾向于将孩子送入昂贵的私立学校，接受国际化的精英教育，普通家庭大多只负担得起公立学校的教育费用，而贫困家庭则只能选择让孩子在免费的"马德拉萨"（即宗教学校）学习。[4] 进入不同类型的学校意味

---

[1] 资料来源于世界教育新闻评论。

[2] 张淑兰，朱修强，拉里. 巴基斯坦 [M]. 大连：大连海事大学出版社，2019：89.

[3] 资料来源于巴基斯坦统计局。

[4] ALI S. Pakistan: target revision in education policy [M]. London: Bloomsbury, 2013: 163-177.

着完全不同的就业机会、薪资水平和人脉关系，这些要素共同影响着学生未来的生活水平和下一代的教育机会，文化资本[1]由此发生代际传递。鉴于此，巴基斯坦独立以来政府出台的各项教育政策和计划均重点强调须扩大教育机会、保障教育公平。

巴基斯坦的教育政策文件主要出自以下三个来源，即国家规划委员会发布的国家发展计划、教育部发布的教育政策文件以及重要的教育会议或项目计划（见表3.1）。上述三种教育政策的制定主体不同，其政策内容有相互交叉和同步的部分，但也有不相一致的部分，导致一些政策在落地实施层面出现困难。巴基斯坦的教育发展历史可在宏观上分为1947年独立后至20世纪末，以及2000年之后至今这两个阶段。前一阶段聚焦于教育公平，致力于提高小学入学率和国民识字率，后一阶段在教育公平的基础上还关注教育质量的问题。[2]

表 3.1 1947—2020 年巴基斯坦主要教育政策一览

国家发展计划		教育政策文件		重要教育会议或项目计划	
1947—1999 年					
1957 年发布	第一个五年计划（1955—1960 年）	1970 年发布	教育政策	1947 年召开	巴基斯坦教育大会
1960 年发布	第二个五年计划（1960—1965 年）	1972 年发布	教育政策	1951 年发布	国家教育发展计划
1965 年发布	第三个五年计划（1965—1970 年）	1979 年发布	国家教育政策和实施方案	1959 年发布	国家教育委员会会议报告

[1] 顾明远. 教育大辞典 [M]. 上海：上海教育出版社，1998.

[2] 巴基斯坦成人教育的发展、现状和特点主要体现为清除文盲、提升识字率等方面采取的战略、行动及其成效，因在教育政策、基础教育、职业教育等章节中均有不同程度的述及，为避免重复，故不另设专门章节进行阐述。

国家发展计划		教育政策文件		重要教育会议或项目计划	
1947—1999 年					
1970 年发布	第四个五年计划（1970—1975 年）	1992 年发布	国家教育政策	1981 年召开	扫盲和大众教育委员会会议
1978 年发布	第五个五年计划（1978—1983 年）	1998 年发布	国家教育政策（1998—2010 年）	1985 年开始	国家扫盲计划（1984—1986 年）
1983 年发布	第六个五年计划（1983—1988 年）			1986 年开始	全国扫盲项目（1986 年）
1988 年发布	第七个五年计划（1988—1993 年）				
1993 年发布	第八个五年计划（1993—1998 年）				
2000 年至今					
2001 年发布	十年发展计划（2001—2011 年）	2003 年发布	全民教育国家行动方案（2003—2015 年）		
2014 年发布	巴基斯坦 2025 年：同一个国家，同一个愿景	2009 年发布	国家教育政策（2009 年）		
		2017 年发布	国家教育政策（2017—2025 年）		
		2018 年发布	国家教育政策框架（2018 年）		

（一）1947—1999 年：聚焦提升教育公平

1947 年，巴基斯坦从长达一个多世纪的英国殖民统治中获得独立。独立初期，巴基斯坦的经济基础薄弱，政治局势动荡，移民问题和暴力冲突问题等国内矛盾频发，因此政府尚未有精力制定教育政策文件、构建教育治理体系。这一时期，国内高达 80% 的人口是文盲，农村地区妇女的识字率几乎为零。[1]

在这一背景下，巴基斯坦于 1947 年召开了教育大会，提出将在 20 年内实现初等教育普及的目标。该会议成立了包括初等教育委员会、中等教育委员会、成人教育委员会等组织，首要关注提升儿童和成年人识字率的问题。1951 年，巴基斯坦教育部牵头召开会议，并发布《国家教育发展计划》，提出教师质量低下是巴基斯坦教育发展面临的重要挑战，建议增建小学以降低儿童失学率、开设扫盲中心，并对教育设施质量、教师培训等提出要求。然而，计划的发布并未对巴基斯坦的识字率带来大幅提升，仅由 1951 年的 16.4% 下降到了 1961 年的 16.3%。[2] 同期，巴基斯坦国家规划委员会发布《第一个五年计划》(1955—1960 年)，强调普及初等教育的重要性，预计在 1975—1980 年建立起义务教育体系，惠及初级教育阶段的儿童。为了实现这一目标，该计划提出增建 4 000 所新学校，预计小学入学率将从 43% 提高到 49%，扩大小学教师培训的规模使受训教师比例从 65% 提高到 85%。[3] 1959 年教育部发布《国家教育委员会会议报告》，对小学入学率不足 50% 的现状和消除文盲运动只取得了有限的成果表示遗憾。该报告提出了在 1975 年前实现在初等教育阶段普及义务教育的目标，培养学生阅读、写作和算数的基本技能，并再次强调提高识字率是巴基斯坦成人教育的首要目标。

20 世纪 60 年代，巴基斯坦逐步增加了对初等教育的拨款金额和扶持力度，但其小学入学率仍提升有限。1960 年，国家规划委员会发布《第二个五年计划》(1960—1965 年)，指出《第一个五年计划》(1955—1960 年)的

---

[1] KAISER B. History of educational policy making and planning in Pakistan [M]. Islamabad: Sustainable Development Policy Institute, 1999: 1.

[2] Education Division. Proceedings of the educational conference [R]. Islamabad: Government of Pakistan, 1951.

[3] National Planning Board. First five year plan: 1955—1960 [R]. Islamabad: Government of Pakistan, 1957.

目标并没有完全实现，小学入学率未至预期水平，学校教育的质量也未得到明显改善。在第二个五年计划时期，政府计划为小学教育拨款 9.9 亿卢比，截至 1965 年，在现有的 18 000 所小学的基础上新开 15 200 所小学，将6—11 岁儿童的入学率从 42.3% 提升至 50%。[1] 此外，该计划特别关注女童教育、教师培训的议题，以及改进教具、设施、课程内容等。1965 年，《第三个五年计划》（1965—1970 年）应运而生，政府承诺为初级教育拨款2.52 亿卢比，预期在 1970 年初建立 42 500 所新学校，并将初等教育的入学率从 45% 提高至 70%。[2] 从巴基斯坦独立后到 20 世纪 60 年代末，各类会议主要讨论和制定国家教育宏观发展目标，包括初等教育、高等教育、职业技术教育等领域，特别强调发展道德教育，培养认同伊斯兰价值观的年轻一代；提出通过设立女子学校等方式弥合性别之间的教育机会差距；决定以乌尔都语作为巴基斯坦的官方语言；推行小学阶段的义务教育，大力提升初等教育的入学率。虽然巴基斯坦政府致力于推动教育公平，但遗憾的是，政府对自身的估计过于乐观，实际上并未实现"普及初等教育"这一目标。比如，政府在 1951 年的教育大会中提及将于 1971 年普及初等教育的目标，但根据《第三个五年计划》（1965—1970 年）的政策文件，普及初等教育的时间悄然后移至 1985 年，此后在 1970 年国家教育政策中这一时间节点又后移至 1980 年。[3]

　　1970 年，巴基斯坦政府制定《第四个五年计划》（1970—1975 年），但该政策由于政权更迭等原因没有得到落实。随着新上任的布托政府制定了促进经济发展的年度计划，《第四个五年计划》（1970—1975 年）就此被搁置。同年，教育部发布正式的《新教育政策》，重申了政府对普及初等教育这一目标的承诺。但与此同时，这一时期巴基斯坦的识字率依旧不高，提

[1] Planning Commission. Second five year plan: 1960—1965 [R]. Islamabad: Government of Pakistan, 1960.

[2] Planning Commission. Third five year plan: 1965—1970 [R]. Islamabad: Government of Pakistan, 1965.

[3] ALI S. Pakistan: target revision in education policy [M]. London: Bloomsbury, 2013.

升国民识字率仍面临重重困难。据统计，1972 年巴基斯坦的国民识字率仅为 21.7%，城乡差距和男女差距巨大，其中，城市人口的识字率为 41.5%，农村人口的识字率为 14.4%。[1] 除 1970 年发布的这项教育政策文件外，巴基斯坦教育部还于 1972 年发布了《教育政策》。这一政策旨在通过普及初等教育和大规模的成人教育计划，在尽可能短的时间内消除文盲，并通过对农村地区的妇女、残疾人群等弱势群体提供特殊设施，实现教育公平。该政策再一次延后了初等教育普及的时间节点，预计分别于 1982 年和 1987 年实现初等教育普及的目标。此外，该政策还宣布将开展大规模的扫盲计划，预计于 1980 年前建立 276 000 个扫盲中心，为全国 1 100 万人提供扫盲教育。[2] 1977 年巴基斯坦突发政变，齐亚·哈克政府上台，新政府随即于 1978 年颁布了《第五个五年计划》(1978—1983 年) 以及于 1979 年出台全新的教育政策《国家教育政策和实施方案》，1972 年发布的教育政策也因此中断。《第五个五年计划》(1978—1983 年) 指出，政府不仅应增加教具、设施等物质层面的投入，还应采取措施降低辍学率、提高教学质量和加强监督，优先建设和改善女子学校，从而全方位地促进初等教育的发展。该计划建议将在 1982—1983 年前将教育支出占国民生产总值的 2% 以下提升至 3.1% 以上，辍学率从 50% 降至 40%，实现一年级男童的普遍入学，并在 1986—1987 年前实现小学学龄儿童的普遍入学。[3] 但在次年颁布的《国家教育政策和实施方案》中，巴基斯坦教育部推迟了《第五个五年计划》(1978—1983 年) 中的政策目标，建议在 1987 年前实现一年级男童的普遍入学，以及在 1992 年前实现小学学龄儿童的普遍入学。[4]

---

[1] Ministry of Education and Scientific Research. The new education policy [R]. Islamabad: Government of Pakistan, 1970.

[2] Ministry of Education. The education policy [R]. Islamabad: Government of Pakistan, 1972.

[3] Planning Commission. Fifth five year plan: 1978—1983 [R]. Islamabad: Government of Pakistan, 1978.

[4] Ministry of Education. National education policy and implementation programme [R]. Islamabad: Government of Pakistan, 1979.

　　20 世纪 80 年代，实现大众扫盲成为巴基斯坦在教育领域的政策目标。在政府的引导和支持下，扫盲和大众教育委员会于 1981 年成立，并在这一时期牵头举办多次会议，启动多项扫盲计划。1983 年，国家规划委员会颁布《第六个五年计划》（1983—1988 年），提出将小学入学率从 1982—1983 年的 48% 提高到 1987—1988 年的 75%，并首次在五年计划的文件中特别关注大众扫盲的议题。[1] 在《第六个五年计划》（1983—1988 年）的指引下，扫盲和大众教育委员会宣布开展"国家扫盲计划（1984—1986 年）"，耗资 3.17 亿卢比，预期在 2 年内开设 25 000 所扫盲中心，帮助 220 万人脱盲，将全国的识字率从 26.2% 提高到 33%。[2] 但由于资金不足、制度不完备等原因，政府不得不放弃这一全国扫盲计划的尝试。由于巴基斯坦在提高识字率方面的成果远低于《第六个五年计划》（1983—1988 年）中提出的目标水平，扫盲和大众教育委员会于 1985 年推出新的"全国扫盲项目"，组建国家扫盲团，拨款 26.57 亿卢比，并为人们提供约 2 000 个全职工作和 115 000—150 000 个兼职岗位。该项目希望通过上述措施在 1990 年前使 1 400 万人脱盲，并将全国识字率提升至 53.53%。[3] 1988 年，《第七个五年计划》（1988—1993 年）启动。鉴于《第六个五年计划》（1983—1988 年）的目标没有实现，《第七个五年计划》（1988—1993 年）的重点仍是扩大初级教育和减少文盲，其战略是通过改善和扩大初级教育来提高国民的识字率。该计划建议增建小学、改善基础设施建设，使 5—9 岁的儿童能够获得接受初等教育的机会。该计划预计到 1992—1993 年，识字率将提高到 40%，到 20 世纪末将提高至 80%。[4]

---

[1] Planning Commission. Sixth five year plan: 1983—1988 [R]. Islamabad: Government of Pakistan, 1983.

[2] Literacy and Mass Education Commission. National literacy programme 1984—1986 [R]. Islamabad: Government of Pakistan, 1985.

[3] Literacy and Mass Education Commission. Nationwide literacy programme 1986 [R]. Islamabad: Government of Pakistan, 1986.

[4] Planning Commission. Seventh five year plan: 1988—1993 [R]. Islamabad: Government of Pakistan, 1988.

20 世纪 90 年代，执政者经常性地更迭变化成为这一时期的显著特征，常年的政治动荡最终导致 1999 年国内发动军事政变。进入 21 世纪后，国家才逐步进入较为稳定的发展时期。在教育政策方面，这一时期除了继续强调深化初等教育的普及外，还特别关注发展教育性别平等、推广非正规教育等议题。例如，1992 年教育部发布《国家教育政策》计划，提出巴基斯坦的识字率约为 34%，仍是南亚地区识字率最低的国家之一，城乡差距和性别差距依旧明显，这一时期的小学参与率仅有 66.3%，且辍学生和留级生众多，小学学生流失率高达 50%。为了提升识字率，该政策通过推广"去中心化"的非正规社区教育和宗教学校来扩大中低收入家庭儿童的教育机会。此外，在普通学校放学后，将其教学场地和设施交由技术学校在晚间使用，充分利用现有资源，让更多的辍学者拥有接受教育的机会，力争在 2000 年前将国内初等教育的普及率提升至 100%，将全国的识字率提高到 70%。[1] 1993 年，国家规划委员会发布《第八个五年计划》（1993—1998 年），再次强调教育是国家发展的重要因素。但是，在回顾上一阶段的成果时，该计划也指出，巴基斯坦约有 50% 的女童和 20% 的男童没有进入小学学习，成人识字率依然仅有 35% 的水平，大量学校缺乏基础教学设施。与之前的计划相类似，《第八个五年计划》（1993—1998 年）以普及初级教育作为长期实现大规模扫盲计划的主要手段，建议改善学校设施建设、提高现有学校的利用率，预计于 1998 年将男童的小学入学率由 84.8% 提高至 95.5%，女童的小学入学率由 53.7% 提高至 81.6%，全国识字率由 35% 提高至 48%。[2] 这一时期，教育部还于 1998 年发布了《国家教育政策》（1998—2010 年），在 1992 年政策的基础上做出计划调整，承诺在 2002 年将初等教育的普及率提升至 90%，并在 2010 年将初等教育的普及率提升至 105%，同时进一步缩小男女童入学机会的差距。截至 1998 年，巴基斯坦的识字率仅为 39%，在

---

[1] Ministry of Education. National education policy [R]. Islamabad: Government of Pakistan, 1992.

[2] Planning Commission. Eighth five year plan: 1993—1998 [R]. Islamabad: Government of Pakistan, 1993.

160 个国家中排名第 142 位，远未达到《第八个五年计划》（1993—1998 年）
提出的识字率达到 48% 的目标。[1]

（二）2000 年至今：关注教育公平与质量

在《国家教育政策》（1998—2010 年）的基础上，国家规划委员会于
2001 年发布《十年发展计划》（2001—2011 年），不仅强调提升国民识字
率、缩小教育机会的城乡和性别差距，而且在规章制度、程序管理、资源
统筹等方面进行宏观改革，提出加强各级政府、各部门之间的联系与合作，
促进私营部门提供各级教育。政府出台多项举措推动政策的实施，比如鼓
励非正规的社区教育和宗教教育的发展，关注科技教育和职业技能的培
养，提供更好的教学设施，对学校财务进行严格管理，组织专家团队审查
课程内容，通过培训项目择优录用一线教师，组建国家教育评估体系和教
育考试服务机构等。[2] 值得一提的是，在《十年发展计划》（2001—2011 年）
的指导之下，教育部于 2003 年推出《全民教育国家行动方案》（2003—
2015 年）作为巴基斯坦教育发展的优先事项，致力于消除文盲、加快实现
初等教育的普及，特别关注妇女儿童等弱势群体的教育，提升教育质量。
该项目计划在 2015 年前将小学净参与率由 66% 提升至 100%，识字率从
49% 提升至 86%。[3] 这一时期，基于社区的"去中心化"政策，虽然在一定
程度上帮助更多的儿童获得教育机会，但是由于不同政府部门和机构的权
责不明，且教育资金拨款没有落实到位，导致政策实施结果并未达到预期。
如表 3.2 所示，虽然在 2005—2014 年，巴基斯坦的成人识字率有所上升，

[1] Ministry of Education. National education policy: 1998—2010 [R]. Islamabad: Government of Pakistan, 1998.

[2] Planning Commission. Ten year perspective development plan 2001—2011 and three year development programme 2001—2004 [R]. Islamabad: Government of Pakistan, 2001.

[3] Ministry of Education. National plan of action on education for all (2003—2015) [R]. Islamabad: Government of Pakistan, 2003.

并且男女成人识字率的差距有所缩小，但是 2014 年成人识字率仅为 57%，
远没有达到 86% 的政策目标。[1]

表 3.2 2005—2014 年巴基斯坦成人（15 岁及以上）识字率（%）

年份	2005	2006	2007	2008	2009	2010	2011	2012	2013	2014
成人识字率	49.9	54.2	52.1	55.5	54.9	55.4	54.7	56.8	55.6	57.0
男性成人识字率	64.1	67.7	65.0	68.9	68.6	68.9	67.0	70.0	68.6	69.1
女性成人识字率	35.4	39.6	38.5	40.1	40.3	41.0	42.0	43.1	42.0	44.3

穆沙拉夫政府上台后于 2009 年颁布《国家教育政策》，首次以教育机会、
教育质量和教育治理等议题为线索制定政策。在此之前，教育政策则大多分
为基础教育、中等教育、高等教育、职业教育等板块。新政重申初等教育普
及率将于 2015 年达到 100% 的目标，并将接受初等教育的年龄由 6—10 岁提前
至 5—9 岁。[2] 政府认为完善学校场地和教学设施，以及增加食物的供给是实
现义务教育普及目标的重要因素。但这一时期，教育资源的城乡和性别不均等
仍旧是巴基斯坦教育发展的重大挑战。2014 年，国家规划委员会发布《巴基斯
坦 2025 年：同一个国家，同一个愿景》，提出将五大基石和七大支柱[3] 作为实
现国家发展目标的策略。其中，"发展人力和社会资本"这一支柱对教育领域
提出了新的发展目标，包括：在 2025 年前，小学入学率和学业完成率提升至
100%，识字率提升至 90%；高等教育毛入学率从 7% 提升至 12%，培养 7 000—

---

[1] 资料来源于世界银行官网。

[2] Ministry of Education. National education policy 2009 [R]. Islamabad: Government of Pakistan, 2009.

[3] 五大基石包括：社会正义，法治，和平与安全，政治稳定和政策的延续性，共同愿景。七大支柱包括：
持续的包容性增长，能源、食品和水资源安全，治理体制的现代化改革，发展人力和社会资本，私营部门主导增
长，发展有竞争力和附加值的知识经济，现代化的基础设施和加强区域连接。

15 000 名拥有博士学位的高级人才等。[1] 这一文件将教育目标嵌入国家发展的目标和策略，两者紧密结合起来，突出教育对于积累人力资本和社会资本的重要作用。

2015 年 9 月 25 日，联合国可持续发展峰会在纽约总部召开，包括巴基斯坦在内的 193 个联合国成员在峰会上正式通过了 17 个可持续发展目标。以联合国可持续发展目标为指导，巴基斯坦教育部于 2017 年发布《国家教育政策》（2017—2025 年），明确了从幼儿教育到高等教育的发展目标，包括：到 2020 年识字率达到 75%，2025 年识字率达到 86%，重点对 16—25 岁的青年进行扫盲；计划分别于 2020 年和 2025 年实现男童和女童初等教育的普及，最大限度减少辍学率和留级率；制定优质教育的最低标准；建立统一的评估标准和认证系统，增强信息和通信技术在教育领域的应用；发展特殊教育和全纳教育，到 2025 年特殊儿童的教育参与率预计能够达到 50%；建议开设课外教育和活动，培养儿童的身体、精神、治理和社会情感发展等。[2] 基于这一政策，教育部于次年发布《国家教育政策框架》（2018 年），总结了巴基斯坦面临的教育挑战，包括：辍学率高居不下、缺乏统一的教育体系、教育质量参差不齐、高等教育和职业技术教育存在短板。面对上述挑战，该政策框架提出国家教育发展的优先事项，即通过增强国家凝聚力、加强沟通、广泛使用信息和现代科技手段、增进财务管理效率等方式，降低辍学率、统一教育标准、提升教育质量，并让更多人享有接受高等教育和职业技能培训的机会。[3] 与 2000 年之前的教育政策相比，巴基斯坦政府在 21 世纪虽然同样致力于提升入学率和识字率，但也逐步强调在提升教育公平的同时关注教育质量，并对高等教育、职业教育、特殊教育等更广

[1] Planning Commission. Pakistan 2025 one nation–one vision [R]. Islamabad: Government of Pakistan, 2014.

[2] Ministry of Federal Education & Professional Training. National education policy 2017—2025 [R]. Islamabad: Government of Pakistan, 2017.

[3] Ministry of Federal Education & Professional Training. National education policy framework 2018 [R]. Islamabad: Government of Pakistan, 2018.

阔的教育领域投以关注的目光，这一点值得肯定。

回顾巴基斯坦自独立之后的教育发展，政府虽然制定了诸多教育政策和扫盲计划，也对其进行了大力扶持，但是政策目标却屡屡难以实现。巴基斯坦文盲率居高不下的原因是复杂的，除人口快速增长、扫盲计划效果不佳等直接原因外，还有一些因素会对这一问题有所影响。其一，社会文化因素。巴基斯坦对女性的偏见和歧视仍旧普遍存在，特别是在农村、部落等相对落后的地区，女性接受教育的机会比男性更为稀缺。其二，经济因素。即使政府免除了学费，但是送孩子上学依然会带来机会成本，换句话说，家庭中的劳动力因为上学而无法从事家庭劳动，会在一定时期内削弱家庭生产力、损害了家庭经济效益。因此，大量贫困家庭不愿送孩子上学，一定程度上降低了学校的入学率、加大了辍学率。其三，政治因素。在此过程中，政府的威信受到不断的挑战和挫败，导致相关政策更加难以落实、相关目标更加难以达成。其四，教育因素。巴基斯坦人口众多、民族构成较为复杂，各地、各民族的区域性语言和方言十分多样，学生难以获取适用于本地区、本民族语言的阅读资料。此外，接受过专业培训的教师严重不足，基础设施难以满足教学需求等问题普遍存在，这些教育资源的短缺为巴基斯坦在短期内实现消除文盲的政策目标带来一定的困难。

目前，巴基斯坦将教育分为初等、中等和高等教育三个阶段，根据承办人的不同可分为国立、省立、地方和私立四种类型，其中私立学校需得到政府认可才可招生办学。[1]巴基斯坦的学校教育制度见表 3.3。

---

[1] 孔亮. 巴基斯坦概论 [M]. 广州：世界图书出版公司，2016：267-272.

表 3.3 巴基斯坦的学校教育制度

年龄	年级	教育阶段		
5—9 岁	1—5 年级	小学阶段		
10—12 岁	6—8 年级	初中阶段		
13—14 岁	9—10 年级	高中阶段		
15—16 岁	11—12 年级	预科学院		中等技术学校
17 岁及以上	13 年级及以上	本科教育 （文科 2—3 年）	本科教育 （理科 4 年）	专科教育 （2 年）
		硕士教育 （文科 2 年）	硕士教育 （理科 2—3 年）	
		博士教育（学制不固定）		

初等教育包括小学（1—5 年级）和初中阶段（6—8 年级）。小学入学年龄为 5 岁，初中入学年龄为 10 岁。由于资金不足的问题，政府借助私立教育机构的力量为适龄儿童提供初等阶段的教育服务。1990 年至今，私立教育机构在政府的鼓励下迅猛扩张，逐渐成为巴基斯坦不可或缺的教育提供方。[1] 根据巴基斯坦教育统计年鉴的数据，2017—2018 年初等教育阶段的私立教育机构数量为 47 992 所，占全国初等教育机构数量的 26.1%，共招收 8 782 859 名学生，覆盖全国 35.0% 的中小学生。[2] 相较于公立学校而言，私立学校的教学条件较好，师资力量方面具备优势，大多采用英语作为教学语言，但是学费较高，仅有少数富裕家庭的儿童才能进入这类学校学习。

中等教育包括高中（9—10 年级）、预科学院和中等技术学校教育

[1] MALEEHA R, RIE H, KIYOSHI T. The role of the private sector in Pakistan's school education [R]. Asian Development Bank, 2022: 2.

[2] Academy of Educational Planning & Management. Pakistan education statistics 2017—2018 [R]. Islamabad: Ministry of Federal Education and Professional Training, 2021: 42-44，57-59.

（11—12 年级）。在这一阶段，学生不仅需要学习乌尔都语、英语、历史、算数等文化必修课，还需要接受职业培训。在高中毕业之后，一部分学生选择进入中等技术学校提升职业技能，为期两年，为之后接受专科教育奠定基础。中等技术学院开设汽车装配、蔬菜种植、交通运输、家政管理等各类课程，学生可以通过修习课程掌握安身立命的职业技术。另一部分学生也可选择进入预科学院学习两年，并在毕业之后升入大学继续深造。预科学院旨在向高校培养和输送人才，因此在培养方案、课程教学等方面受到相关大学的指导。与初等学校相似，中等学校也分为公立和私立两大类，私立学校往往教育资源丰富但学费昂贵。

高等教育阶段分为专科教育、本科教育和硕博研究生教育三个阶段。其中，专科教育的学制为两年，在中等技术学校中获得初级技术文凭的学生可以在专科学校中通过接受更高水平的训练获得高级技术文凭。对于本科和研究生教育而言，不同学科学生的学制安排有所区别，达到毕业要求的学生可以获得相应的学士、硕士或博士学位。在本科阶段，文科项目为 2—3 年，理工科项目为 4 年；在硕士阶段，文科项目为 2 年，理工科项目为 2—3 年，博士学位的学制不固定。[1]

巴基斯坦政府明确其教育发展的根本目标为"培养服从伊斯兰意识形态与民族文化传统，具有高尚道德情操、丰富知识和娴熟技能的国家建设人才"。[2] 宪法规定，联邦教育部统领国内教育事务，接受内阁总理的领导，并在各省设立省教育部门监管省内的教育机构。巴基斯坦的各级教育由政府下属的不同部门负责管理。其中，初级教育由联邦教育部公共教育局管理；中等教育由中等教育局管理；各省国立高等院校校长由省教育部门领导担任，联邦大学管理委员会协调各方具体事务，如组织教师培训研修班、

[1] 闫丽君. 巴基斯坦商务环境 [M]. 北京：对外经济贸易大学出版社，2015：120.

[2] 唐孟生，孔菊兰. 巴基斯坦文化与社会 [M]. 北京：民族出版社，2006：212.

讨论制定未来课程的开设情况等。[1][2] 和宗教教育相比，巴基斯坦普通教育的体制更加细致、完善，更能与世界接轨并且能够在更大程度上受到政府的管理和监督。

第二节 教育人物

巴基斯坦地处战乱频发的南亚次大陆，历史上屡次经历分裂、统一、入侵和被殖民，多种民族和宗教共存相融。在教育领域，巴基斯坦的知名教育家并不多，其教育思想更是鲜有人研究。

一、穆罕默德·阿卜杜勒·萨拉姆

穆罕默德·阿卜杜勒·萨拉姆（1926—1996 年）是巴基斯坦理论物理学家。由于萨拉姆对于电弱交互作用理论的贡献，他与谢尔登·格拉肖、史蒂文·温伯格共同获得 1979 年的诺贝尔物理学奖，成为第一个获得诺贝尔科学奖的巴基斯坦人。

在剑桥大学圣约翰学院获得理论物理学哲学博士学位后，阿卜杜勒·萨拉姆于 1951 年回到巴基斯坦在拉合尔政府学院执教，并于 1952 年成为旁遮普大学数学系主任。自 1957 年以来，他一直担任伦敦帝国理工学院理论物理学的教授，从教四十余年来，专注于研究基本粒子物理学。此外，1960—1974 年，阿卜杜勒·萨拉姆担任巴基斯坦科技部科学顾问，促进了理论物理学、粒子物理学的发展，提升了国家科学研究的水平，为巴基斯

---

[1] ASHRAF M. 巴基斯坦的教育体系简况 [J]. 南亚研究季刊，1995（2）：74-76.

[2] 张淑兰，朱修强，拉里. 巴基斯坦 [M]. 大连：大连海事大学出版社，2019：90-91.

坦和平利用核能做出了贡献，因此被誉为"巴基斯坦的科学之父"。

阿卜杜勒·萨拉姆致力于推动发展中国家的科学人才培养。为了这一目标，他付出了不懈努力，甚至把自己所得的诺贝尔奖奖金悉数捐出。1964年，他在意大利里雅斯特创建国际理论物理中心，担任中心负责人，帮助发展中国家的物理学家开展科学研究工作。1983年，阿卜杜勒·萨拉姆又成立一所名为"第三世界科学院"的非政府、非营利性的国际科学组织，该组织也被称为"发展中国家科学院"和"世界科学院"，旨在加强第三世界科学家之间的联系与合作，促进发展中国家的科学发展。此外，他还设立了在巴基斯坦科学界最负盛名的奖项之一——阿卜杜勒·萨拉姆奖，用以奖励35岁及以下的年轻科学家在化学、物理、数学、生物等基础科学领域的研究。

二、萨利玛·贝格姆

萨利玛·贝格姆，出生于巴基斯坦北部的一个偏远村庄，高中毕业后，她就读于旁遮普大学，获科学教育学士学位，并于2002年获得阿迦汗大学颁发的教育学硕士学位。自1992年开始，萨利玛·贝格姆成为吉尔吉特女子初级学院的教师，在学校中引入科学教育，用自身所学的知识和技能帮助家乡的儿童。谈及教育的本质目的，萨利玛·贝格姆坚信，学生能够建构自身存在的意义。因此，在教学过程中，她总是将培养学生的伦理道德和社会价值观作为首要任务，善于启发学生的思维，帮助学生树立理想、认识到自己的潜能，鼓励学生向外探索世界并通过通信手段与世界各地的人们建立联系。在教学方法方面，她主张课堂活动应与现实生活紧密结合，以激发学生的好奇心，促进知识学以致用。

萨利玛·贝格姆还十分关注教育性别平等的问题。巴基斯坦的北部地区较为落后，大多数村子里的女孩在结束 7 年级的学业之后便会结婚，继续上学的愿望很难得到家庭的支持。在这一背景之下，萨利玛·贝格姆亲自在学校中开设 8—10 年级的课程，并积极向家长介绍女孩接受教育的好处和意义，致力于推动当地女童教育的普及。在她的指导下，学生们在考试中表现异常出色，学校的入学率有所上升。由于教学成果颇丰，萨利玛·贝格姆被任命为该校校长。因此，除了日常教学之外，她还需要承担培训其他教师的职责。凭借自身丰富的教学经验，萨利玛·贝格姆已对全国各地的 8 000 多名教师进行了指导，组织教师专业发展课程，涵盖项目制学习、写作技巧、沟通技巧等内容，旨在增强师生课堂互动、提升教学质量。与此同时，萨利玛·贝格姆还参与了由欧盟、澳大利亚资助的多个学校教育发展项目，为改善基础设施、学校管理、教师教育而努力奔走，与巴基斯坦多个省份的教育工作者一同开展教育研究、引领课堂变革。因其对巴基斯坦教育的突出贡献，2017 年被评为年度全球最佳十名教师之一。

第四章 学前教育

当今世界，儿童和学前教育在全球范围内受到重视。巴基斯坦对学前教育的认识和理解经历了从忽视到重视，实践从非正式到正式，学前教育体系从发展不充分到逐渐成熟的转变。巴基斯坦政府为学前教育做出的努力逐渐增多，学前教育被纳入政府教育政策优先考虑的领域之一。与此同时，巴基斯坦针对学前教育的社会行动也在如火如荼地开展中。

第一节 学前教育的发展和现状

一、学前教育的发展

南亚次大陆的幼儿教育是与种姓制度和宗教神学密切相关的，主张培养幼儿的宗教意识。公元前 6 世纪以前的婆罗门的幼儿教育以家庭教育为主，儿童在大约 3—5 岁接受剃度礼后就开始进行家庭教育，父亲作为一家之主，具有教育、培养儿童的义务。在婆罗门种姓家庭中，父亲最主要的教育任务是指导幼儿传诵吠陀经典，教育方式主要依靠口耳相传，死记硬背。除此之外，教导幼儿掌握生活知识、基本技能，养成良好的行为习惯也是其重要职责。公元前 6 世纪，佛教兴起，逐渐取代婆罗门教，成为南亚次大陆地区最为盛行的教派。因此，幼儿教育也从罗婆门教育转向佛教教育。佛教的幼儿教育一般在家庭中进行，也有信仰虔诚者在子女五六岁的时候把他们提前送入寺或庵中修行。儿童学习佛教经典，重视品格教育和言行举止的训练。[1] 16 世纪 20 年代，随着伊斯兰教在南亚次大陆的传入和发展，伊斯兰教教义逐渐成为幼儿学习的主要内容。

二、学前教育的现状

（一）学前教育的内涵与意义

巴基斯坦的学前教育以正规、非正规和非正式的保育方式保障 3—5 岁儿童的生存，促进他们的成长、发展和学习。巴基斯坦学前教育的发展历史较为短暂。从建国至 2000 年前后，提供学前教育的机构零星存在，主要由私营部门或非政府组织提供相关服务。从 1998 年开始，巴基斯坦将学前教育作为幼升小的过渡阶段纳入小学校园。

巴基斯坦主要有两条并行发展但又不尽相同的学前教育体系。其一为公立学校体系，为 3—5 岁的儿童提供免费的为期一年的非正规教育。[2] 这些参与学前教育的儿童称为"卡奇"，学前教育班级通常称为"卡奇班"，被视为迈向正规教育过程的第一步。"卡奇班"没有专职教师，主要由一年级或二年级的小学教师负责。其二为私立学校体系，主要为 2—6 岁的儿童提供学前教育。这些机构通常命名为托儿所、育幼园和蒙台梭利幼儿园等。目前，巴基斯坦政府并没对所有的私立学前教育进行系统性、标准化的监

---

[1] 杨洪，车金恒．印度教育制度与政策研究 [M]．北京：人民出版社，2020：68-70．

[2] 资料来源于联合国教科文组织官网。

管，因此私立幼儿园呈现出类型多样、质量参差不齐的特点。

巴基斯坦的学前教育分为三个层级，即游乐级、保育级、学前级，目标是为儿童义务教育阶段做准备并使儿童开始社会化。三个层级教授的课程不同，一般而言，游乐级与保育级培养儿童基本的社交、游戏、体育运动与自理能力；学前级在此基础上还会教授乌尔都语、英语、算术、绘画等。巴基斯坦乡村地区的学前教育机构没有固定的课程，通常招收即将进入义务教育阶段的儿童，进行为期一年的入学准备。[1]

（二）学前教育政策

1. 联邦政府层面

在巴基斯坦，学前教育是由多政府部门管辖的教育领域，相关负责部门包括妇女发展部、联邦教育和专业培训部和全国社会福利理事会等，协同制定和执行与幼儿教育相关的政策方案。

学前教育逐渐受到巴基斯坦政府的重视，联邦政府出台一系列政策促进学前教育的发展。1948 年 11 月，巴基斯坦第一次教育大会将学前教育视为主流教育的组成部分，并规定接受学前教育的学生年龄为 3—6 岁。1992 年，国家正式认可"卡奇班"，提议将"卡奇班"推广开来并成为开展学前教育的主流方式，但这一提议并未得到执行。2003 年 4 月 3 日，巴基斯坦教育部颁布《全民教育国家行动方案》（2003—2015 年），提出学前教育是继减贫与人类发展、扫盲运动之后的第三大全民教育的优先事项，将学前教育质量改进和提升学前教育学校的效率作为工作重心。该计划首先全面分析了巴基斯坦学前教育现状，其次编制了计划框架，扩大和改

---

[1] 田雪枫. 巴基斯坦学校教育系统的概况、现状及特点研究 [J]. 世界教育信息，2021，34（5）：38-46.

善学前教育，特别关注儿童教育，并将每 5 年作为一个阶段，以提升幼儿入学率、增加财政投入、提高教师质量以及项目监管为具体目标。相较于 1948 年第一次教育大会上的提议而言，《全民教育国家行动方案》（2003—2015 年）更具可行性。同年，联邦政府制定了《巴基斯坦学前教育课程纲要》，专门论述了学前教育的意义、功能和哲学基础，设定语言、阅读、写作、数学和生活技能作为具体学习指标，重视创设良好的学习环境，为学前教育课程设计、标准评估、教材制定提供导向，为学前教育教学提供更为具体的参考。

2009 年，巴基斯坦颁布《国家教育政策》，这一政策对于学前教育的发展最为关键。其中有关学前教育的政策措施主要包括以下几个方面。第一，基于儿童整体发展观提高学前教育的质量，为儿童提供良好的互动环境，同时转变以学习成绩为唯一标准衡量儿童学习成果的评价方式。第二，规定学前教育的适龄儿童年龄段为 3—5 岁，儿童应接受至少一年的学前教育，确保全国在未来十年内普及学前教育。第三，政府应为小学提供额外的预算，设有学前班的小学应该增加学前教育规章制度，提升开展学前教育的能力，如招纳高质量学前教师、保育员和助理。第四，学前教育阶段的教师需要接受两年实习培训。第五，应基于修订版的《巴基斯坦学前教育课程纲要》开展学前教师培训，教材和其他课程资料的选择与编纂要考虑到国内各地区的文化多样性。这一政策颁布后，学前教育被纳入教育部门改革计划的范畴之中，各省和区政府为学前教育提供专项资金，这一情况在巴基斯坦历史上尚属首次。2010 年，巴基斯坦通过《宪法第 18 修正案》，将开展学前教育的权力和责任下放到省级政府。各省级教育部门以实现普惠、公平和包容为目标对政府（联邦和各省）、非营利性和营利性机构、国际非政府组织和社区组织所开展的学前教育行业进行有机整合。2017 年，巴基斯坦联邦教育和专业培训部发布研究报告《巴基斯坦学前教育》，探讨当前学前教育的发展现状，重点分析学前教育目前所遇到的机遇和挑战，并提出解决问题的建议和具体实施机制。相关研究结果为联邦、省和地区各级利益相关者提供了学前教育发展的战略指导。

2．省级层面

信德省是第一个在政策层面尤为强调学前教育的省份。具体而言，信德省有关于学前教育的相关政策包括几个方面。第一，制定《教育部门计划》（2014—2018 年），规定了学前教育发展的具体目标和改进领域，即以制定学前教育政策和最低标准为首要目标，提供专项资金发展学前教育。第二，颁布《2014 年卡拉奇共识宣言》。2014 年，信德省卡拉奇市召开首届南亚学前教育与发展会议。为实现学前教育的可持续发展，会议以"受教育权"为主题，召集相关政府部门、非政府组织成员和学前教育专家、相关从业人员、学术研究人员组成学前教育工作团，讨论制定了《2014 年卡拉奇共识宣言》。该宣言围绕"学前教育政策与倡导""课程和教材""学习标准和评估""教师教育和培训""家庭和社区"5 大主题，达成了 9 项基本原则和 48 条建议。第三，提出学前教育的愿景和目标。信德省旨在为省内所有儿童和家庭提供优质的学前教育，并培训合格的保育人员和专业学前教师。信德省学前教育发展目标包括以下七点：为所有 0—8 岁儿童建立有利的学前教育环境；建立幼儿保育和教育机构，确立人员管理、项目实施和服务提供的综合标准；维持和增加学前教育的人力和财力；在学前教育利益相关者之间建立、维护和扩展伙伴关系；建立学前教育治理、实施、协调、监测、评估评价机制；认识到学前教育的重要性；支持学前教育立法。[1]

除信德省外，巴基斯坦其他省份也纷纷发展学前教育。例如，俾路支省

---

[1] 资料来源于信德省教育部门官网。

于 2010 年制定了《学前教育计划》（2011—2015 年），通过对俾路支省学前教育情况的分析，提出省内学前教育质量提升的策略，建立管理者、教师、家长和社区参与的结构化协调机制。旁遮普省政府于 2017 年确立省内第一个学前教育政策，将学前教育纳入原有的教育体系之中。在《教育新方案》（2018—2023 年）中提出了改善和扩大高质量学前教育的发展建议，并将学前教育引入省级教育研究项目内。此外，旁遮普省在最新颁布的《教育部门计划》（2019—2023 年）中明确指出省内学前教育具体存在的问题以及改进方向，进一步完善了学前教育发展动态的监测管理机制。

（三）学前教育发展情况

根据《巴基斯坦 2016—2017 年教育统计报告》的相关数据显示，学前教育阶段的总入学人数为 978.4 万，毛入园率为 84%（见表 4.1）。从 2012—2017 年的数据来看，巴基斯坦学前教育毛入园率逐年攀升，并且高于世界学前儿童毛入园率的平均水平（2013 年为 54%）。2012—2013 年巴基斯坦学前教育毛入园率为 66%，2016—2017 年毛入学率为 84%，2013—2017 年期间增幅 18%，可见其学前教育在一定程度上得到普及。[1] 就学前教育的学生构成而言，2016—2017 年，男童毛入园率为 89%，女童则为 78%。

表 4.1 2012—2017 年毛入园率（%）

年份	2012—2013	2013—2014	2014—2015	2015—2016	2016—2017
学前教育毛入园率	66	71	74	74	84

---

[1] 资料来源于联合国教科文组织官网。

就学前教育阶段的教师队伍而言，由于公立学校没有单独雇佣学前教师，因而公立学校学前教育的教师人数无法得知。私立学校为学前班级配备了专门的教师，2017 年相关从业教师的人数为 2 636 人（见表 4.2）。[1]

表 4.2 2014—2017 年学前教育教师人数对比（人）

年份	2014—2015	2015—2016	2016—2017
公立学校	—	—	—
私立学校	2 639	2 785	2 636
总计	2 639	2 785	2 636

私立学前教育学校的数量如表 4.3 所示，2014—2015 年、2015—2016 年、2016—2017 年之间的数量变化不明显。[2]

表 4.3 2014—2017 年学前教育学校数量对比（所）

年份	2014—2015	2015—2016	2016—2017
公立学校	—	—	—
私立学校	433	448	442
总计	433	448	442

公立幼儿园作为社会公共服务机构，其发展水平可以代表一个国家创建公共学前教育服务体系的力度以及该国儿童享受普惠性学前教育的情况。同时，公立幼儿园在园儿童比例也是衡量一个国家学前教育公共承载能力

---

[1] 资料来源于巴基斯坦 2016—2017 年教育统计数据。

[2] 资料来源于巴基斯坦 2016—2017 年教育统计数据。

的重要指标，幼儿园的发展状况直接体现了国家的办学体制和学前教育的供给模式，在一定程度上反映着学前教育公共服务体系的特点和水平。[1]

从表4.4可以看出，2016—2017年，巴基斯坦学前教育阶段的公立学校入学人数约为498.4万（51%），私立学校的入学人数约为479.9万（49%）。[2]公立学校招收的学前教育儿童略高于私立学校。

表 4.4 2014—2017 年学前教育招生录取人数对比（人）

年份	2014—2015	2015—2016	2016—2017
公立学校	4 619 303	4 532 543	4 984 139
私立学校	4 016 511	4 212 560	4 799 939
总计	8 635 814	8 745 103	9 784 078

乡村地区学前教育是巴基斯坦联邦政府和各省政府的重点关注领域，会对其进行专项调研并搜集相关数据，以做循证决策。乡村中的儿童是最脆弱的群体，尤其是女童。因此对乡村地区学生入学率、幼小衔接以及学科学习等方面进行治理，改善最薄弱地区的学前教育，消除教育区域不平等，是实现教育公平的重要途径。

1. 乡村学前教育入学率

在全国层面，乡村地区学前教育入学率在2015—2019年仅有2%的小幅增长。俾路支省的学前教育入学率逐年稳定增长，四年间增长了10%。信

---

[1] 霍力岩，孙蔷蔷. 中国与"一带一路"沿线国家学前教育发展的比较研究 [J]. 现代教育论丛，2016（4）：57-67.

[2] 资料来源于巴基斯坦2016—2017教育统计数据。

德省的学前教育入学率也从 2015 年的 37% 增长到 2019 年的 44%。但是开伯尔-普什图赫瓦省的学前教育入学率却急剧下降。旁遮普省学前教育入学率也缓慢下降（见图 4.1）。[1]

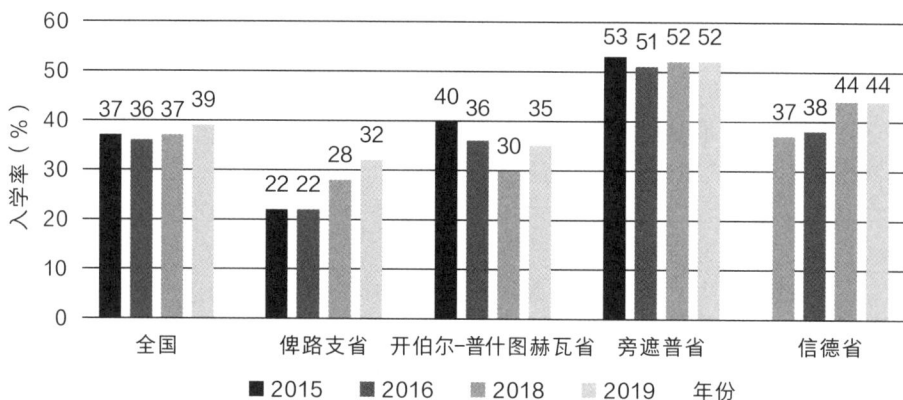

图 4.1 2015—2019 年巴基斯坦乡村学前教育入学率

2．乡村地区幼小衔接教育

巴基斯坦学前教育的主要目的是为儿童步入小学阶段的学习做准备，即实施幼小衔接教育，因此需要对学前教育的教学效果予以关注。巴基斯坦教育年度统计机构从本土语言的阅读能力、英语的阅读能力和数学能力三个方面对儿童进行评估。根据《2019 年年度教育状况报告（乡村）》的调查结果显示，乡村地区儿童的本土语言阅读能力得到整体改善。儿童文盲率从 2015 年的 31% 下降到 2019 年的 27%，能够读句子和短文的儿童人数增长到 36%，这些数据说明学前教育的总体教学水平得到了一定提升（见图 4.2）。[2]

[1] ASER Pakistan. Annual status of education report 2019 (rural) [R]. Lahore: ASER Pakistan, 2020: 25.

[2] ASER Pakistan. Annual status of education report 2019 (rural) [R]. Lahore: ASER Pakistan, 2020: 26.

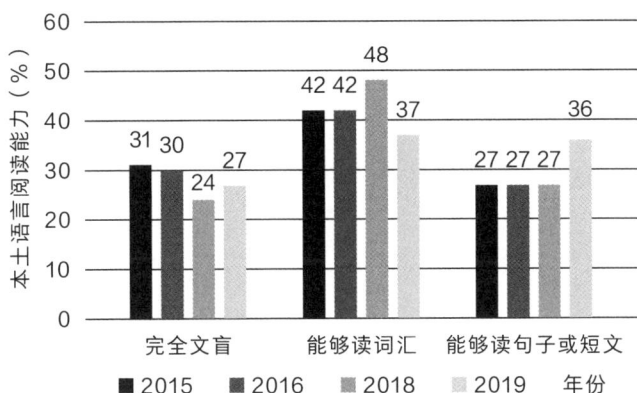

图 4.2 2015—2019 年巴基斯坦乡村学前教育本土语言阅读能力

此外，乡村地区儿童的英语阅读能力也有所提高。具体表现为：完全没有英语阅读能力的儿童从 38% 下降至 34%，能够用英语读句子和短文的儿童从 2015 年 11% 增长到 15%。但能够阅读英文词汇的儿童于 2018 年达到 60% 的高位之后，又在 2019 年回落到了 51%，教学效果有所反复（见图 4.3）。[1]

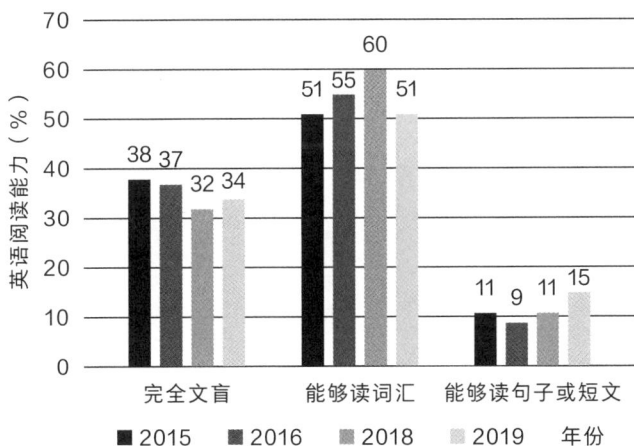

图 4.3 2015—2019 年巴基斯坦乡村学前教育英语阅读能力

---

[1] ASER Pakistan. Annual status of education report 2019 (rural) [R]. Lahore: ASER Pakistan, 2020: 26.

在数学能力方面，乡村地区不具备相应数学能力的儿童数量有所减少，从 2015 年的 30% 降为 2019 年的 26%，这是巴基斯坦学前教育的一大进步。但在数学认知能力方面，会简单加减法的人数从 2018 年的 19% 骤降到 2019 年的 9%。这说明虽然整体效果良好，但还是出现数学学科学习成果倒退的现象（见图 4.4）。[1]

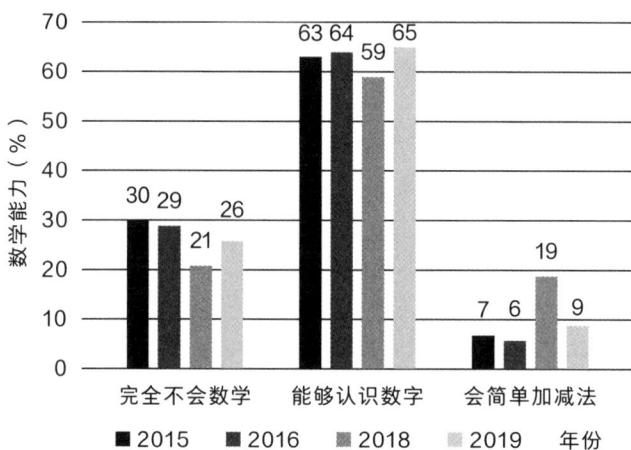

图 4.4 2015—2019 年巴基斯坦乡村学前教育数学能力

---

[1] ASER Pakistan. Annual status of education report 2019 (rural) [R]. Lahore: ASER Pakistan, 2020: 27.

第二节 学前教育的特点和经验

一、学前教育的特点

（一）学前教育目标与国际接轨

巴基斯坦不仅将学前教育列入联邦和各省的教育议程中，而且还与国际组织所倡导的国际教育议程相接轨。对巴基斯坦而言，努力发展学前教育也是在兑现其向联合国许下的承诺。

第一，改善学前教育质量获得了全世界国家的普遍认可，特别是改善处于脆弱和不利环境中儿童的学前教育环境。1990 年，《世界全民教育宣言》在教育和人类发展方面的研究结果突显了学前教育阶段对人类发展的长期影响。因此，扩大和发展学前教育也成为该宣言的首要目标。2000 年，在达喀尔举行的世界教育论坛上，会务组重申了这一目标，并将发展学前教育设定为教育发展，甚至是人类发展的优先事项。这一做法使学前教育被纳入 180 多个国家主要教育政策的讨论范围之内。作为上述宣言的签署国，巴基斯坦提出了支持本国学前教育项目发展的承诺。

第二，巴基斯坦是世界上人口最多的 E-9[1] 国家之一。庞大的儿童数量和较为落后的国民经济给 E-9 国家的儿童保育和教育带来了巨大的挑战。E-9 联盟的成员聚集在一起共商推进全民教育议程，以加强彼此之间的合作，提高本国的教育水平。多年来，九个国家已联合达成全民教育伙伴关系，形成合力推动全民教育目标的达成。[2]"包容的全民优质教育"被确定

---

[1] E-9 国家分别为孟加拉国、巴西、中国、埃及、印度、印度尼西亚、墨西哥、尼日利亚和巴基斯坦。E-9 联盟倡议是由 9 个人口最多的国家组成的联盟，该联盟于 1993 年成立。"E"代表教育（Education），"9"代表上述 9 个国家。这些国家的人口占世界人口的一半以上，其失学儿童的人口几乎也占到世界失学儿童的一半左右。

[2] 资料来源于 E-9 Countries 官网。

为 E-9 国家间合作的重点议题，其中学前教育尤其受到各国关注。

第三，2015 年 5 月，由联合国教科文组织主办，联合国儿童基金会、世界银行、联合国人口基金会、联合国国际开发署、联合国妇女署、联合国难民署六家机构协办 2015 年世界教育论坛，以"通过教育改变人生"为主题，通过了《仁川宣言》。《仁川宣言》鼓励各个国家为国民提供全纳、公平、有质量的教育以及全民终身学习机会，完成"全民教育目标"和"千年发展目标"的未竟事业。《仁川宣言》得到了来自 100 多个国家与会代表的一致支持，[1] 巴基斯坦便是其中之一。因此，巴基斯坦在制定学前教育政策中也将《仁川宣言》的愿景考虑其中。在巴基斯坦联邦政府将教育方面的管理权力下放到各省后，各省和地区都制定了各自的教育规划，以实现联合国教科文组织可持续发展目标四。[2] 其中，该目标提出到 2030 年确保所有儿童都能获得优质的学前教育，以便为其接受初等教育做好准备。

（二）为发展学前教育制定相关政策

巴基斯坦政府推动多项政策保障儿童接受教育，逐步提升对学前教育的关注度。政府承诺执行联合国《儿童生存、保护和发展世界宣言》。为了将宣言中的愿景转化为实际行动并实现国家教育的发展目标，巴基斯坦社会福利和特殊教育部于 2006 年颁布了《巴基斯坦儿童行动计划》，制定指标来评估儿童发展目标的进展。其中，"让每一位儿童都受到教育"便是基本目标之一。巴基斯坦系列《社会行动计划》中都关注妇女和儿童，旨在通过健康防护、教育和卫生保健等方式促进妇女和儿童的发展，其中，提高儿童的入学率和识字率是这一计划始终关注的焦点。除此之外，1998 年巴基斯坦发

---

[1] 周红霞. 2030 年教育：迈向全纳、公平、有质量的教育和全民终身学习——2015 年世界教育论坛《仁川宣言》[J]. 世界教育信息，2015，28（14）：35-38.

[2] 可持续发展目标四是指确保包容、公平的优质教育，促进全民享有终身学习机会。

起的《国家行动计划》也将学前教育确定为政府需要考虑的优先领域之一，旨在改善幼儿的早期教育，并为他们提供未来成功的可能性。《国家行动计划》提出发展学前教育的三个阶段。具体而言，第一阶段侧重于规范学前教育的准入规则，第二阶段和第三阶段侧重于提升学前教育的质量。

二、学前教育的经验

（一）依托统计数据提升学前教育治理能力

巴基斯坦各省加强了学前教育治理的科学性，运用数据提高实践效率。例如，旁遮普省各区助理教育官员需要掌握所负责片区的学前教育发展现状，每月向上级副区级教育官员汇报，并向学校班主任提出改进意见。不仅如此，旁遮普信息技术委员会开发了名为"项目监控应用"的手机程序，用于收集每所学校幼儿的数据并对儿童的在校行为进行全方位的监测，为本地学前教育的改革提供数据参考。

巴基斯坦政府参与国际组织开展的大规模学前教育数据统计项目工作。从国际相关研究成果来看，多个国际组织在其公布的年度教育统计报告中，都设计了典型的学前教育统计指标，以较好地反映各国教育发展状况。其中，联合国教科文组织、世界银行、经济合作与发展组织等国际组织的教育统计报告具有较强的代表性。联合国教科文组织在 2011 年发布的《全球教育统计摘要》中从教育机会、教育效率和成果、教师资源、教育经费、教育结构、教育公平和教育国际化七个维度提供了数百个教育统计指标的数据。世界银行在每年出版的《世界发展指标》中也囊括了与学前教育相关的内容，其学前教育的统计指标主要包括教育投入、教育参与、教育效率、教育完成率和成果、教育公平五大类。经济合作与发展组织在《教育概览——OECD 指标》和《夯实起点Ⅱ：幼儿教育与保育》中衡量了学前教育发展水平的统计指标，包括学前教育背景、学前教育投入、学前教育机构与组织、学前教育产出四大类。这些数据使巴基斯坦政府和相关机构可以从国际层面对学前教育现状进行对比分析，清楚认识巴基斯坦学前教育在国际上的相对发展水平，并及时调整学前教育的改革方向。

（二）推动多元组织共同参与

巴基斯坦学前教育是一个由多元组织共同参与的教育阶段，包括全国性和区域性组织，正式和非正式的组织。其一，巴基斯坦学前教育发展网络是据相关法律法规完成注册程序的全国性正式网络组织，其将学前教育利益相关者包含在组织内，致力于为国内的学前教育建立全面和包容的发展环境。其二，巴基斯坦幼儿联盟与利益相关者合作，关注学前教育发展，分享相关的科学研究、经验数据、政策制定与专业发展等信息，打通信息壁垒、促进各方达成共识。其三，跨省教育领导会议着力讨论学前教育发展的关键问题，为各省和地区提供了一个绝佳的信息共享和磋商平台，有助于推动各省和地区之间的教育合作。尽管在全民教育的口号下，巴基斯坦为实现平等优质的学前教育已经做了很多努力，并取得一定进步，但仍有很多工作要做。

此外，一些非政府组织，比如阿迦汗教育服务机构[1] 提供为期四年的幼儿教育项目，将一年级和二年级课程与5—8岁儿童的两年学前教育内容相结合，鼓励学生自主选择学习材料并参与活动。阿迦汗教育服务机构还颇为重视宣传工作，着力提升公众对学前教育的认知水平，比如通过开展政策对话、教师培训、社区会议等项目加强家长和社区对学前教育的重视程度，传播教育幼儿的正确方法。又如，巴基斯坦教育与宣传组织致力于促

---

[1] 阿迦汗教育服务处是巴基斯坦最大的私立教育机构网络，是致力于学前教育发展项目的最重要非政府组织。

进巴基斯坦发展学前教育，并且与亚太区域幼儿合作网络组织合作，共同开展非正式的幼儿扫盲项目，招募并组织志愿者参与学前教师和卫生健康工作人员的培训活动。但到目前为止，非政府组织仅面向巴基斯坦城市地区的上流家庭开展学前教育的相关服务。这些非政府组织应该扩大辐射范围，尤其关注教育资源难以覆盖的边缘地区。

第三节 学前教育的挑战和对策

一、学前教育的挑战

（一）学前教育系统较为薄弱

巴基斯坦自独立以来一直沿袭着英国殖民统治时期的教育体系，但这种教育体系已经无法满足 21 世纪巴基斯坦发展的现实需求。当前，不同性别、社会经济水平和地理位置的儿童难以公平地获得接受学前教育的机会，这是巴基斯坦学前教育面临的主要挑战。[1]

首先，巴基斯坦学前教育机构环境恶劣，硬件设施、师资队伍等条件无法保证，教育质量较低。"卡奇班"的儿童大多会与一年级和二年级的小学生共用教室，教室普遍缺少黑板、粉笔、桌椅等必需品。很多学校不能提供安全卫生的饮用水，学校外围也鲜有外墙保护，校园缺乏基本的安全保障。[2] 此外，教材内容落后，合格的学前教师较为短缺。在课堂教学中，教师重视学生对书本知识和概念的机械性记忆。这些因素共同导致了巴基

[1] SYED S Z, ASIF M, YOUSAF A. Rethinking ECE in Pakistan [J]. Journal of elementary education, 2011, 21(2): 65-76.
[2] 资料来源于 2017—2018 巴基斯坦教育统计数据报告。

斯坦整体学前教育教学质量欠佳。

其次，私立机构学前教育市场化程度高，但是能够接受优质学前教育的对象仅限于经济条件良好的家庭。私立机构是巴基斯坦学前教育的主要提供者之一。在过去的几十年中，建立学前教育机构成为一项获利颇丰的业务，用以满足中产阶级家庭对优质英语教育的需求。私立机构除了为3—5岁的儿童提供学前教育外，还为3岁以下的儿童提供保育项目。虽然私立机构的教师待遇明显高于公立学校，但大多数私立学校仍存在教师短缺的问题，并且50%的教师缺少专业培训和正规教学资格。

除此之外，国内政治不稳定、殖民时期教育体系的遗存、宗教极端主义和恐怖主义等也影响着巴基斯坦学前教育系统的稳定性。

（二）教育经费不足

教育经费不足是巴基斯坦屡屡无法达成其教育规划目标的重要原因之一。[1] 例如，联合国教科文组织发布的《教育2030年行动框架》建议教育经费应达到国家GDP的4%—6%，但2019年巴基斯坦教育支出仅为当年GDP的2.6%，远不及预期的经费投入水平。[2] 为了缓解经费压力，巴基斯坦不得不通过多种渠道获取资金，学前教育经费的来源因此呈现多元化趋势。其中，来自政府财政的投入当前仍是学前教育经费的主要来源。此外，世界银行、联合国儿童基金会和世界银行等多个国际组织，以及中国、美国、英国等国也对巴基斯坦提供教育援助。虽然这些外部资金能够在一定程度上缓解政府的财政压力，但是，这一举措也强化了其对国际组织以及其他国家的依赖性，不利于巴基斯坦独立发展学前教育。

---

[1] AHMAD M. Early childhood education in Pakistan: an international slogan waiting for national attention [J]. Contemporary issues in early childhood, 2011, 12(1): 86-93.

[2] 资料来源于联合国儿童基金会官网。

（三）社会贫困和不平等现象加剧

贫困和不平等现象是巴基斯坦学前教育发展滞后的主要因素之一。[1] 贫困导致儿童营养不良的现象普遍存在，损害了儿童最基本的生存权，限制了儿童入学、完成学业的机会。贫富之间、种族之间、城乡之间、教育发达与落后地区之间在教学设施、教师素质等方面存在很大差距。相关研究表明，巴基斯坦的失学儿童主要包括中途辍学、延迟入学和无法入学三种类型。其中，女童的失学率高于男童，农村家庭儿童的失学率高于富裕家庭，来自文化水平低家庭的儿童的失学率可能是来自文化水平高的儿童的 2.5 倍。[2][3] 报告数据显示，2016 年，巴基斯坦国内将近五分之一的儿童完全无法接受教育，大量儿童错失受教育的机会，尤其是农村地区的儿童等被社会边缘化的弱势群体。[4] 2020 年爆发的新冠肺炎疫情全球公共卫生危机使这些儿童更是难以跟上同龄人的学业进度。

二、学前教育的对策

在学前教育方面的投资可以促进社会经济的增长和个人的长期发展。因此，巴基斯坦政府应做出如下努力，提升学前教育的公平与质量，为学生的素质培养和终身学习奠定坚实基础。

---

[1] 联合国教科文组织. 2020 年全球教育监测报告——包容与教育：覆盖全民，缺一不可 [R]. 巴黎：联合国教科文组织，2020：9.

[2] 资料来源于联合国儿童基金会官网。

[3] HUSSAIN I SULTAN S. Parent's literacy and pre-school education: a study of practices and problems of early childhood education in Pakistan [J]. Procedia-social and behavioral sciences, 2010, 2(2): 624-628.

[4] 联合国教科文组织. 2016 年全民教育全球监测报告——坚实的基础：幼儿保育和教育 [R]. 巴黎：联合国教科文组织，2016：69.

（一）开展扶贫运动

在巴基斯坦，来自贫穷家庭和社会边缘化的儿童难以获得接受教育的机会。联合国教科文组织在 2014 年的报告中指出，2010 年，巴基斯坦的失学儿童居世界第二，仅次于尼日利亚，几乎有 550 万学龄儿童无法上学。这些儿童的父母往往因需要维持家庭生计而忽略了对孩子的教育，孩子的学业情况、心理健康和情感发展等方面无法得到足够重视。因此，消除贫困和减少贫富差距是巴基斯坦发展教育的关键目标。其一，政府应增加对学前教育的专项预算拨款，并为所有公立和私立学校中提供必要的教育资源。其二，政府、学校和社区应通力合作，加强对贫困家庭的教育，通过培训使其掌握能够自力更生的职业技术，也在一定程度上对学前教育的发展有促进效果。其三，积极参与国际组织筹办的相关运动，赢得国际组织的援助和支持。比如 2013 年巴基斯坦与世界银行、联合国儿童基金会、世界卫生组织、世界粮食计划署等共同合作开展"扩大营养运动"，在一定程度上改善了国内儿童营养不良的问题。

（二）开展包容性的学前教育

学前教育包容性是指家庭、学校、政府、社会各类对学前教育的受教者、施教者及其使用的教学内容、载体、形式等的接纳能力和程度。教育的包容性是一个漫长的过程。[1] 促进学前教育包容性的主要措施包括：取消学费，为贫困家庭和农村家庭提供收入补助，为残疾儿童和受到艾滋病影响的儿童提供受教育机会等。此外，巴基斯坦政府也应为幼儿父母及其他保教人员提供育儿咨询服务，以提高他们的保育能力和保教质量，同时加

---

[1] 联合国教科文组织. 2020 年全民教育全球监测报告——包容与教育：覆盖全民，缺一不可 [R]. 巴黎：联合国教科文组织，2020：8.

强保育人员的知识和技能培训，加强保育人员的资格认证和培训规范。

（三）完善学前教育系统

第一，提高儿童入园率，努力普及学前教育。全面普及学前教育已成为巴基斯坦的教育发展目标之一，但仍需将该目标予以落地。第二，积极发展公立幼儿园，将巴基斯坦"卡奇班"逐渐发展成为独立的公立幼儿园，促进"卡奇班"的运营制度化、正规化和现代化。除了新建公立幼儿园外，还可允许部分达标的私立幼儿园转为公立幼儿园，以增加公立学前教育的规模，缓解儿童"入园难"的局面。第三，强化各级政府对学前教育发展的责任，加大公共财政投入。联邦、省和地区协调建立国家学前教育框架，包括制定学前教育课程标准、统一学前教育教材制定标准、创建学前教育质量保障体系等，提出切实可行的短期和长期行动计划。各级政府还应制定学前教育评估指标，基于数据分析的结果制定科学规划，指导有效实践。第四，建设高素质幼儿教师队伍，为高质量的学前教育创造有利条件。巴基斯坦教育政府部门应建立幼儿园园长和幼儿教师培训体系，包括对现有学前教育教师进行短期和长期的职业培训，丰富教师们的实践经验并提高其专业水平，制定鼓励教师到边远地区工作的激励措施。第五，发挥大学培养人才的功能，加强学前教师教育，提升学前教师队伍的专业化建设。第六，动员社会力量协助开展学前教育。巴基斯坦政府应发挥媒体的宣传作用，利用会议、网站、媒体、社区活动等渠道提高普通民众对学前教育的认识，并充分发挥宗教、文化等领域领袖的广泛影响，激励社会各界采取行动改善巴基斯坦学前教育现状。

第五章　基础教育

基础教育在国家的教育体系中起着至关重要的作用，是一个国家教育体系和教育结构的基石。一方面，基础教育为高等教育奠定基础。没有接受基础教育并通过这一阶段的考核，学生就无法升入大学，高等教育的高入学率也便无从谈起。另一方面，普及基础教育有助于促进国家的经济增长，能够为社会发展提供重要的人力资本。根据《全球竞争力指数报告》（2017—2018 年），在教育这一领域，巴基斯坦在 137 个国家中位列第 129 名，排名倒数第 8 位。[1] 这一数据表明，巴基斯坦的教育落后于世界上的大部分国家，而基础教育是国家教育的基石，因此需要更加重视基础教育发展，大力推动基础教育改革。

---

[1] SCHWAB K. The global competitiveness report 2018 [R]. Switzerland: World Economic Forum, 2018: 671.

第一节　基础教育的发展和现状

一、基础教育的发展

巴基斯坦基础教育在不同的历史阶段有着不同的形态，受到社会、政治、经济、文化等诸多因素影响。

在吠陀时代，设有吠陀学校和古鲁学校，吠陀学校起初仅招收婆罗门入学。到公元前 500 年左右，刹帝利和吠舍 [1] 也可以入学。这类学校主要培养一般的官吏、神职人员以及皇家建筑、医务人员。古鲁学校是由古鲁 [2] 居家开办的学校，学生的入学年龄一般在 7—8 岁，学习年限不定。[3] 学生寄宿在古鲁家，古鲁言传身教，培养学生良好的道德品质，依靠严格的法规戒律强化学生的意志。课程设置除吠陀经以外，还有历史、文法、祭礼规则、数学、预兆学、时间学、因明学、伦理学、字源学、发音学、诗学、天文学、美术等，而以语音学、韵律学、文法学、字源学、天文学和祭礼规则为主，称为"六科"。"六科"是学习吠陀经典的基本训练。在学习组织上，古鲁注重启发诱导，以冥想、记忆和口诵为主要教学方法，并让年龄比较大、学习表现出色的学生担任教学助手。[4]

在孔雀王朝和笈多王朝等佛教占主导地位的时期，学生大多 8 岁进入寺院接受教育。凡是有志为僧者的孩童，在经过父母允许，并接受严格的身

---

[1] 婆罗门、刹帝利和吠舍是古印度的三大种姓。古印度人被分为四个种姓：婆罗门、刹帝利、吠舍和首陀罗。按照《摩奴法典》的规定，印度人分为等级森严的四个种姓：婆罗门、刹帝利、吠舍和首陀罗。最高种姓婆罗门是祭司种姓，负责学习和传授婆罗门教经典。第二种姓刹帝利，掌握着军政大权，为武士种姓。第三种姓吠舍，从事农业、商业和手工业等，是古代印度社会中的普通劳动者，属于平民种姓；最低种姓首陀罗，多数为奴隶。

[2] 古鲁（Guru）指印度教或锡克教的宗教导师或领袖。

[3] 蒋建白. 印度教育概览 [M]. 北京：商务印书馆，1946.

[4] 庞媛媛. 古代印度教育的发展及其特征 [J]. 河南广播电视大学学报，2013（1）：3.

体检查后方可入学。学生"开蒙诱进，先导十二章。七岁之后，渐授五明大论"。[1] 一为声明，研究声韵学和语文学；二为工巧明，研究工艺、技术、历算之学；三为医方明，研究医药学；四为因明，研究逻辑学、认识论；五为内学，研究佛学。[2] 教师通过组织辩论、冥想、游历和校会等活动传授知识、促进学生的道德发展。

公元 7 世纪，伊斯兰教传入南亚次大陆并得到广泛传播，伊斯兰教育也由此得以拓展。伊斯兰教教育场所设在清真寺中，学生的主要任务是背诵《古兰经》和伊斯兰教教规，同时还需学习阿拉伯语、阅读、算术和写作等课程。[3]

17 世纪初，英国侵占南亚次大陆，并逐步取得统治地位。这一时期，英国在南亚次大陆实施"归化"教育，将本国的教育模式移植到南大次大陆。殖民者创办的学校主要面向贵族、高级僧侣以及其他社会上层家庭，以培养其为殖民当局服务。随着宗教改革和社会发展，现代意义上的基础教育学校逐渐增多，越来越多的普通民众能够有机会接受基础教育。[4]

二、基础教育的现状

1947 年巴基斯坦独立后，逐渐建立起自身基础教育体系，形成了现代学校与宗教学校并行、正规教育和非正规教育并存的基础教育体系。

---

[1] 玄奘，辩机. 大唐西域记校注 [M]. 季羡林等，校注. 北京：中华书局，1985：185.

[2] 陈明. 印度佛教医学概说 [J]. 宗教学研究，2000（1）：36-43.

[3] 乔海英. 新世纪巴基斯坦初等教育改革研究 [D]. 喀什：喀什大学，2015：11.

[4] 乔海英. 新世纪巴基斯坦初等教育改革研究 [D]. 喀什：喀什大学，2015：12.

（一）现代学校与宗教学校

巴基斯坦的基础教育主要分为两大部分，分别为现代学校体系和宗教学校体系。其中，现代学校体系又分为使用英语作为教学语言的学校和使用乌尔都语作为教学语言的学校。虽然乌尔都语是巴基斯坦的官方语言，但它主要在公立学校中使用，私立学校和一些公立学校大多使用英语作为教学语言。宗教学校主要以乌尔都语作为教学语言（见图5.1）。[1]

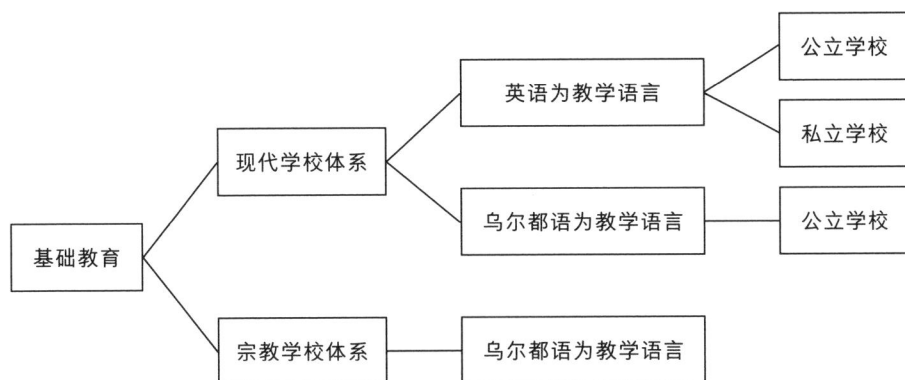

图 5.1 巴基斯坦基础教育体系

1. 现代学校体系

（1）初等教育。巴基斯坦义务教育的年限为12年。《宪法第18修正案》规定，"国家以法律的形式为全国5—16岁儿童提供免费义务教育"。其中，初等教育为8年，包括1—5年级的初等小学阶段（入学年龄一般为5岁）和6—8年级的高等小学阶段。受社会文化影响，尽管在初等教育阶段，男女不分校，但从6年级开始，学校普遍实行男女分班。小学阶段开设的主要

---

[1] TARLQ M B, HAKIM U, SALMA J, et al. Pakistan's primary educational reforms and challenges [J]. International transaction journal of engineering management, & applied sciences & technologies, 2020(11): 1-11.

课程有语文、数学、科学（包括生物、物理、化学、地理、天文等）、伊斯兰教教义、卫生和体育、艺术等。为了提高学生的实践能力并为学生的就业和深造创造良好条件，一些学校增设英语和职业训练课程。除了使用英语和乌尔都语进行授课外，各地区也会采用旁遮普语、俾路支语、信德语或普什图语等当地的民族语言授课。

（2）中等教育。中等教育分为两个阶段，包括9—10年级的初中阶段和11—12年级的高中阶段。中等教育是巴基斯坦国民教育的重要组成部分，学生通过这一阶段的学习，选择未来的专业方向，并为将来进入高等教育阶段打下基础。

初中阶段的修业年限为2年，入学年龄通常为13岁。学生须参加地区中等教育委员会组织的考试，考试通过后方可获得初等中学学位证书。职业教育与普通教育的分流也在这一阶段开始进行。

高中阶段的修业年限同样为2年，入学年龄一般为15岁。学生需要在最后一个学年完成地区中等教育委员会组织的标准化考试，考试通过后方可获得高等中学学位证书，主要有文科、理科、计算机科、商科四类，学生可根据自身兴趣进行选择，为步入大学做相应准备。

2．宗教学校体系

宗教学校体系分为初级、中级和高级三个阶段。初级教育为"马克塔布"，中级教育为"马德拉萨"，高级教育为清真寺教育。随着伊斯兰教教育的发展，"马德拉萨"和清真寺教育合并，即中级教育和高级教育均在"马德拉萨"完成。[1]

---

[1] 唐孟生，孔菊兰. 巴基斯坦文化与社会 [M]. 北京：民族出版社，2006：208.

　　"马克塔布"，也称古兰经学校，这类学校往往设在清真寺内、民居后院中，甚至村口露天广场的树荫下，以启蒙学生的宗教意识，教会学生从伊斯兰教的角度去认识人生、了解社会为主要目的。学生在"马克塔布"的主要任务是诵读《古兰经》，完成日常的宗教义务，并学习算术、写作、阿拉伯语和波斯语等。"马克塔布"形式较为松散，教师流动性大，因而不能被视为正规的教育机构。在"马克塔布"内学习的大部分学生是未成年人，他们在接受宗教教育的同时还要接受正规学校提供的基础教育。

　　"马德拉萨"是正规的宗教教育机构，分为中级和高级。中级阶段主要向学生传授伊斯兰教教义，其课程主要包括《古兰经》注释、圣训学教法学和教义学等，此外还开设阿拉伯语、波斯语、数学、逻辑学、哲学和天文学等。高级阶段专门培养神职人员，指导学生阅读大量有关伊斯兰教的阿拉伯语书籍，帮助学生建立起对伊斯兰教教法、教义的深刻理解。[1]

　　巴基斯坦的宗教学校依据学生的个人情况选择不同学制，教学大纲一般按 8 年制或 16 年制制定，各教育阶段均没有正式的考试制度。"马克塔布"主要考查学生背诵《古兰经》的能力。只要能流利背诵每阶段学习的《古兰经》经文就算通过阶段性测试，当学生能背诵《古兰经》全文并掌握其基本读写便可毕业，进入"马德拉萨"学习。"马德拉萨"教育按级别可分为初中、高中、本科和研究生四个等级，分别为"穆达瓦萨德""塔纳维亚""阿里亚"和"阿拉米亚"。[2] 其中，"穆达瓦萨德"属于伊斯兰教的中级部分，后三者属于高级部分。[3]

[1] 孔亮. 巴基斯坦概论 [M]. 北京：世界图书出版公司，2016：263.

[2] 拉赫曼. 巴基斯坦：宗教教育及其机构 [J]. 刘径华，译. 南亚研究季刊，2007（1）：84.

[3] 孔亮. 巴基斯坦概论 [M]. 北京：世界图书出版公司，2016：264.

（二）正规教育和非正规教育

正规基础教育是指通过公共组织和被官方认可的私人团体进行的制度化、有目的、有计划的基础教育，其特点体现为教育的统一性、连续性、标准化和体系化。学生在完成正规基础教育并通过考核后，可以获得由教育当局提供的学位证书、毕业证书，作为结束基础教育阶段学业的认证。[1] 2017—2018 年，巴基斯坦境内属于正规基础教育的学校共计 217 362 所，其中小学、初中、高中、预科学院和中等技术学校的数量和占比分别为 137 460 所（约占 63%）、46 665 所（约占 21%）、31 392 所（约占 14%）和 5 754 所（约占 2%）（见图 5.2）。[2]

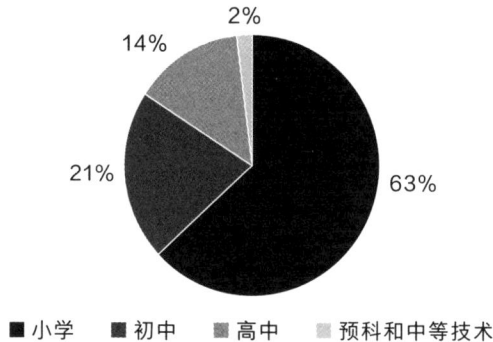

■ 小学　■ 初中　■ 高中　■ 预科和中等技术

图 5.2　2017—2018 年巴基斯坦基础教育各学段学校占比构成

非正规基础教育是指通过教育提供者进行的制度化以外的有目的、有计划的基础教育。它是对正规基础教育的附加、替代或补充，通常以短期的课程、讨论班或研讨班等形式开展教育活动，有助于保障人们的受教育

---

[1] UNESCO Institute for Statistics. International standard classification of education: ISCED 2011 [J]. Comparative social research, 2012: 30.

[2] National Education Management Information System. Pakistan education statistics 2017—2018 [R]. Islamabad: Government of Pakistan, 2021: 10.

权、扩大基础教育的覆盖范围。提供非正规基础教育的机构由许多部门和组织组成，如基础教育社区学校、国家人类发展委员会、旁遮普扫盲和非正规教育部、信德教育和扫盲部、信德教育基金会、俾路支省扫盲和非正规教育部门以及非政府组织。

2017—2018 年，巴基斯坦共有 35 059 所非正规基础教育学校。其注册学生共计 142.5 万人，其中男学生 72.7 万人（约占 54%），女学生 69.9 万人（约占 46%）。在职教师 33 990 人，其中男教师占比 34%，女教师占比 66%（见图 5.3）。[1]

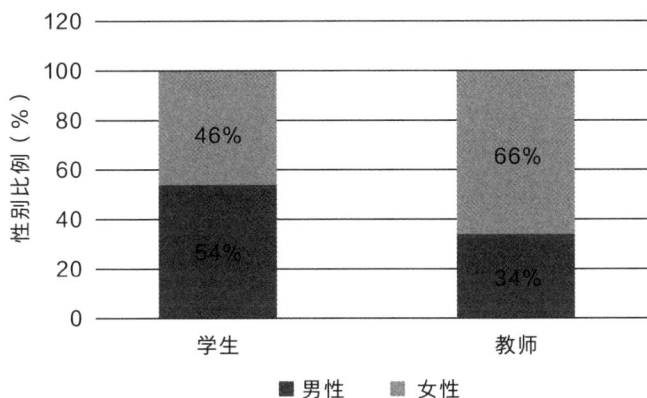

图 5.3 2017—2018 年巴基斯坦非正规基础教育学校的学生和教师性别比例

正规基础教育与非正规基础教育属于不同层次的教育活动，二者的特点和面向的受教育群体有所区别。正规基础教育能够做到有针对性、有效性和系统性地开展教育教学活动，而非正规基础教育则主要通过短期特训的方式进行，有助于为适龄儿童识字率低、辍学率高等问题提供有效的解决之道。

---

[1] National Education Management Information System. Pakistan education statistics 2017—2018 [R]. Islamabad: Government of Pakistan, 2021: 19.

第二节 基础教育的特点和经验

一、基础教育的特点

（一）教育类型多元化

在当今的巴基斯坦，多样化的学校在每个省中并存发展，私立学校作为公立学校的补充部分，已成为教育的一大景象。[1] 一般而言，私立学校的教学质量远优于公立学校，相应地，其学费标准也远高于公立学校。私立学校为学生创造了多样化的学校选择空间。此外，非正规教育具有很强的包容性，它为难民、流离失所者或辍学儿童等弱势群体提供接受教育的机会。非正规教育通过混合年级、年龄、教学语言和教学方法等方式开展教学，向学生收取每月 300—500 卢比的费用。学生在完成课程并通过考试后可获得毕业证书，这一认证能够使他们有机会进入主流教育进行学习。非正规教育有助于减少文盲率、促进教育公平，对巴基斯坦实现"千年发展目标"和全面教育目标发挥了积极作用。

（二）参与主体多元化

巴基斯坦基础教育的参与主体十分多元，包括非政府组织、其他国家对外教育援助机构以及国内社区等。例如，社区支持项目是俾路支省政府与美国国际开发署及世界银行共同发起的项目。这一项目的初衷是为了提升俾路支省女童的基础教育入学率。在合作的第一阶段，世界银行提供办

---

[1] 王艳玲，原青林. 巴基斯坦基础教育公办民营现象探析 [J]. 教育探索，2013（11）：153-155.

学资金及技术，俾路支省政府负责制定并通过项目方案，非政府组织肩负起执行具体项目的职责。在合作的第二阶段，非政府组织、地区学区教育部门和村级教育委员会共同推动项目的落地实施。其中，非政府组织发挥社区、教师和地方政府之间的纽带作用，协调各机构共同促进女童教育的普及。[1]

（三）基础教育政策仍以普及基础教育为主

独立至今，政府为改善基础教育的公平和质量颁布了诸多政策，巴基斯坦基础教育政策的历史沿革以教育政策为蓝本开始实施，基础教育领域的改革从未停歇。1947 年巴基斯坦教育大会召开，为在 1967 年实现免费义务基础教育这一目标，大会出台了实施免费的义务基础教育；征收特别税以支持基础教育发展；规定基础教育阶段为 5—16 岁；鼓励私立学校的建立等策略。1959 年，国家教育委员会召开，会议以到 1974 年实现基础教育普及为大会宗旨，提出提供义务、免费、普及的宗教教育，培养基础教育阶段的女性教师；提供额外资金等行动措施。1970 年巴基斯坦颁布的教育政策，以提高基础教育阶段学生入学率为目标，重点关注性别平等，重视女童入学问题和基础教育阶段女性教师的培养。1972 年教育政策则以分别在 1979 年和 1984 年前实现男童和女童的基础教育普及为大会宗旨，提出扩大女性接受基础教育的比例，鼓励创建街头学校 [2] 以减少辍学率等措施。1998—2010 年，国家教育政策在基础教育领域的目标为在 2010 年前减少教

---

[1] 王艳玲，原青林. 巴基斯坦基础教育公办民营现象探析 [J]. 教育探索，2013（11）：153-155.

[2] 街头学校（street school）是巴基斯坦特有的一种非正式教育形式，其创办者可以是具有教育抱负，想要为教育做出贡献的所有人。受教育者主要为贫穷、辍学、无家可归、无法负担正式和正规教育费用，而每日只能"流浪街头"的儿童。通常情况下，每天下午 4 点，传授知识的人在街边、花园或其他空地，召集想要上学的儿童便可以开始上课。这种教育形式具有很强的灵活性和实用性，在巴基斯坦现阶段特定的教育阶段，为提供免费的教育资源及机会做出重要贡献。

育不平等现象，并开设 45 000 所新的正规基础教育学校，提高在职教师的参与度，以保证公立和私立学校的课程相同；确保与基础教育有关的政策支持和资源部署；实施免费、普及的义务基础教育；评估和修订现有的考试和评估系统等为举措。《全民教育国家行动方案》（2003—2015 年）是以 2015 年基础教育的毛入学率达到 88% 左右，普及基础教育为目标。从 1947 年独立以来的基础教育政策内容分析可看出，基础教育政策仍以控辍保学、实现男女平等为根本追求，[1] 对于基础教育质量的把控还未真正提上议程。

二、基础教育的经验

（一）公私合作办学

公私合作办学是巴基斯坦基础教育中较为普遍的办学形式，主要是为了解决巴基斯坦目前比较紧迫的教育问题，如提高入学率、促进教育公平、保证女童教育、提高教育质量等。目前，巴基斯坦公私合作办学主要项目有旨在增加女性入学率的城市女孩奖学金项目、帮助增加低价高质私立学校的基础教育支持项目、提高教育质量和女性入学率的教育券计划、私立学校的质量提升及机构发展项目、集群教师培训项目、质量保证资源中心建设项目、收养学校计划、拉合尔市和萨戈达省的公立学校管理项目、全民质量教育项目、向私人经营者出租公立学校建筑物等。[2] 巴基斯坦私营教育部门满足了约 600 万儿童的教育需求，在补充公立学校体系方面发挥了重要作用。

---

[1] TARIQ M B. Pakistan's primary educational reforms and challenges [J]. International transaction journal of engineering, management, & applied sciences & technologies, 2020 (11): 1-11.

[2] 李宜瑾. 教育普及进程中巴基斯坦基础教育公私合作办学研究 [D]. 重庆：西南大学. 2021：4.

（二）国际组织对巴基斯坦基础教育开展援助

国际组织对巴基斯坦的基础教育进行了大力援助。首先是资金援助。国际组织资金最大的流入去向是对于巴基斯坦基础教育教师的培训费用，占巴基斯坦基础教育阶段所有费用的 70% 左右。此外还设立基金支持巴基斯坦的教育发展，如 2014 年联合国设立巴基斯坦女童教育马拉拉信托基金，致力于加强女童教育，提高教师的性别意识以及提高全社会对女童教育的支持等。其次是知识性和教育理念援助。可持续发展目标已成为巴基斯坦基础教育政策改革需要参照的重要部分，课程标准、教材编写以及教师培训等都将可持续发展目标纳入其中，如于 2021 年施行国家统一课程改革，可持续发展成为改革的重要依据之一。最后是教育项目合作。比如，2021 年，联合国教科文组织和巴基斯坦政府联合发起为期三年的巴基斯坦女童教育权计划，支持国内边远地区女童更好地获取优质教育和技能。这个项目计划通过地方民间社团组织和社区层面的工作，帮助 50 000 名女童进入小学，提高她们的在校率，并通过为其提供更好的机会、更安全的学习环境和提高教育质量来提升学习效果等。国际组织在促进巴基斯坦解决基础教育现实困境、实现教育公平和质量提升方面发挥了重要作用。

第三节　基础教育的挑战和对策

自独立以来，巴基斯坦基础教育已经取得一定程度上的发展，但仍面临着诸多挑战，影响国家基础教育目标的实现。

一、基础教育的挑战

（一）政府重视程度不够

由于巴基斯坦国内政局不稳定、经济发展较为滞后、官僚机构腐败、民主意识较为薄弱、教育政策缺乏可持续性等原因，巴基斯坦暂未建立起健全的基础教育体系，各方面的发展情况难以达到政策目标。识字率低下、城乡教育发展不均衡等问题一直没能得到根本性解决。目前，巴基斯坦将很多财政资金和教育资源分配到高等教育领域，比如重视高等教育机构在世界大学中的排名，重视高校国际人才和科研成果的交流，但基础教育则受到了一定程度的忽视。归根结底，高等教育质量的提升需要依托于基础教育的根本性进步，以牺牲基础教育为代价发展高等教育难免事倍功半。发展基础教育有利于积累国家的人力资本，促进教育整体质量的提升和国家经济的发展，值得巴基斯坦政府予以更多的关注和支持。

（二）性别和城乡差异较大

巴基斯坦基础教育中存在较为严重的性别和城乡差异。截至 2022 年，巴基斯坦国民识字率约 62.3%，这意味着有 8 000 万人口还是文盲。[1] 在拉合尔、伊斯兰堡和卡拉奇等大城市，当地的识字率接近 75%，但在较为贫穷的地区，识字率可低至 9%。例如，巴基斯坦《2018 年度教育情况报告》中的数据显示，旁遮普省 65% 的五年级学生能够阅读英语句子，而俾路支省仅有 34% 的五年级学生能够做到这一点。总体而言，在人口较少、位置较为偏远的省份，教育水平较为低下，而在城市化程度较高、经济较发达的地

---

[1] 数据来源于巴基斯坦联邦教育和专业培训部官网。

区，教育水平则较好，失学儿童占比、文盲率等数据都远低于前者。[1]

（三）学生辍学情况严重

巴基斯坦国内不同地区的男女童识字率、各级学校的辍学率、男女童入学率、师生比以及政府教育支出占比等是衡量一国基础教育状况的重要变量。[2] 目前来看，巴基斯坦难以在短期内实现联合国"千年发展目标"，即达到基础教育完成率100%的水平。尽管巴基斯坦人口增长迅速，但由于其教师教学水平不高、校园设施不完善、教育监管较为薄弱等因素，父母不愿将孩子送到学校就读，基础教育阶段的辍学率随着学生年龄和学段的上升而大幅增加。[3] 此外，诸如雇佣童工、虐待儿童，甚至贩卖儿童等违法行为的出现也令一部分学生难以完成基础教育阶段的学习。

（四）财政投入占比不高

教育投资的匮乏通常被认为是巴基斯坦基础教育发展不尽如人意的重要因素之一。2017年，巴基斯坦的教育支出仅占GDP的2.9%，远低于政府的官方目标4%的水平。国家整体经济增长率下降，公共债务水平不断升高，教育部门和其他部门的财政趋于紧缩。资金短缺使普通大众和弱势群体鲜少能够享受教育补贴，难以获得接受优质教育的机会。未来的经济状况是否会改善，以及巴基斯坦能否通过包容性的经济政策来发展普及、优质的基础教育，还有待观察。

---

[1] AHMAD I, RAUF M, RASHID A, et al. Analysis of the problems of primary education system in Pakistan: critical review of literature [J]. Academic research international, 2013, 4(2): 324.

[2] ZHONGMING Z, LINONG L, WANGQIANG Z, et al. School education in Pakistan: a sector assessment [R]. Manila: Asian Development Bank, 2019.

[3] 资料来源于巴基斯坦联邦教育和专业培训部官网。

（五）学校基础设施薄弱

基础教育阶段的教学设施严重短缺，现有条件难以满足学生不断增长的学习需求和学校教学管理要求。一些学校大多只有三两间教室，没有诸如洗手间、教室和桌椅板凳等基本设施，甚至没有与外界隔开的外墙，学生只能在室外环境中接受教育。在一些地方，由于行政监督不力，当地人甚至私自将学校建筑改建为动物养殖场或招待所，谋取经济利益。虽然近年来巴基斯坦从国内外的捐赠机构获得了一部分援助资金用于改善学校环境，但是基础教育学校的设施条件并未得到根本性的改善。

（六）教师培训较为缺乏

随着世界范围内的社会政治经济情况以及教育领域不断发生着新的变化，教师需要掌握最新的教学理论、研究成果和学科前沿知识。但是，巴基斯坦基础教育阶段的教师很少能够获得专业培训的机会，教学质量参差不齐。由于缺乏与时俱进的知识和技能，教师在教学过程中难以解决学生遇到的问题，比如无法为学生提供学习方法、升学规划方面的指导，难以使用英语作为教学语言与学生进行日常互动。此外，一部分教师缺乏与学生形成良性互动的意愿与能力，使得学生对上学产生畏惧心理，进而导致辍学情况的发生。

（七）高质量学习资源匮乏

巴基斯坦基础教育面临学习资源匮乏的问题。教科书、教具、练习册和其他学习资料难以满足学生的学习需求，图书馆、实验室、操场等教学场地和设施也十分不足，教师在教学过程中面临许多困难。当前，巴基斯坦基础教育阶段的课程较为过时，教科书中的内容无法提供真实、全面且前沿的人文和科学知识，学生难以通过教科书了解真实世界的发展现状。教师通过"填鸭式"的方式进行教学，学生对知识进行机械化的背诵，这个过程难以提升学生对知识的理解和自身的思维能力。

（八）学校管理水平不足

巴基斯坦基础教育的监督管理工作存在诸多问题。区级教育系统管理不够完善，例如存在教育督导人员未经专业培训、专业程度不够，相关监管机构中存在官僚主义等情况，监督者不能对学校作出有效的改进反馈，减缓了基础教育改革进程。此外，基础教育阶段的学校普遍没有健全的协调机制，政策制定者、学校管理者和教职工之间缺乏沟通，以至于一线教师对教育领域的新政策不甚了解。与此同时，考试监管制度落后，使得学校中抄袭舞弊现象滋生泛滥。

二、基础教育的对策

首先，应重视基础教育的发展，特别关注女童教育和农村基础教育。在农村，财力不足、缺少训练有素的教师、基础设施匮乏等因素都严重制约着巴基斯坦基础教育事业的发展，城乡之间出现较大的教育差距。[1] 政府应以提升国民阅读、写作和数学三种基本能力作为基础教育的主要任务，提升国民识字率。通过颁布并实施相关政策，加大对基础教育，特别是对弱势群体的专项教育资金拨款，鼓励私立学校、非正规教育作为公立学校

---

[1] 杨翠柏，刘成琼. 巴基斯坦 [M]. 北京：社会科学文献出版社，2005：202.

的补充，进一步缩小性别间、地区间的教育不平等。

其次，高效利用国外教育援助。一直以来，国际组织、他国政府等为巴基斯坦持续提供了大量的教育援助。通过奖学金或助学金项目，资助学生到国外进行访问学习，巴基斯坦的学生和教师能够提升自己的专业水平、扩大自己的人脉网络，在留学回国之后他们可以借鉴他国的教育经验，更好地服务于当地社区。政府应增强对教育援助项目的了解和重视程度，鼓励本国学生和教师积极参与留学计划，并在海外进行高质量、有针对性的学习。

最后，行之有效的策略还包括：增加学校教师人数，提高基础教育教师质量，并对其进行持续有效的专业培训和语言培训；引入科学的问责制度，严格执行教育政策，并对教育腐败问题予以重拳出击，增强基础教育系统运转效率；借助最新科技手段对基础教育考试系统进行升级，提升考试测评的科学性和有效性；根据儿童的认知发展规律和升学、就业的现实需求，对基础教育课程内容进行评估和修订；通过提升薪酬标准、发放补助和奖金等手段激励教师，提升教师的职业获得感等。

第六章　高等教育

高等教育是事关国家兴亡的重要事业，也是培养服务于国家未来发展战略的高水平、创新型人才的关键阵地，承担着教育教学、科学研究、社会服务等重大使命。为了推动高等教育的发展，巴基斯坦政府颁布《巴基斯坦 2025 年：同一个国家，同一个愿景》等多项政策文件，大力促进高等教育的规模扩张和质量保证体系建设，增进校企合作和国际合作，强调提升自身的科研实力，扩大一流高校的全球影响力。

第一节　高等教育的发展和现状

一、高等教育的发展

巴基斯坦高等教育发展的历史可以追溯至 19 世纪 80 年代，此时正值英国殖民者统治时期。英国殖民政府依照伦敦大学的模式于 1882 年在拉合尔创建了巴基斯坦的第一所大学——旁遮普大学。目前，它是巴基斯坦国内办学规模最大的高校，为后续国内其他高校的创办和管理提供了借鉴和参考。独立后，巴基斯坦的高等教育发展较为缓慢，高校数量较为稀少。

20 世纪 70 年代后，巴基斯坦的政局趋于稳定，国内经济回暖、高等教育逐步发展。这一时期，高等教育的层次结构得以完善，学士、硕士、博士学位项目以及博士后流动站在高校之中建立起来。此外，1982 年，巴基斯坦的第一所私立大学正式成立，标志着巴基斯坦高等教育系统在结构多样性上有所突破。

2002 年，高等教育委员会在联邦政府的管理下自主开展高等教育领域的相关工作，负责规划指导、资源提供、办学监管、质量保障和机构认证等方面的事务，是全国性的高等教育官方管理部门。该委员会的目标是改善和促进巴基斯坦高等教育的全面发展，推动高等教育机构成为推动巴基斯坦社会经济发展的动力引擎，对全国高等教育事业的发展起到不可忽视的引领作用。在高等教育委员会的治理之下，巴基斯坦高等教育步入发展的快车道，高校规模快速扩张、教育质量逐步提升、科研成果愈发丰富，高校参与社会服务的程度不断加深。

2005 年，巴基斯坦启动第一个《高等教育中期发展框架》（2005—2010 年），关注高等教育机构的内部发展，旨在提升国内的教育公平与质量。这一时期，政府预期将高等教育入学率提升至 5.1%（不包括就读私立学校的学生），利用信息技术实施公立大学计算机网络计划，完善与世界其他国家对标的高等教育人才培养体系，引入高校质量保证体系的国际标准，并大力支持高校开展科学研究项目。由于政府重点支持工程、医学、农学以及基础科学学科的发展，高校的科研成果显著增加，但是艺术人文和社会科学的学科建设和科研进展则较为落后。

在第一个《高等教育中期发展框架》（2005—2010 年）实施期间，高等教育经历着前所未有的迅速扩张，教学和科研的质量得到改善。虽然巴基斯坦具备人口红利的有利条件，但仍面临高文盲率、师资水平低、教育不公平等显著挑战。

第二个《高等教育中期发展框架》（2011—2015 年）发布之后，高等教育与巴基斯坦社会经济发展的连接更加紧密。高等教育委员会将发展重点集中于推动教师发展、促进教育质量提升，扩大国民接受优质高等教育机会。这一时期政府强调促进创新、倡导高等教育部门与社区的融合发展，加速推进大学成为国内社会经济发展的增长引擎。[1]

2013 年起，各省份的地方高等教育委员会陆续建立起来，分别负责本省高校管理工作。虽然地方自主权不断扩大，但是由中央直接领导下的高等教育委员会仍旧承担主要的资助和管理职能。2014 年，高等教育委员会颁布《巴基斯坦 2025 年：同一个国家，同一个愿景》，对未来十年深化高等教育的公平与质量提出了新的要求，进一步强调了高等教育机构对培养人才、发展社会经济和塑造社会文化的轴心作用，通过构建高等教育的三层结构模型，扩大一流高校的全球影响力、提升普通高校的教学和科研水平，增进高校与社区之间的合作与联系。[2]

二、高等教育的现状

（一）高校的类型划分

巴基斯坦根据办学资金、办学规模、办学性质等方面对高校进行分类。首先，根据办学资金来源的不同，巴基斯坦高校可以分为公立高校和私立高校。其中，公立高校历史较为悠久，经费主要由政府承担；私立高校则直到 20 世纪 80 年代才陆续出现，其经费主要由高校自行筹措，抑或是来自社会组织或个人的捐赠。其次，根据办学规模的大小，巴基斯坦高校可

[1] Higher Education Commission. Higher education medium term development framework II 2011—2015 [R]. Islamabad: Government of Pakistan, 2011: 8-16.

[2] Ministry of Planning, Development and Reform. Vision 2025 [R]. Islamabad: Government of Pakistan, 2014: I-II, 1.

以分为普通高校和可授予学位的学院。其中，普通高校的规模较大、数量较多，学科设置相对比较综合和齐全；学院则规模较小、数量较少，并且学科设置相对单一。最后，根据办学性质的区别，巴基斯坦高校可以分为联邦高校和经由政府授权的省属高校。其中，联邦高校坐落于伊斯兰堡首都特区和联邦直接管辖的其他区域，由联邦政府直接管辖，其校长为巴基斯坦总统；省属高校则位于各省或各区，由省政府进行管理，其校长为省长。[1] 此外，巴基斯坦还设立了30余所合作办学的机构或项目，与美国、英国、澳大利亚等国的境外教育机构合作设立、共同运营，提供商科、信息科学、法律、艺术设计等专业的学历学位教育。

（二）高校的组织和职能

1．高校的组建程序

巴基斯坦高校依据2007年修订颁布的第五版《高等学校组建指南》完成新学校的组建，这一过程需经过申请、审核、考察、赋权等步骤，直到学校获得政府授予的特许状，即高校得以依法进行办学活动的许可证。[2] 高等教育委员会将依据办学硬件和软件条件、教学科研情况、学校管理情况等多个方面对高校进行评估，具体的评估指标详见表6.1。

---

[1] ALI S B. An Empirical research on student learning satisfaction of higher education institutions in Pakistan [D]. Xiamen: Xiamen University, 2015: 27-28.

[2] Higher Education Commission. Guidelines for the establishment of a new university or an institution of higher education [R]. Islamabad: Government of Pakistan, 2007: 2-12.

表 6.1 巴基斯坦高等教育委员会面向高校的评估指标 [1]

序号	一级指标	二级指标
1	项目概况	办学缘起、办学目标、教育需求、经济效益
2	经费情况	办学主体、管理主体、资金来源
3	办学场地	办学地点、当地办学可能性
4	办学条件	当前和未来预期的设施条件
5	学位管理	学位名称及证书、课程修读年限和学业计划、考评方式
6	课程情况	课程设置、课程安排、实训管理
7	学术科研	当前学术科研发展、未来发展规划时间表
8	院系设置	院系名称、课程委员会章程及人员构成、学术委员会章程及人员构成
9	招生情况	招生政策、招生规划、录取程序及标准
10	费用支出	学费及其他费用标准、奖学金或助学金等学生资助标准
11	测试评估	考试规章制度、测评机制与系统、教学质量监测
12	质量保障	学生监管安排、质量控制安排、行政及技术团队建设
13	学生管理	注册学生人数、各级学生分布、近三年各级毕业生人数
14	教师管理	教师绩效、学历、薪资、访学、合作情况，行政管理团队情况
15	国际合作	国内外合作情况、合作单位、合作项目
16	财务管理	未来 5—10 年的财务规划、资本成本情况、办学收支情况
17	办学计划	有关经费、课程、师生、设备等方面的近五年分期办学计划

　　总体而言，巴基斯坦当前的高校制度设计比较完备。一方面，高校组建程序的可操作性较强，分类得当、标准清晰，能够为新学校的建立提供

---

[1] Higher Education Commission. Guidelines for the establishment of a new university or an institution of higher education [R]. Islamabad: Government of Pakistan, 2007: 2-12.

具体参考。另一方面，高等教育委员会能够全程对高校的组建进行监督、指导和支持。但与此同时，这一评估指标忽视了巴基斯坦国内各省市、各区域之间的差异性，并未对高校类型做出区分，忽视了人才培养的多元化目标，存在高校组建评估指标"一刀切"的倾向。[1]

2．高校的管理职能

（1）学校管理。第一，组织机构方面。一般而言，巴基斯坦高校校长和董事会主席由巴基斯坦国家元首或省级领导担任，负责主持毕业学位授予、接见董事会成员等工作，有权任免副校长和董事会成员。副校长一般为杰出的学者或行政官员，由校长直接任命，负责组织统筹学校的一切日常事务，须在遵守国家法律和学校章程的前提下全面领导学校工作，有权任命或解雇教师及其他雇员。此外，每年副校长须向校长和董事会提交学校的年度报告，汇报包括学术、科研、财务和行政等信息。学院院长、教务主任、财务主任、考试中心主任和后勤保障部门主管等均受副校长的直接领导并向副校长汇报工作。

本书以真纳大学为例，对巴基斯坦高校的组织机构人员构成进行梳理，见表6.2。真纳大学是位于首都伊斯兰堡的一所公立高校，学生和教职工的规模较大，在工程、化学等学科的科研实力较强。此外，真纳大学拥有较好的设施条件，包括设备较为齐全的教室、较为先进的实验室和图书馆，以及为学生提供宿舍、运动场、银行、邮局、商店、咖啡馆等校园服务设施。[2] 在巴基斯坦高等教育委员会于2015年公布的高校排名中，真纳大学

---

[1] 陈恒敏，沙阿布哈里. 巴基斯坦高等学校设置制度：缘起、程序及标准 [J]. 比较教育研究，2017，39（7）：19-26.

[2] 数据来源于真纳大学官网。

得到最高评分，成为全国综合排名第一的高等院校。[1] 该高校由副校长负责全部运营事务，下设后勤保障负责人、学院院长、教务主任、财务主任、科研创新商业化办公室主任、考试中心主任、电教中心主任牵头开展校内各部门的工作。

表 6.2 真纳大学的主要工作人员构成 [2]

副校长	后勤保障负责人	图书馆馆长	副图书馆馆长	资料助理、预约助理、图书流通助理、期刊助理、助理管理员
			副图书馆馆长	技术助理、电脑助理、图书购置助理、助理管理员、项目助理
		项目部经理	项目工程师	项目人员
			维护工程师	维护人员、电子设备人员、机械人员
		校医院医疗组长	/	/
		研讨会中心经理		/
		体育部经理		/
		设备维修部经理		维修助理
		通信部组长		网络人员、数据库人员、项目助理、系统管理人员

[1] Higher Education Commission. 5th Ranking of Pakistani higher education institutions(HEIs) 2015 [R]. Islamabad: Higher Education Commission, 2016: 3-13.

[2] 数据来源于真纳大学官网。

续表

副校长	学院院长	生物科学主任	动物科学组长、生物化学组长、微生物学组长、植物科学组长
		自然科学主任	化学组长、计算机组长、地球科学组长、电学组长、信息技术组长、数学组长、统计学组长等
		社会科学主任	人类学组长、防卫战略组长、经济学组长、历史学组长、国际关系组长、性别研究组长、神经科学组长、区域研究组长
	教务主任	副主任	行政助理、招生助理、采购和库管、资产管理人员
		副主任	助理
		发展规划主管	助理
		联合办事处	法务助理、会议助理、公共关系助理、学校发展主管、财务支持主管、园艺人员、交通事务员
	财务主任	副主任	财务助理
			会计
		副主任	项目助理
			会计
	科研创新商业化办公室主任	资源发展主管	/
		产教融合主管	/
		研究员	/
	考试中心主任	副主任	保密部助理、组织部助理
			考试部助理
	电教中心主任	副主任	主任助理、项目助理
		副主任	主任助理、项目助理、技术员
		副主任	主任助理、项目助理

高校主管机关由董事会、辛迪加[1]和学术委员会构成，根据大学章程设立若干委员会，下设委员会主要包括：研究生和研究管理委员会、教职工招聘及晋升委员会、教职工职业发展和实习委员会、遴选委员会、代表委员会、教授委员会和院系委员会。其中，董事会成员由校长、副校长、一位教育部或其他相关部委人员（职位不低于副秘书长）、四位社会人士、一位校友、两位校外专家、四至五位大学教师和其他经由委员会提名的人员构成，总人数不超过21人，任期三年，每年至少召开两次会议。董事会有权对高校进行全面监督，包括批准高校发展战略计划，修订年度工作计划，批准年度预算及决算，持有并管理高校资产，监督审查大学学术事务，以及任命高级教职工和行政人员等。辛迪加由副校长、教务主任、学院院长、财务主任、考试中心主任以及校内三位教授（由董事会按规定程序选举产生的非董事会成员）组成，任期三年，每季度至少召开一次会议。辛迪加有权对大学事务进行全面的管理和监督，包括审议年度报告和年度预算，并将上述重要报告提交至董事会批准，代表高校制定、更改、执行或取消合同，对高校资产进行合理的处理，如进行信托投资、接受捐赠等，建设和维护校内建筑、设施及设备，设置、暂停或废除校内职位等。学术委员会由副校长、教务主任、两位附属学院校长、五位教授代表（董事会按规定程序选举产生）、图书馆馆长和考试中心主任等成员组成，任期三年，每季度至少召开一次会议。学术委员会有权按规定制定学术科研活动标准，编写学业成绩年度报告并提交董事会审阅，具体职责包括：制度规范与课程质量保障有关的政策和程序，批准学生考试、录取和奖惩相关的政策和程序，研判促进教师专业发展的方案等。[2]

---

[1] 辛迪加（Syndicate），原指财团或企业联合组织，这里主要指大学治理组织，执行高校的日常管理。

[2] Higher Education Commission. Guidelines for the establishment of a new university or an institution of higher education [R]. Islamabad: Higher Education Commission, 2007: 35-51.

第二，财务收支方面。政府对普通高等院校的财政支持普遍不足，高校资金短缺问题日益突出。高校进行教学、科研等日常活动的资金主要由政府拨款、学生学费和社会捐赠组成，其中政府拨款是最受高校依赖的资金来源。政府提供的研究经费主要经由高等教育委员会和巴基斯坦科学基金会分别分配给公立和私立的高等院校。虽然联邦政府和省政府也直接向大学提供部分研究经费，但资金数额较为有限。[1] 教育部在《国家教育政策》（2017—2025 年）中计划提升教育拨款的比重至 GDP 的 4%，但是 2018—2019 财年，教育财政拨款仅占国家 GDP 的 2.4%，远未达到政策预期。此外，政府对科研的资金投入十分稀少。根据世界银行的数据统计，2017 年巴基斯坦科研支出占 GDP 的 0.2%，为全球倒数第 22 名，不及南亚地区水平（0.6%）和中低收入国家的投入比例（0.6%），远低于世界平均水平（2.1%），相关数据见图 6.1。但是根据高等教育委员会的统计，全国高校需要约 550 亿巴基斯坦卢比的财政拨款。可见，当前存在约 260 亿巴基斯坦卢比的资金缺口，约占高等教育发展资金需求的近五成比例。面临办学资金短缺的困境，公立高校甚至无法正常向教职工发放薪水，不少学校不得不暂缓开展科研工作、削减学生奖学金和停办研究生项目，抑或向国内国际的慈善机构、基金会等组织寻求资金。[2][3]

第三，招生入学方面。2011—2018 年，巴基斯坦高等教育毛入学率一直保持在 8%—10%，女性高等教育毛入学率整体略低于男性。世界银行发布的相关数据见图 6.2。依照马丁·特罗提出的高等教育大众化理论，高等教育毛入学率低于 15% 属于精英教育阶段，毛入学率处于 15%—50% 属于

---

[1] MARYAM R, CATHERINE S. The University research system in Pakistan [R]. Islamabad: British Council, 2018: 30-31.

[2] 数据来源于 Dawn 网站。

[3] 数据来源于 university world news 网站。

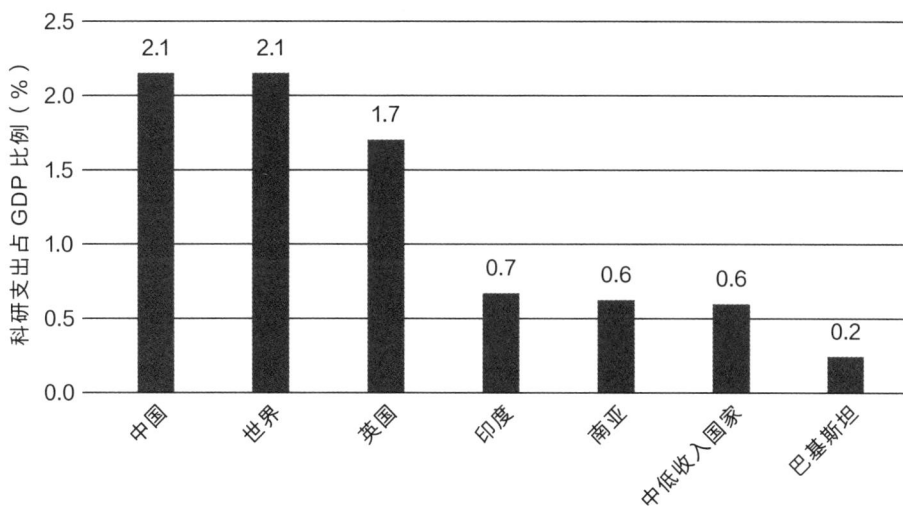

图 6.1 2017 年巴基斯坦科研支出占 GDP 比例 [1]

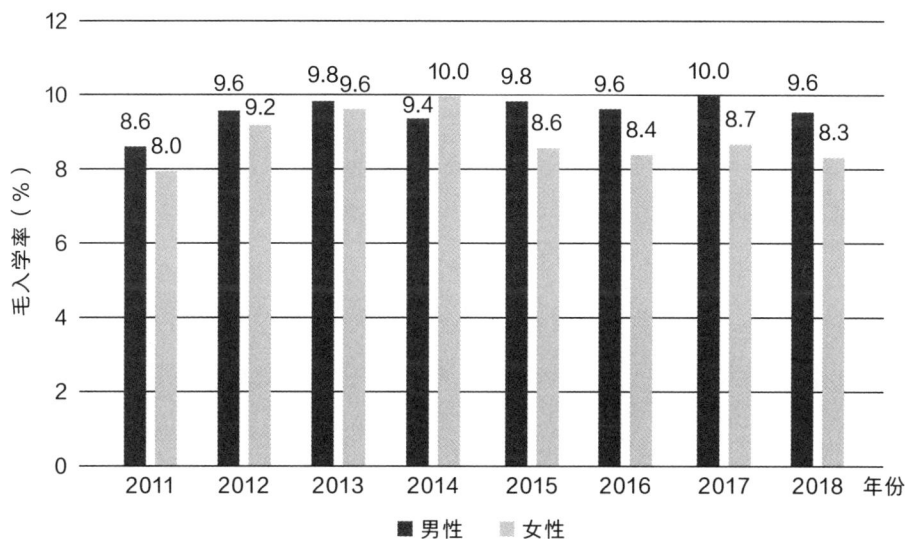

图 6.2 2011—2018 年巴基斯坦高等教育毛入学率 [2]

[1] 数据来源于世界银行官网。

[2] 数据来源于世界银行官网。

大众化阶段，毛入学率大于 50% 为普及化阶段。[1] 由此来看，巴基斯坦高等教育当前处于精英教育阶段，有机会接受高等教育的学生只占适龄学生人口的极小一部分。

巴基斯坦普通高等院校的入学申请条件主要包括以下几个方面：持有高中毕业证书或中级考试证书；高中阶段平均成绩不低于 50%，工程和医学等热门学科分数应高于 60%。[2] 高校会在每年的招生季组织考试，或者要求学生提交巴基斯坦国家考试服务机构统一举办的"国家天资考试"[3] 成绩，以更好地了解申请者的学术表现。此外，私立高校还允许将 SAT[4] 成绩作为入学申请资料。

第四，选课规则方面。高校须遵照高等教育委员会发布的《巴基斯坦高等院校统一学期制度实施政策准则》完成学期任务的规划设计。一般而言，巴基斯坦高校采用两学期制，即每年 1—5 月为春季学期、8—12 月为秋季学期，每学期开展 16—18 周的教学活动。为了更好地帮助学生按期完成学业，高校安排导师指导学生进行选课方案的设计。每学期导师会和学生复盘上一学期的学习情况，共同制定选课计划并更新学习档案。在和导师沟通完毕后，学生将在下一学期开始之前提交第一轮选课的申请。开学后的两周内学生有权对课程进行调整。学生在开课 4—6 周内退选课程，该学生成绩单中将会显示退选记录且该课程分数不计入 GPA[5] 成绩；开课 6 周之后退选课程，该学生将自动显示"不及格"记录，该课程分数计入 GPA 成绩，且学生将被要求重修课程。此外，如果学生的成绩评定低于"C"，可以申请重修该课程，新旧成绩都将在成绩单中显示出来，但选其高分计

---

[1] 特罗. 高学历社会的大学——从英才到大众化 [M]. 东京：东京大学出版社，1976.

[2] 数据来源于世界教育新闻与评论（WENR）官网。

[3] 数据来源于巴基斯坦国家考试机构官网。

[4] SAT 是由美国大学理事会主办的一项标准化考试，检测和评估高中毕业学生的学术能力水平。其成绩是世界各国高中毕业生申请美国高校入学资格及奖学金的重要学术能力参考指标。

[5] GPA 是 Grade Points Average 的缩写，指学生的平均学分绩点。

入 GPA 成绩。其中，本科生最多可以重修 5 门课程，研究生最多可以重修 2 门课程。[1]

第五，成绩评定方面。当前，各国高校普遍采用绝对评分制度和相对评分制度对学生进行成绩评定，巴基斯坦的高校也不例外。绝对评分制度指按照学生的实际分数计分，大多适用于人数少于 20 人的班级；相对评分制度之下，学校可以参照某一学生群体的整体表现对个体的分数进行适当调整，大多适用于人数多于 20 人的班级。学生的课程总分主要由课堂出勤和考试成绩两个部分组成。其一，高校一般要求学生的最低出勤率不低于 75%，逃课旷课情节严重的学生将被校方退学。其二，教师将根据学生在课堂测验、期中考试、期末考试、小组或个人课堂展示、小组讨论、报告论文等多种活动中的表现进行评分，对照各类活动的计分权重最终得出学生的课程总分。例如，高等教育委员会建议采用表 6.3 的计分方式开展高校学生考评工作。在计算出学生的考评分数之后，校方将根据相关规定进行学分绩点的换算，分数换算标准如表 6.4 所示。

表 6.3 高等院校学生考评分数计算权重示例 [2]

考评项目	计分权重
课堂测验	5%—10%
期中考试	20%—25%
课程作业 / 课堂展示	5%—25%
阶段测验	10%—15%
期末考试	35%—40%

---

[1] Higher Education Commission. Policy guidelines for implementation of uniform semester system in HEI's of Pakistan [R]. Islamabad: Government of Pakistan, 2018: 5-13.

[2] Higher Education Commission. Policy guidelines for implementation of uniform semester system in HEI's of Pakistan [R]. Islamabad: Government of Pakistan, 2018: 5-13.

表 6.4 高等院校学生考评分数换算标准示例 [1]

成绩	学分绩点	排名
A	3.67—4.00	前 15%
A-	3.34—3.66	前 16%—20%
B+	3.01—3.33	前 21%—25%
B	2.67—3.00	前 26%—29%
B-	2.34—2.66	前 30%—32%
C+	2.01—2.33	前 33%—36%
C	1.67—2.00	前 37%—39%
C-	1.31—1.66	前 40%—42%
D+	1.01—1.30	前 43%—46%
D	0.10—1.00	前 47%—50%
F	0.00	后 50%

　　第六，毕业要求方面。高等教育委员会对本科、硕士和博士阶段学生的毕业要求作出规定。本科阶段的学生每学期须至少完成 16 周课程学习并修满 15—18 学分的课程；4—6 年内修满 124—140 学分，个别 5 年制项目须修满 160—180 学分；参加教育、医学等专业的实习活动修满 6—9 学分。硕士阶段的学生每学期须至少完成 16 周课程学习并修满 9—12 学分的课程；全职制研究生须在 1.5—2 年内至少修满 30 学分，攻读学位的时间最长不超过 3 年，非全日制研究生须在 4 年内完成学业，攻读学位的时间最长不超过 6 年。博士阶段的学生每学期须至少完成 16 周的课程学习并修满 9—12 学分的课程；在 3—8 年内修满 18 学分；完成博士毕业论文并通过答辩考核。

---

[1] Higher Education Commission. Policy guidelines for implementation of uniform semester system in HEI's of Pakistan [R]. Islamabad: Government of Pakistan, 2018: 5-13.

各阶段的学生可以通过修习课程、完成学术项目或开展实习这三个渠道获得学分。其中，课程主要分为理论课程和实践课程，包括实验任务、田野调查等；学术项目包括撰写报告和论文等内容。学校须按照规定在官网提前公示开学时间、考试时间等信息。在校学习期间，所有学生须遵照科学伦理与学术规范完成每项作业和考试。[1]

（2）教育教学。高等教育委员会报告显示，高等教育委员会统计2017—2018学年巴基斯坦在读本科生、硕士、博士共计1 580 866名。[2] 在专业分布方面，巴基斯坦普通高校的主流专业有15个，分别为艺术学、商业管理、教育学、计算机、工程技术、社会科学、物理学、医学、生物科学、语言学、农业与兽医科学、经济学、法学、地理与环境科学和建筑学。其中，攻读自然科学类学科的人数最多，包括计算机、工程技术、物理学、医学、生物学、农业与兽医科学、地理与环境科学和建筑学，占全部学生人数的43.0%；攻读社会科学类学科的人数次之，包括商业管理、教育学、社会科学、经济学和法学，占全部学生人数的38.4%；攻读人文科学的学生最少，包括艺术学和语言学，占全部学生人数的18.3%。在性别分布方面，该学年就读于高校的男生人数占55.8%、女生人数占44.2%。虽然整体而言，男女学生的性别占比差距不大，但在不少专业中的男女比例差距却较为显著（见表6.5）。例如，工程技术、农业与兽医科学、法学、计算机、商业管理和生物学专业的男女比例差距均超过35%，分别相差75.8%、49.6%、47.4%、43.8%、38.8%和37.8%。相较而言，工程技术、农业与兽医科学、法学、计算机和商业管理专业的男生人数较多；生物学、医学、教育学、地理与环境科学、建筑学和语言学专业的女生人数较多；物理学、经济学、艺术学和社会科学专业的男女比例相差不大，差距不足5.5%。

---

[1] Higher Education Commission. Policy guidelines for implementation of uniform semester system in HEI's of Pakistan [R]. Islamabad: Government of Pakistan, 2018: 5-7.

[2] Higher Education Commission. Subject wise enrollment of year 2017—2018 [R]. Islamabad: Government of Pakistan, 2018: 1.

表 6.5 2017—2018 学年巴基斯坦高校专业攻读人数统计（人）[1]

专业	男生人数	男生比例	女生人数	女生比例	学生总人数
艺术学	107 454	47.9%	116 808	52.1%	224 262
商业管理	152 893	69.4%	67 267	30.6%	220 160
教育学	73 194	38.6%	116 397	61.4%	189 591
计算机	126 987	71.9%	49 718	28.1%	176 705
工程技术	133 492	87.9%	18 370	12.1%	151 862
社会科学	71 168	47.2%	79 481	52.8%	150 649
物理学	53 192	48.5%	56 517	51.5%	109 709
医学	36 184	36.3%	63 381	63.7%	99 565
生物学	23 380	31.1%	51 808	68.9%	75 188
语言学	27 688	42.3%	37 828	57.7%	65 516
农业与兽医科学	30 249	74.8%	10 173	25.2%	40 422
经济学	11 966	48.4%	12 747	51.6%	24 713
法学	16 436	73.7%	5 880	26.3%	22 316
地理与环境科学	11 769	62.0%	7 223	38.0%	18 992
建筑学	4 427	61.8%	2 737	38.2%	7 164
其他	1 483	36.6%	2 569	63.4%	4 052
总计	881 962	100%	698 904	100%	1 580 866

　　在高等教育国际学生流动方面，政府鼓励本国学生赴海外留学深造。当前，巴基斯坦是全球国际学生的重要输出国之一。联合国教科文组织数

---

[1] Higher Education Commission. Subject wise enrollment of year 2017—2018 [R]. Islamabad: Government of Pakistan, 2018: 1.

据显示，2010—2018 年，巴基斯坦出国留学人员增长 54.1%，其间年度最高增长率高达 10.6%，相关数据见表 6.6。巴基斯坦出国留学规模快速增长的趋势将在未来一段时期内继续保持，预计于 2027 年成为全球十大国际留学生源国之一。[1] 究其原因，一方面在于巴基斯坦国内的政治经济条件不稳定、学生就业前景不明朗，另一方面在于巴基斯坦缺乏高质量的高等教育项目，相比在巴基斯坦国内求学的学生，在英国、澳大利亚、加拿大、中国等国家获得海外学位后回国的巴基斯坦学生能够在劳动力市场上获取更大的竞争优势。

表 6.6 2010—2018 年巴基斯坦赴外留学人数及增长率 [2]

年份	2010	2011	2012	2013	2014	2015	2016	2017	2018
赴外留学生人数	38 174	39 944	37 687	40 338	44 612	48 537	53 484	54 742	58 821
赴外留学生增长率	—	4.6%	-5.7%	7.0%	10.6%	8.8%	10.2%	2.4%	7.5%

为补充国内高层次人才队伍，高等教育委员会为出国进修的博士生提供奖学金资助。据最新统计，2018 年巴基斯坦受到高等教育委员会全额资助出国留学的博士生数据见表 6.7。该年共有 1 614 位博士生获全额资助赴国外高校求学，留学目的地主要包括德国 321 人、韩国 228 人、法国 222 人、美国 164 人、土耳其 90 人、澳大利亚 86 人、英国 76 人、马来西亚 70 人、中国 39 人等。留学研修的专业领域集中于工程技术类（49%）、

---

[1] MARYAM R, CATHERINE S. The university research system in Pakistan [R]. Islamabad: British Council, 2018: 16.

[2] 数据来源于联合国教科文组织官网。

自然科学（13%）、社会科学（12%）、生物医学（12%）、商科（7%）、农业和兽医学（4%）和艺术人文学科（3%）。高等教育委员会并未公开奖学金预算数据和奖学金计划的投资回报预期，虽然政府鼓励出国留学的初衷是提升本国学术质量水平，但这一政策的有效性难以预估。

表 6.7 2018 年巴基斯坦高等教育委员会全额资助出国留学博士生统计（人）[1]

国家（地区）	博士生人数	国家（地区）	博士生人数
德国	321	意大利	50
韩国	228	奥地利	48
法国	222	中国	39
美国	164	新西兰	33
土耳其	90	泰国	29
澳大利亚	86	荷兰	12
英国	76	挪威	12
马来西亚	70	加拿大	9
比利时	53	中国香港	9
瑞典	52	芬兰	1
总计		1 614	

（3）科学研究。科研成果是衡量高校实力的重要维度，也是教师晋升的核心标准。高等教育委员会牵头搭建高校排名体系，对全国各个高校的科研成果、教学质量等多个维度进行评价，并对于排名评分较低的高校实施

---

[1] MARYAM R, CATHERINE S. The university research system in Pakistan [R]. Islamabad: British Council, 2018: 15-16.

更加严格的管理和监督，甚至可能采取关停校园、禁止招生等强制措施。[1]
协会将经过认证的社会科学类、艺术人文类及经济商科类领域的期刊分为
W、X、Y 和 Z 四大类。W 类指具有影响因子并收录于科睿唯安（Clarivate
Analytics）ISI Web of Science[2] 的期刊；X、Y 和 Z 类期刊主要为巴基斯坦
本国期刊，从 X 至 Z 学术影响力依次递减。具体而言，X 类指不具有影响
因子但被高等教育委员会认可并通过同行评议的期刊；Y 类指不具有影响因
子且未经过同行评议但满足高等教育委员会标准的期刊；Z 类指不具有影响
因子、未经过同行评议且未被认证机构收录摘要和索引但满足高等教育委
员会标准的期刊。[3] 当前，高等教育委员会认证各类期刊共计 372 种，包括
116 种理工类期刊和 256 种人文类期刊，其中 12 种期刊为影响因子 W 类期
刊，其余为 X、Y 或 Z 类本国期刊。经巴基斯坦高等教育委员会认证的上
述四类期刊数量和学科分布见表 6.8。[4] 教师在上述四类期刊上发表的成果
将作为绩效评估和职位晋升的关键要素。例如，高校教师由助理教授晋升
为副教授须在四类期刊中发表至少 15 篇研究论文或出版物，近 5 年内须发
表 4 篇研究论文或出版物，副教授晋升为教授的要求与此相同，这一政策极
大地刺激了高校教师研究发表的热情。

---

[1] 数据来源于巴基斯坦高等教育委员会网站。

[2] ISI Web of Science 是全球最大、覆盖学科最全的综合性学术信息资源库，收录各研究领域最具影响力的
核心学术期刊超过 8 700 种。学者可以在其检索平台上查询科研信息和文献等资料。

[3] Higher Education Commission. Category system for HEC recognized (Pakistani) journals of social sciences, arts &
humanities and business education [R]. Islamabad: Government of Pakistan, 2013: 1.

[4] MARYAM R, CATHERINE S. The university research system in Pakistan [R]. Islamabad: British Council, 2018:
74-75.

表 6.8 经高等教育委员会认证的 W、X、Y、Z 四类期刊数量（种）[1]

理工类期刊		人文类期刊	
自然科学类	45	社会科学类	159
健康科学类	37	艺术人文类	40
工程技术类	17	商业类	26
农业类	9	跨学科类	31
跨学科类	8	总计	256
总计	116		

（4）外部合作。巴基斯坦在高等教育领域的合作模式可分为校府合作、校企合作、国际援助三个方面。

第一，有关校府合作方面。近年来，巴基斯坦政府与高校的合作日趋紧密。与政府合作较为频繁的高校主要包括位于拉合尔的信息科技大学和拉合尔管理科学大学，以及位于伊斯兰堡首都特区的巴基斯坦经济发展学院和国立科技大学等。例如，旁遮普省政府与信息科技大学和费萨拉巴德大学建立了密切合作关系，两所高校利用自身的知识和技术，为政府提供政策咨询服务。信息科技大学在公共教育、医疗卫生、交通运输和行政管理等方面为政府设计信息技术的问题解决方案，提升省政府提供公共服务的效率；费萨拉巴德大学牵头开展研发项目，通过构建肥力预测模型，帮助农民更好地选择和使用肥料。[2] 在肥力预测模型这一合作案例中，费萨拉巴德大学和旁遮普省政府土壤肥力研究所协同开展旁遮普地区的肥料实验和土壤测试，共同收集、处理和分析种植小麦、水稻、甘蔗、棉花、玉米

---

[1]　Higher Education Commission. Category system for HEC recognized (Pakistani) journals of social sciences, arts & humanities and business education [R]. Islamabad: Government of Pakistan, 2013: 1.

[2]　MARYAM R, CATHERINE S. The university research system in Pakistan [R]. Islamabad: British Council, 2018: 55-57.

等11种经济作物的近十年相关数据。这一项目构建起本省土壤肥力预测模型和发布数据的官方网站，当季吸引近3万人次访问该肥料模型网站，帮助农民每英亩肥料成本平均节省2 000—3 000卢比。[1]

第二，校企合作方面。巴基斯坦企业对科研成果的需求不高，校企合作处于初级阶段。巴基斯坦企业的研究和创新能力较低，极少委托高校进行商业或经济研究，但巴基斯坦的学者们逐渐对这一现状作出反思并努力实现突破。例如，2016年拉合尔管理科学大学与阿迦汗医院、十法医院和巴基斯坦最大的病理实验室网络"中泰实验室"等机构合作，利用其实验数据开展抗微生物药物耐药性的研究。[2]虽然拉合尔管理科学大学获得的资金十分有限，但这一合作项目极大推动了高校、政府和商业部门在抗菌素耐药性研究方面的初步合作。

第三，国际援助方面。庞大的援助供应链几乎影响到巴基斯坦发展的各个方面，高等教育亦是其接受国际援助的重要方面。根据联合国教科文组织于2020年发布的《全球教育监测报告2020年：融合和教育——所有人都要参与》报告，2017年巴基斯坦获得教育援助总计4.22亿美元，包括基础教育领域的2.17亿美元、中等教育0.77亿美元、中等后教育[3]1.27亿美元；2018年获得教育援助共3.80亿美元，包括基础教育领域的1.86亿美元、中等教育0.76亿美元、中等后教育1.18亿美元。[4]这些资源主要由主权国家和国际组织提供。一方面，英美发达国家是巴基斯坦教育的主要援助方。例如，2018年，英国向巴基斯坦援助1.54亿美元用于发展教育，其中包括0.81亿美元的资金主要投入于基础教育领域；同年，美国也向巴基斯坦的基

[1] MARYAM R, CATHERINE S. The university research system in Pakistan [R]. Islamabad: British Council, 2018: 173-174.

[2] MARYAM R, CATHERINE S. The university research system in Pakistan [R]. Islamabad: British Council, 2018: 60-64.

[3] 中等后教育指在接受了中等教育之后由高等院校或其他机构所实施的各种形式的教育和培训。

[4] UNESCO. Global education monitoring report 2020: inclusion and education: all means all [R]. Paris: UNESCO, 2020: 411-413.

础教育投入 0.53 亿美元的援助支持。[1]

除了援助金之外，巴基斯坦还通过与英国、美国等发达国家开展国际教育合作项目的方式，提升自身的高等教育质量和国际化水平。

迄今为止，受到巴基斯坦高等教育委员会官方认证的国际教育合作项目共有 47 个，详情参见附录 2。[2] 截至 2021 年，仍在运行的项目共计 36 个，占项目总数的 77%；已经终止的项目有 10 个，占项目总数的 21%；暂时中止的项目 1 个，占项目总数 2%。其中，终止和暂停的项目多为 2007 年以前开始运行的项目。当前，在运行的 36 个国际合作办学项目中，除了 2 个项目在英国伦敦开展学习及考试外，其他项目均在巴基斯坦境内进行，包括伊斯兰堡 12 个项目（33%）、拉合尔 10 个项目（28%）、卡拉奇 6 个项目（18%）、白沙瓦 2 个项目（6%）、缅瓦利 1 个项目（3%），和西亚尔科特 1 个项目（3%），这些项目主要在 2004 年后开始运行并一直持续至今，2014—2021 年这些项目的创建时间情况见图 6.3。近年来，巴基斯坦大力发展高等教育方面的国际合作，近三年新创办的国际教育合作项目数量超过当前项目总数的三成。此外，国际合作办学项目集中于本科学历层次，占项目总数的 89%，其余硕士项目和短期转学项目约占 11%。在专业分布上，高校和合作机构主要将目光聚焦于商业管理类专业（31%）、时尚及纺织专业（17%）、计算机专业（15%）、经济金融类专业（11%）和法律类专业（11%），在上述专业中开设的国际教育合作约占项目总数的 75%，是当前巴基斯坦发展高等教育国际化的排头兵。

---

[1] UNESCO. Global education monitoring report 2020: inclusion and education: all means all [R]. Paris: UNESCO, 2020: 414-415.

[2] 数据来源于巴基斯坦高等教育委员会网站。

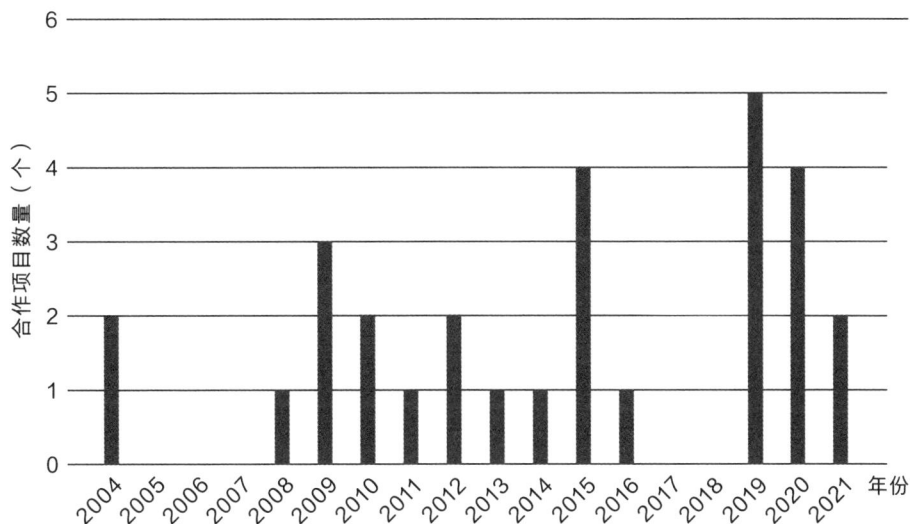

图 6.3 2004—2021 年巴基斯坦国际教育合作项目数量 [1]

英国的高校和教育机构是巴基斯坦最为重要的国际教育合作对象。当前在运行的 36 个项目中，有 33 个是与英国开展的合作项目。除英国外，巴基斯坦还曾与美国、澳大利亚、马来西亚、新加坡、爱尔兰开展教育合作。但随着时间的推移，不少合作项目终止或暂停，目前巴基斯坦经过高等教育委员会认证的国际教育合作项目的合作方主要来自英国、美国和澳大利亚三国的高校和相关组织机构。国际教育合作项目的分布呈现不均衡状态，合作项目集中在国外少数几所高校或组织机构中，如与英国伦敦大学（University of London）和爱德思国际（Edexcel International UK）合作的项目占全部项目的五成之多。巴基斯坦高校国际合作情况一览见表 6.9。

---

[1] 数据来源于巴基斯坦高等教育委员会网站。

表 6.9 巴基斯坦高校主要国际合作情况一览 [1]

国家	国外合作高校或组织机构	国内合作高校或组织机构
英国	牛津布鲁克斯大学	国际注册会计师 英国-巴基斯坦分会
	伦敦大学	Roots 国际学院
		千禧年环球学院伊斯兰堡分院
		千禧年环球学院拉瓦尔品第分院
		千禧年环球学院卡拉奇＆拉合尔分院
		巴基斯坦法律学院
		沙希德·祖尔菲·阿里·布托科学技术学院
		大都会国际联合大学
		拉合尔文法学校
		法律研究学院拉合尔分院
		法律研究学院伊斯兰堡分院
	贝德福特大学	Roots 国际学院
	英博夏尔大学	Roots 国际学院

[1] 数据来源于巴基斯坦高等教育委员会网站。

续表

国家	国外合作高校或组织机构	国内合作高校或组织机构
英国	布拉德福德大学	NAMAL 学院
	创意艺术大学	千禧年环球学院伊斯兰堡分院 千禧年环球学院拉瓦尔品第分院 千禧年环球学院卡拉奇 & 拉合尔分院
	赫特福德大学	千禧年环球学院伊斯兰堡分院 千禧年环球学院拉瓦尔品第分院 千禧年环球学院卡拉奇 & 拉合尔分院
	华威大学	巴基斯坦管理学院
	国际会计师组织	国际注册会计师 英国-巴基斯坦分会
	培生[1]	Roots 国际学院
	爱德思国际[2]	巴基斯坦尼康学院 联邦专业研究学院 格拉夫顿管理学院 布理茨卓越教育

[1] 英国培生公司（Pearson）是全球知名的教育机构之一，专注于教育课件和考试测评，通过科技驱动提供教学服务。

[2] 爱德思国际（Edexcel International）是英国培生公司（Pearson）旗下依托英国教育体系，受到全球认可的学术测评机构，迄今已有 150 余年的历史，为全球师生提供教科书和海量在线资源。

续表

国家	国外合作高校或组织机构	国内合作高校或组织机构
英国	爱德思国际	英国教育培训系统拉合尔办公室 巴基斯坦教育基金会研究生院 商业领导力学院 商业与金融学院
	北方大学联合会	里法国际大学
	苏格兰学历管理委员会	苏格兰学历管理委员会卡拉奇办公室
澳大利亚	南昆士兰大学	巴基斯坦管理发展学院
美国	路易斯维尔大学	诺尔国际大学

（三）高等教育影响力

1. 巴基斯坦高校国内排名

巴基斯坦高等教育委员会发布高等教育机构全国排名，引导高校评估自身实力、促进提升教育质量。巴基斯坦高等教育委员会 2015 年评定出了全国综合排名前十名的高等院校，并对各高校的理工科、商科、医科、艺术设计以及农业兽医等学科分别进行了专业排名，远程教育机构和 2010 年 6 月 30 日之后建立的高等院校共计 41 所不参与排名。高等教育委员会从质量保证、教学质量、科研成果、资金与设施，以及社会参与和社区发展这五个维度对高校进行评估，总分为 100 分。2015 年巴基斯坦前十名的高校排名结果见表 6.10。[1]

表 6.10 2015 年巴基斯坦综合排名前十名的高校 [2]

名次	高校名称	高校类型	所在省份 / 特区	得分
1	真纳大学	公立	伊斯兰堡首都特区	100.00
2	旁遮普大学	公立	旁遮普省	83.28
3	国立科技大学	公立	伊斯兰堡首都特区	80.27
4	农业大学	公立	旁遮普省	78.72
5	阿迦汗大学	私立	信德省	77.28
6	COMSATS 信息技术学院	公立	伊斯兰堡首都特区	76.51
7	巴基斯坦工程和应用科学学院	公立	伊斯兰堡首都特区	74.88

---

[1] 截至 2022 年 6 月，巴基斯坦高等教育委员会于 2015 年发布的国内高校综合排名为当前最新版本。

[2] Higher Education Commission. 5th ranking of Pakistani higher education institutions(HEIs) 2015 [R]. Islamabad: Higher Education Commission, 2016: 3-13.

续表

名次	高校名称	高校类型	所在省份/特区	得分
8	卡拉奇大学	公立	信德省	70.09
9	健康科学大学	公立	旁遮普省	68.00
10	兽医和动物科学大学	公立	旁遮普省	66.78

　　总体而言，巴基斯坦的公立高校实力较强，不同高校间的水平差异较大。在高等教育委员会评选出的全国综合排名前十所的高校中，公立学校占据九所，私立学校仅有阿迦汗大学一所。伊斯兰堡首都特区、旁遮普省和信德省三足鼎立般"垄断"着全国最顶尖的一批高校资源。上述十所高校的得分从 100.00 分至 66.78 分不等（满分 100 分），数据的方差高达81.67，标准差为 9.04，说明国内最具实力的十所高校之间的得分表现差距较大。根据巴基斯坦高等教育委员会公示的排名评分标准，高校的得分由质量保证、教学师资、科研成果、资金设施，以及社会参与和社区发展这五部分的表现计算得出，相关评估指标参见表 6.11。该评分标准没有将学生学业表现和就业情况等要素纳入评价体系中来，并且其具有重量轻质的倾向，受到当地高校的大量投诉，导致高等教育委员会不得不于 2018 年终止这一排行榜的评选和更新。

表 6.11 2015 年巴基斯坦高校排名评分标准 [1]

编号	评分项目	分值
	A 质量保证	15
A1	遵照高等教育委员会制定的标准雇佣教职员工	4

---

[1] MARYAM R, CATHERINE S. The university research system in Pakistan [R]. Islamabad: British Council, 2018: 74.

编号	评分项目	分值
A2	遵照高等教育委员会制定的标准开设和运行硕士项目	1
A3	遵照高等教育委员会制定的标准开设和运行博士项目	1
A4	按照高等教育委员会制定的标准遵守学术伦理和规范	2
A5	高等教育质量保证机构的评价	3
A6	学生获得国际奖项的数量	1
A7	经高等教育委员会认证的院系和项目	2
A8	高校的最新国际排名	1
	B 教学师资	30
B1	全职教师占教师总人数的比率	3
B2	具有博士学位的全职教师占教师总人数的比率	7
B3	全职教师与学生人数的比率	7
B4	新生入学率	4
B5	全职教师参加培训数量（3 年内）	2
B6	具有最高学位的全职教师占教师总人数的比率	2
B7	获得国家奖项的全职教师占教师总人数的比率	1
B8	获得国际奖项的全职教师占教师总人数的比率	2
B9	具有博士学位的新教师占新入职教师的比率（3 年内）	2
	C 科研成果	41
C1	平均每个全职教师在国家注册的专利数量	1
C2	平均每个全职教师在国际注册的专利数量	1
C3	注册专利的商业化情况	1
C4	通过科研创新商业化办公室（ORIC）[1] 建立的大学产业联系数量	2

[1] 高等教育委员会在大学中建立科研创新商业化办公室，扩大对具备科研潜力的高校的资助力度，包括推进科研成果出版发表、机构合作和商业化落地等方面，提升高校的科研能力和水平。

续表

编号	评分项目	分值
C5	博士生占入学学生总人数的比率	3
C6	高校获得的外部资金支持（2013—2014 年获得高于 60 万）	4
C7	平均每个全职教师通过参与境外学术演讲获得的差旅补助（2013—2014 年）	2
C8	高校在学术期刊上的发文量（ISI Web of Science 影响因子期刊和高等教育委员会认证的 X 类 [1] 和 Y 类 [2] 期刊，2013 年）	3
C9	平均每个全职教师在 ISI 影响因子期刊上的发文量（2014 年）	6
C10	平均每篇影响因子期刊论文的引用数量（5 年内）	4
C11	高校 H 指数 [3]	2
C12	高校在 W 类 [4] 期刊上的发文数量（科学类期刊和社会科学期刊）	2
C13	高校在 X 类期刊上的发文数量（科学类期刊和社会科学期刊）	1
C14	互联网带宽的利用	1
C15	数字图书馆的利用	1
C16	高校参加国际会议、工作坊、圆桌讨论等学术活动的数量 [5]	2
C17	高校参加国内会议、工作坊、圆桌讨论等学术活动的数量	1
C18	博士培养量（2014 年）	2
C19	平均每个全职教师的博士培养量（2014 年）	2
	D 资金设施	10
D1	非薪酬支出占总预算的比率	2
D2	高校自有资产收入	2
D3	科研、图书馆等经费支出占总预算的比率	2

[1] X 类期刊指不具有影响因子但被高等教育委员会认可并通过同行评议的期刊。

[2] Y 类期刊指不具有影响因子且未经过同行评议但满足高等教育委员会标准的期刊。

[3] H 指数是评价学术成就的工具和方法。其中 H 代表 High Citation，指高引用次数。H 指数越高，学术成果的影响力越大。

[4] W 类期刊指具有影响因子并收录于 ISI 期刊引文报告中的期刊。

[5] 国际学术活动中至少有 5 位来自国外的会议参与者。

编号	评分项目	分值
D4	平均每位学生的电脑拥有量	1
D5	平均每位全职教师的电脑拥有量	1
D6	平均每位学生的图书拥有量（电子图书资源除外）	1
D7	平均每位学生的外部奖学金数额	1
	E 社会参与和社区发展	4
E1	高校开展的校外活动和社区服务数量	1
E2	高校开展的国际合作、交换项目数量[1]	1
E3	国际学生占学生总人数的比率	1
E4	国际教师占教师总人数的比率	1
	共计 100 分	

　　在上述高校排名评分标准中，质量保证、资金设施、社会参与和社区发展这三项指标的分值占比较小，科研成果占比最高（41%），教学师资占比次之（30%），这说明巴基斯坦对高校的教学与科研两项基本职能十分重视。其一，科研成果下设 19 项二级指标，期刊与专利发表、博士人才培养相关指标占比较高，说明巴基斯坦对应用型、科研导向型高校较为重视。其二，教学师资下设 9 项二级指标，具有博士学位的全职教师占比、师生比这两项的赋分最高，这反映出巴基斯坦面临高校教师队伍建设不足的现实挑战。虽然巴基斯坦目前终止了这一高校排行榜的评选和更新，但是这一套富有本国特色的评价标准仍能够反映出巴基斯坦对高水平人才培养和科研成果的重视，在一定程度上对国内高校的发展具有前瞻性和指导意义。

---

[1] 交换项目指为期 15 天以上的教师交换项目和为期一个月以上的学生交换项目。

2．巴基斯坦高校世界排名

当前，多家院校、机构和企业致力于研究和发布高等院校世界排名榜单，其中具有全球权威性的榜单主要由四家机构提供，分别为 U.S. News 全球最佳大学排名 [1]、QS 世界大学排名 [2]、泰晤士高等教育世界大学排名 [3] 和软科世界大学学术排名。[4]

在上述四个全球高校排名榜单中的前 1 000 名高校中，巴基斯坦共有 3 所高校被收录，分别为真纳大学、国立科技大学和 COMSATS 信息技术学院。上述三所高校 2021 年的排名情况见表 6.12。

表 6.12 2021 年高等院校世界排名中前 1 000 名的巴基斯坦高校

	真纳大学	国立科技大学	COMSATS 信息技术学院
U.S. News 全球最佳大学排名	425 名	987 名	591 名
QS 排名	454 名	355 名	801—1 000 名
泰晤士高等教育世界大学排名	501—600 名	801—1 000 名	601—800 名
软科世界大学学术排名	901—1 000 名	/	401—500 名

[1] U.S. News 全球最佳大学排名，由《美国新闻与世界报道》于 2014 年开始逐年发布。

[2] QS 世界大学排名（QS World University Rankings）由英国国际教育市场咨询公司 QS 逐年发布。

[3] 泰晤士高等教育世界大学排名（Times Higher Education World University Rankings），又称 THE 世界大学排名，由英国《泰晤士高等教育》逐年发布。

[4] 软科世界大学学术排名（Shanghai Ranking's Academic Ranking of World Universities），简称 ARWU，首次于 2003 年由上海交通大学高等教育研究院世界一流大学研究中心首次发布。2009 年该排名榜单由上海软科教育信息咨询有限公司逐年发布。

第二节 高等教育的特点和经验

一、高等教育的特点

（一）高校规模扩张迅速

随着高等教育管理体系的逐步完善，巴基斯坦的高等教育院校规模快速扩大。高等教育委员会发布的数据显示，2002 年巴基斯坦已设立 59 所高校，2014—2015 学年增至 162 所，就读人数相应地从 276 274 人增至 1 295 178 人。[1] 2015—2016 学年，全国共计 174 所高等教育机构，吸纳 1 392 643 名学生入学就读。[2] 根据高等教育委员会最新发布的数据，2017—2018 学年全国共计 186 所高校，入学就读人数增至 1 580 868 人。[3] 与高等教育委员会设立之初的 2002 年相比，巴基斯坦高等教育院校的机构数量在 15 年间增加了 2.2 倍，入学人数增长了 4.7 倍。世界银行数据显示，2003—2019 年，低收入国家高等教育毛入学率仅由 5.2% 提升至 9.4%，而巴基斯坦高等教育毛入学率则由 2.7% 快速提升至 12.2%，增速明显高于低收入国家的平均水平。有关巴基斯坦及低收入国家的高等教育毛入学率具体数据参考表 6.13。

---

[1] 数据来源于巴基斯坦高等教育委员会网站。

[2] 数据来源于巴基斯坦高等教育委员会网站。

[3] Higher Education Commission. University enrollment of year 2017—2018 [R]. Islamabad: Government of Pakistan, 2019: 1-7.

表6.13 2003—2019年巴基斯坦及低收入国家的高等教育毛入学率（%）[1]

年份	巴基斯坦	低收入国家	年份	巴基斯坦	低收入国家
2003	2.7	5.2	2012	9.4	8.9
2004	3.4	5.5	2013	9.7	9.0
2005	4.9	5.9	2014	9.7	9.3
2006	5.0	6.4	2015	9.2	9.3
2007	5.6	6.7	2016	9.0	9.2
2008	5.6	7.2	2017	9.3	9.2
2009	6.8	7.8	2018	9.0	9.3
2010	—	8.4	2019	12.2	9.4
2011	8.3	8.5			

（二）高校职能分化明显

巴基斯坦的公立高校和私立高校承担的职能有所差异。总体而言，公立高校规模较大、重视科学研究，它们大多为综合性学校，学科和专业设置较为全面，下设多个分校校区，提供本科、硕士和博士等多个阶段的学历教育。例如，巴基斯坦规模最大、最古老的公立高校——旁遮普大学于1882年在拉合尔成立，面向本、硕、博各学历层次提供高等教育服务，开设的专业覆盖社会科学、自然科学各类专业领域，在学术科研领域较为活跃。根据学校官网中的数据，旁遮普大学在5个校区中设置19个学院以及138个系、中心和各类下属机构，校内全职教职工共计991名，兼职教职工共计300名，在校学生人数多达49 520人。[2]与公立高校不同的是，巴基斯

---

[1] 数据来源于世界银行官网。

[2] 数据来源于旁遮普大学官网。

坦的私立高校大多规模较小，学科专业相对单一，主要开设商科、信息技术类的专业，以市场需求为导向进行人才培养，科研属性相对较弱。例如，CECOS 信息工程与新型科学大学是一所位于开伯尔–普赫图赫瓦省的私立高等教育机构，聚焦于提供工程、建筑、计算机、商务管理等方面的学位课程，当前共有约 3 000 名在读学生。[1]

（三）高校教师性别差异显著

不论在公立高校还是私立高校中，学校雇佣的男性教师人数都占据绝对优势。根据高等教育委员会发布的官方统计数据，公立高校教师占全国教师总人数的 67.5%，教师男女比例约为 2.1∶1；私立高校教师占全国教师总人数的 32.5%，教师男女比例约为 1.7∶1。此外，拥有博士学位的女性教师凤毛麟角，其人数还不到全体高校教师的一成。在全国高校教师队伍之中，女性教师占比 36.3%，拥有博士学位的女性教师占所有女性教师的 20.5%、占教师总人数的 7.4%；男性教师占比 63.7%，拥有博士学位的男性教师占所有男性教师的 36.7%、占教师总人数的 23.4%。[2] 2017—2018 学年巴基斯坦高校教师博士学位统计情况见表 6.14。

表 6.14 2017—2018 学年巴基斯坦高校教师博士学位统计（人）[3]

	女教师		男教师		总计
	无博士学位	有博士学位	无博士学位	有博士学位	
公立高校	8 684	2 845	11 816	8 667	32 012

---

[1] 数据来源于巴基斯坦 CECOS 信息工程与新型科学大学官网。

[2] 数据来源于巴基斯坦高等教育委员会网站。

[3] 数据来源于巴基斯坦高等教育委员会网站。

续表

	女教师		男教师		总计
	无博士学位	有博士学位	无博士学位	有博士学位	
私立高校	5 009	679	7 273	2 423	15 384
总计	13 693	3 524	19 089	11 090	47 396

二、高等教育的经验

巴基斯坦与其他国家、国际组织积极开展教育合作，特别是与英国在高等教育领域保持着最为紧密的联系。英国拥有牛津大学、剑桥大学等享誉世界的名校，在 2021 年共有 18 所高校位列 QS 世界大学排名中的前 100 名 [1]，其高等教育的综合实力和国际影响力十分强大，是全球学生的理想留学目的地。英国高等教育居于国际一流水平，其高等教育国际化水平也走在世界前列。随着全球化进程的不断深化，英国将自身的优质高等资源作为重要的国际贸易产品和服务对外输出，同时也将其作为国家文化战略的重要内容。在英国和巴基斯坦高等教育合作中，英国保持着绝对优势的地位，是国际教育服务贸易的输出方，而巴基斯坦则是输入方，对英国的学制体系、教材内容、课程标准、师资培训等方面进行效仿和移植。这"一北一南"合作的形态符合现阶段国际教育合作的基本形态，即欧美发达国家向发展中国家输出自身的教育资源和经验。

英国文化委员会通过开展文化、教育、语言培训等方面的国际合作，已与全球 100 多个国家建立联系 [2]，是英国传播自身文化、扩大国际影响力的前沿阵地之一。自 2002 年以来，英国文化委员会与巴基斯坦高等教育委

---

[1] 数据来源于 QS 官网。

[2] 数据来源于英国文化委员会网站。

员会开展广泛而深入的合作。根据英国文化委员会官网显示的数据，该机构已促成 65 个英国机构和 160 所巴基斯坦大学建立伙伴关系，通过教师培训、合作办学、科研合作等方式，为巴基斯坦高等教育机构赋能。[1] 聚焦于合作办学，英巴两国的合作类型可分为三种：其一，交付伙伴关系，即由本土机构收取学费、负责授课和授予学位，外国高校或第三方机构（如英国文化委员会）对教材选用、课程学习和考试评估进行监督；其二，特许经营，即学生在本土完成学业、接受考评，由外国高校或第三方机构授予学位；其三，海外分校，即建设于巴基斯坦的高校完全由外国高校管理、运营，就读于该学校的本土学生可获得与外国大学主校区的学生效力相同的学位。[2]

2018 年，英国文化委员会和巴基斯坦高等教育委员会共同推出"巴基斯坦–英国教育门户"项目，该项目是两国在高等教育领域的重要合作项目之一，由双方利益相关者针对巴基斯坦高等教育系统面临的挑战共同制定解决方案，旨在通过提高高等教育机构的质量来积累人力资本、发展人力资源，从而为两国的知识经济做出贡献。在《高等教育愿景》（2025 年）的引领之下，"巴基斯坦–英国教育门户"项目主要在六个主题领域开展高等教育合作，包括：创新与合作研究、高等教育领导力、质量保障和标准制定、远程高等教育、国际流动、跨境教育。[3] 2020 年 12 月 15 日至 17 日，英国文化委员会和巴基斯坦高等教育委员会以"反思和重塑有弹性的高等教育系统"为主题召开线上会议，回顾"巴基斯坦–英国教育门户"项目的阶段性成果，讨论新冠肺炎疫情对这一教育合作项目的挑战。此外，会议还宣布为巴基斯坦妇女额外提供 50 个赴英留学的奖学金名额，为巴基斯坦贫困女童提供 200 个本土奖学金名额 [4]，支持巴基斯坦高等教育部门制定远

---

[1] 数据来源于英国文化委员会网站。

[2] 数据来源于英国文化委员会网站。

[3] 数据来源于英国文化委员会网站。

[4] 数据来源于英国文化委员会网站。

程教育的政策，不断扩大两国在高等教育领域的合作规模。

巴基斯坦与英国在高等教育领域保持紧密合作关系的主要原因包括以下三点。

第一，两国具有较为深厚的人文基础。英国殖民时期的特殊历史阶段使巴基斯坦与英国存在难以割舍的渊源，在语言、文化等领域的发展受到英国的深远影响。根据英国国家统计局的数据，2020—2021年生活在英国的巴基斯坦侨民约有45.6万人[1]，他们将英语作为第二语言，对英国的政治、经济、文化、教育、艺术等方方面面表现出较强的兴趣。与此同时，英语是巴基斯坦的官方语言之一，也是巴基斯坦同世界其他国家开展国际商贸活动的主要语言。英国文化委员会的研究表明，巴基斯坦国内约有多达8 500万人希望接受英语培训，提升自己的英语语言技能。[2]

第二，两国存在较为密切的经济联系。英国是巴基斯坦在全球的第二大贸易伙伴，双方主要面向纺织品、机械设备、化学品等产品开展紧密的贸易往来。2020年，英国吸收了巴基斯坦出口总额的28%，双方贸易额占巴基斯坦对外贸易总额的14.3%。[3]根据巴基斯坦国际贸易部于2022年6月发布的最新数据，2021年第四季度，英巴两国的进出口贸易总额为31亿英镑，比2020年同期增加了37.2%。其中，英国对巴基斯坦出口总额约为10亿英镑（包括70.4%的产品和29.6%的服务），从巴基斯坦进口总额为21亿英镑（包括71.1%的产品和28.9%的服务）。[4]鉴于英国在经济上处于有利地位，可以通过在商贸、投资、教育、就业等方面提供政策优惠，吸引巴基斯坦青年赴英留学和工作，而大量受过高等教育、能够用英语交流的巴基斯坦劳动力可能在未来为英国带来间接的经济利益。

---

[1] 数据来源于英国国家统计局网站。

[2] 数据来源于英国文化委员会网站。

[3] 数据来源于欧盟委员会网站。

[4] Department for International Trade. Trade& investment factsheets [R]. Karachi: Department for International Trade, 2022: 3-4.

第三，英国在高等教育领域具有显著优势。英国作为高等教育强国，拥有牛津大学、剑桥大学、帝国理工大学等若干所世界名校，具有较强的办学实力。英国高校在全球高等教育领域的品牌影响力以及与巴基斯坦大学的现有联系，为两国深入开展高等教育合作创造了得天独厚的条件。在教育体系建设上，巴基斯坦在独立后整体延续了英国殖民统治时期的教育体系，在学科体系设置、质量评估标准等方面与英国对标，二者教育体系的契合度较高，有利于双方统一标准、开展合作。在领导团队培养上，巴基斯坦高等教育机构中目前约有 97% 的副校长和大约 13 000 名学校管理人员接受"卓越领导"等由英国发起的领导力培训项目 [1]，这些"关键人物"将对巴基斯坦高等教育的未来产生深远的影响。

第三节 高等教育的挑战和对策

一、高等教育的挑战

（一）入学机会不均衡

独立后，巴基斯坦的高等教育毛入学率一直保持在较低水平，远低于全球和南亚地区的平均水平。以 2018 年为例，巴基斯坦仅有 9% 的学生进入高等院校就读，远少于印度 28% 和孟加拉国 21% 的高等教育毛入学率，未达到政策预计的目标。[2] 根据巴基斯坦高等教育委员会的官方统计，当前共有 222 所高等教育机构能够提供学历教育，包括 137 所公立高校和 85 所

---

[1] 数据来源于英国文化委员会网站。

[2] 数据来源于联合国教科文组织网站。

私立高校。其中，超过八成的学生入读于公立学校，私立学校的入学人数仅占全部高校学生的 19%。[1] 高校在各省分布不均匀，其中旁遮普省的公立和私立高等院校最为集中，数量高达 77 所；信德省和开伯尔–普什图赫瓦省高等院校的数量位于全国第二和第三，分别为 62 所和 50 所；其他省份和地区的高校数量较少，具体数据可参考表 6.15。

表 6.15 巴基斯坦高等院校数量（所）[2]

省份	公立高等院校	私立高等院校	总计
旁遮普省	48	29	77
信德省	27	35	62
开伯尔-普什图赫瓦省	37	13	50
伊斯兰堡首都特区	16	7	23
俾路支省	9	1	10
总计	137	85	222

此外，公立和私立高校的学费标准差异较大，大部分学生无法负担私立学校的高昂费用。根据世界银行的数据统计，2019 年巴基斯坦人均 GDP 为 1 284 美元，约合 27.6 万卢比。[3] 公立高校的学费平均约为 6 万—9 万卢比，而私立高校的学费可高达每学期 48 万卢比，二者相差 5—8 倍。为提升高等教育的公平性，高等教育委员会制定目标提升高等教育的毛入学率至 15%[4]，并计划实施多个教育行动，如在欠发达地区兴办学校，为贫困学生提

---

[1] 数据来源于世界教育新闻与评论（WENR）网站。

[2] 数据来源于巴基斯坦高等教育协会网站。

[3] 数据来源于世界银行官网。

[4] Ministry of Planning, Development and Reform. Vision 2025 [R]. Islamabad: Government of Pakistan, 2014: 69.

供财政支持，鼓励发展远程教育，开设社会科学、新闻、艺术等学科专业满足更多女性学生的求学需求。[1] 在未来的若干年内，扩大高等教育入学率、提升高等教育的公平性仍将是巴基斯坦政府需要面对的重要挑战。

（二）高素质人才缺乏

根据高等教育委员会的统计数据，2017—2018 学年，巴基斯坦全国高校共计 47 396 名全职教职员工，其中 14 614 名教师获得博士学位，仅占教师总人数的 30.8%，这一指标远没有达到高等教育中期发展目标（即至少 40% 的全职教职员工获得博士学位）[2]，且师生比低至 1：33[3]，难以保证高校总体的教学和科研质量。2017 年世界经济论坛发布《全球人力资本报告》（2017 年），对 130 个国家的人力资本发展情况做出评估。其中，巴基斯坦在南亚国家中位列第 125 名，排名情况不如斯里兰卡（第 70 名）、尼泊尔（第 98 名）、印度（第 103 名）和孟加拉国（第 111 名）。报告认为，巴基斯坦在高等教育领域的问题主要包括：教材知识较为滞后，大学生技能单一，毕业后难以满足人力市场对人才的实际需求；学科专业的设置缺乏多样性，对跨学科素养培养不足，导致大学生对知识的掌握具有一定局限性，创造性有待提升；入学和就业的性别差异显著，女性接受高等教育的机会少于男性，女性就业率也整体低于男性的就业率水平。[4] 为解决教育质量低下、高素质人才不足的问题，政府在公立和私立高校中组建质量提升小组，定期向高等教育委员会的质量保障部门汇报高校办学的情况，起到引

---

[1] Higher Education Commission. Higher education medium term development framework II 2011—2015 [R]. Islamabad: Government of Pakistan, 2011: 52-54.

[2] Higher Education Commission. Gender and PhD/non-PhD wise full time faculty in HEIs for year 2017—2018 [R]. Islamabad: Government of Pakistan, 2018: 1-5.

[3] 数据来源于世界银行官网。

[4] World Economic Forum. The global human capital report 2017 [R]. Geneva: World Economic Forum, 2017: 9, 14.

导和监督的作用，引导高校专注于提升自身的教学水平和治理能力；增加对高校师生的资助和校园设施的建设投资，提升国内高校的软实力和硬实力，如实施减免学生学费、普及电脑使用、推广电子图书馆和智慧校园等项目。

（三）科研质量不高

近年来，巴基斯坦的科研水平迅速提升，2018 年科研产出同比增加21%，远超孟加拉国、印度等国家，成为全球科研成果增速最快的国家之一。[1] 2013—2019 年巴基斯坦、印度、孟加拉国三国的科研全球排名情况见表 6.16。巴基斯坦科研成果排名由 2013 年全球第 43 名迅速上升至 2019 年全球第 34 名，7 年间排名提升 9 位。印度由 2013 年全球第 7 名提升至2019 年第 4 名，7 年间位次前移了 3 位。孟加拉国由 2013 年全球第 60 名小幅提至第 59 名，位次变化不大。但是巴基斯坦整体科研质量依旧不高。首先，高校教师科学研究能力较弱。目前，巴基斯坦的高校教师主要为非终身聘用的讲师，获得高学历的资深教授十分稀缺。据巴基斯坦高等教育委员会统计，2017—2018 学年，全国仅有 21% 的全职高校教职工获得博士学位，个别高校如拉瓦尔品第医科大学和艺术文化学院甚至没有教师获得博士学位。[2] 其次，科研产出与教师学者的职业晋升和物质奖励紧密挂钩，这一政策催生出大量的造假舞弊现象。[3] 为整治学术不端行为、遏制舞弊之风，高等教育委员会于 2017 年勒令关停了 110 个质量未达标的博士项目。该机构负责人穆赫塔尔·艾哈迈德曾公开表示："虽然困难重重，但是我们将不会继续容忍学术不端的行为。……我们应致力于发展完善全面的教育标准而

---

[1] 数据来源于自然（Nature）网站。

[2] Higher Education Commission. Gender and PhD/non-PhD wise full time faculty in HEIs for year 2017—2018 [R]. Islamabad: Government of Pakistan, 2018: 1-5.

[3] 数据来源于 Propakistani 网站。

不仅仅是关注学校的排名。如果我们的学生没有准备好开始他们的学术生涯，这些排名数字则没有意义。"[1]

表 6.16 2013—2019 年巴基斯坦、印度和孟加拉国科研成果全球排名（位次）[2]

年份	巴基斯坦	印度	孟加拉国
2013	43	7	60
2014	43	5	58
2015	43	5	60
2016	41	5	60
2017	39	5	59
2018	38	5	61
2019	34	4	59

二、高等教育的对策

（一）加强高等教育政策顶层设计

2014 年，高等教育委员会发布《高等教育愿景》（2025 年），明确了未来十年巴基斯坦高等教育的发展目标和改革策略，进一步强调保证高等教育的公平与质量，提升高校的国际竞争力，通过大力培养人才助推国家社会经济发展。为实现上述目标，《高等教育愿景》（2025 年）提出建立高等教育的三层结构模型，打造立体的高素质人才培养体系。面向位于顶层的

---

[1] 数据来源于 Propakistani 网站。

[2] 数据来源于 Scimago 2019 年机构排名。

一流高校即入榜世界大学排名的高校，政府计划于 2025 年之前兴建 20 所一流研究型高等院校，优先支持其农学、艺术、设计、商业、STEM[1]、工程、信息技术、医药健康以及社会科学的学科建设，依托现有资源打造一批国际科研和人才中心，提升巴基斯坦高等教育的国际竞争力和影响力。面向位于中层的二流高校即能够满足社会发展需要的高质量大型综合大学（大多为公立高校），政府计划于 2017—2022 年新建 120 所二流综合性大学，大力发展扎根社区的技术职业院校，巩固全国高等教育事业发展的中坚力量。面向位于底层的三流大学即各所公立高校下设的地方附属学院，政府计划扩大此类高等院校的规模、完善其基础设施建设，计划于 2025 年之前建设 150 所两年制社区学院，毕业生可获得相应职业技术学科副学士学位，缓解人力市场中的技术类人才缺口。[2]

（二）优化高等院校治理体系建设

高等教育委员会是领导国内高等教育发展的重要政府机构，肩负制定规划、落实政策和实施监管等职责。推动高等教育委员会的可持续发展有利于落实高等教育的三层结构模型，加速知识经济的兴起，最终助推巴基斯坦在未来成为中等偏上收入的国家。高校应在高等教育委员会的引领和监督之下，优化自身的治理体系。在领导选聘上，高校在遴选委员会的监督下优化对高校领导的择优选聘程序，考察候选人的教育背景、工作经历、过往评价，聘用有能力对机构发展、学术事务、学生事务等方面负责的副校长和部门领导，并依照法律法规完善本校的组织结构和治理框架。在财

---

[1] STEM 代表科学（Science）、技术（Technology）、工程（Engineering）和数学（Mathematics），STEM 教育即集科学、技术、工程、数学多领域融合的综合教育。

[2] Ministry of Planning, Development and Reform. Vision 2025 [R]. Islamabad: Government of Pakistan, 2014: 6-7, 67-68.

务管理上，支持高校建立机构发展办公室，在副校长的带领下制定和实施筹资计划，通过校友捐赠、社区捐赠、校产投资、知识产权版税收入等不同渠道，开拓多元化的办学资金来源，同时与企业界建立联系，推动商业创新项目的孵化。在校园数字化建设上，鼓励高校积极参与高等教育委员会组织筹办各类培训指导项目，提升高校的技术管理水平，如提升计算机的普及范围、打造虚拟校园网、数字图书馆和在线科研数据库等，帮助更多的高校师生获得使用互联网和数字学习资源的机会，提升其学习和科研的竞争力，促进信息技术与教育的深度融合。

（三）强调高等教育公平与质量

巴基斯坦政府一直将保障教育的公平和质量作为教育发展的核心抓手。在教育公平方面，政府计划于 2025 年将公立和私立高校的规模分别扩张至 195 所和 105 所，共吸纳多达 2 394 640 名大学生入学就读 [1]；于 2025 年提升高等教育毛入学率至 15%，由精英教育阶段逐步进入高等教育大众化阶段，并使国内受过高等教育的人口达到 700 万 [2]；关注入学机会的结构均衡，包括削弱性别间和地区间的不平等，提升高等教育整体的多样性等。在教育质量方面，通过加大培训增强教师的教学和科研水平，重视教师技术素养的提升；制定高校教师的职业发展路径规划，扩大高水平教师队伍建设，巴基斯坦政府预计于 2025 年增加 95 786 名高校教师，鼓励教师赴海外进修，由高等教育委员会资助其中 40% 的教师完成进修并获得博士学位；以提升高等院校的课程质量为突破口，陆续建立国家课程监管委员会、质量提升小组和国家课程审查委员会等组织机构，有条不紊地研发跨学科课程体系，持续完善课程认证体系和质量保障体系建设。

[1] Ministry of Planning, Development and Reform. Vision 2025 [R]. Islamabad: Government of Pakistan, 2014: 24.

[2] Ministry of Planning, Development and Reform. Vision 2025 [R]. Islamabad: Government of Pakistan, 2014: 25.

（四）促进高等教育多元国际合作

巴基斯坦十分重视在高等教育领域开展同海外高校、企业等组织机构的国际合作。一方面，引入国际高质量教育资源。政府积极促成本国高校与其他国家的知名大学开展国际合作，将全球创新的前沿信息和实践经验纳入巴基斯坦的科研中来。通过联合培养学生和教师、引进国际课程和教材、吸引投资改善教学设施、探索科研成果的商业转化模式等方式，于2025年之前在科学技术、信息通信、农业、医药等领域新建15所大学，以拉动社会经济发展为目标培养国家所需的人力资源。另一方面，积极对外输出科研成果。充分利用一流高校的引领带头作用，加速科技、能源、纺织工业等前沿和重点学科的应用研究，并在影响因子更高的国际期刊中发表文章，提升巴基斯坦学者在国际学术领域中的曝光度和影响力。同时，政府对获得国际专利或奖项的研究给予额外的支持和补助，进一步扩大科研成果的国际输出，深化与中国、英国等重要国际合作伙伴的关系搭建和维系，加强科研成果的知识产权保护，逐步由"观点接收者"成长为"观点制造者"。[1]

---

[1] MARYAM R, CATHERINE S. The University research system in Pakistan [R]. Islamabad: British Council, 2018: 139.

第七章 职业教育

巴基斯坦拥有丰富的人力资源。近年来，每年都有大量的巴基斯坦青年人从学校毕业进入劳动力市场。[1] 但巴基斯坦职业教育成果不佳，年轻人的技能水平有限，难以在就业市场中获得国际竞争力。为解决这一问题，巴基斯坦将职业教育列为国家优先发展的事项之一，政府加强和高校、行业、培训机构和私营企业雇主等的联系与合作，颁布《国家"全民技能"发展策略》等计划推动职业教育。建立国际认可的职业教育体系有利于充分发挥巴基斯坦的人口红利，提高国民素质，促进经济增长。

第一节 职业教育的发展和现状

一、职业教育的发展

1947 年独立伊始，巴基斯坦的工业基础较低，只占其全国经济总量的

---

[1] AMINA K, MUHAMMAD U K, MARIA Q. Developing skills in youth to succeed in an evolving South Asian economy: a case study on Pakistan [R]. Islamabad: UNICEF, 2019.

4%。[1] 20 世纪 50 年代，巴基斯坦开始进行工业化改革，并在 20 世纪 60 年代取得较大的进展。为了实现制造业的发展和促进国内经济的持续增长，公共和私营部门需要培训各类技术工人，职业教育部门因此得到了一定的重视。但因为资源缺乏以及历届政府对这一领域的政策承诺不断减少，巴基斯坦职业教育的发展不尽如人意，职业教育培训部门或机构难以满足新兴就业市场的人才需要，这便导致大量农村地区的青年以传统的学徒制的方式学习职业技能。20 世纪 70—90 年代，虽然巴基斯坦受到国际组织和机构的财政援助，职业教育领域有所发展，但整体而言，国内仍旧大量缺乏技能型人才，职业教育体系不够完善。

进入 21 世纪之后，为了系统性地发展职业教育体系，巴基斯坦政府于 2005 年成立国家职业技术培训委员会，引领国内职业教育的改革和一系列相关政策文件的出台。作为技术和职业培训领域的最高机构，国家职业技术培训委员会将总部设于首都伊斯兰堡，并在各省各区下设分局或办事处，起到为利益相关者提供政策指导、监管和协调的作用。2009 年，巴基斯坦高等教育委员会颁布了《国家技能战略》，以满足人力市场的实际需求为导向，向公共和私营部门提供政策指导，营造有利于职业教育的发展环境，提出国内职业教育的具体改革目标并以此促进社会经济水平。2011 年，巴基斯坦颁布《国家职业技术教育与培训法》，该法提出，国家职业技术培训委员会负责制定国家职业技能标准，开发基于能力的课程；编制国家职业资格框架，建立劳动力市场信息系统；制定人力资源开发政策，开展教师培训；开发国际认可的认证体系，加强公共和私营部门的伙伴关系；为技术与职业教育培训机构制定机构标准。同年，国家职业技术培训委员会实施改革，开始草拟《国家职业资格框架》，以确保职业教育的课程质量，

[1] National Vocational & Technical Training Commission. Final report vision 2025 [R]. Islamabad: Government of Pakistan, 2013: 10.

便于职业资格的认证。2013 年，国家职业技术培训委员会公开《巴基斯坦职业教育愿景》（2025 年），该报告沿袭《国家技能战略》等文件的政策导向，以实现就业为最终目标，提出培养全民技能，增强巴基斯坦青年在国际国内人才市场中的竞争力。2015 年，教育部在《国家职业技术教育与培训政策》中指出，该政策旨在协助联邦政府和省政府落实《国家技能战略》，强调政府应通过推广以提升能力为中心的职业培训、引入国家职业资格框架、采用科学有效的管理信息系统、开展职业教育体系能力建设、鼓励雇主企业和职业教育培训机构合作等方式，推进职业教育体系的改革。2015 年，《国家职业资格框架》正式发布，并于 2017 年修订完毕，逐步完善了对国家职业技术人员的管理、培养和评估体系。在上述《愿景 2025 最终报告》《国家职业技术教育与培训政策》的指导之下，教育部于 2018 年发布《国家"全民技能"发展策略》。截至 2022 年 6 月，这一文件是巴基斯坦政府在职业教育领域发布的最新政策文件，确定职业教育发展的关键领域和可行措施，期盼建立起一个充满活力、反应迅速且富有成效的职业教育体系。

二、职业教育的现状

（一）办学目标

巴基斯坦教育部、国家职业技术培训委员会等部门在 2009—2018 年这十年间发布了若干政策文件，并在其中提出了有关职业教育的目标。

其一，《国家技能战略》《国家职业资格框架》和《国家教育政策》（2017—2025 年）这三份政策文件中均提及有关职业教育发展的目标，即通过企业和行业协会的积极参与，设计并实施相应框架，实现从以供给为主导的、有时限的、基于课程的培训向以需求为主导的、灵活的、基于能力的培训和评估体系进行转变。政府应在这一领域实现三大目标，即培养有助于经济发展的技能，改善职业教育的准入公平和可获得性，确保职业教育的质量。

其二，《巴基斯坦职业教育愿景》（2025 年）点明政府在职业教育领域于 2025 年前预计实现的目标：发展现代化和高质量的基于能力的职业教育体系；通过提高职业教育和终身学习的质量，提升青年的就业能力；促进公共和私营部门之间的伙伴关系；改善职业教育技能培训的公平性，对农村地区和弱势群体予以特别关注。

其三，《国家职业技术教育与培训政策》提出了国家职业教育的八大发展目标：大力发展职业教育，积累国家人力资本推动经济可持续增长；集公共和私营部门之合力扩大职业技能培训机会，每年至少培养一百万名毕业生；引入国家职业资格评估认证系统；设计并实施以需求为导向的实用型职业技术培训；建立公共和私营部门的伙伴关系，鼓励雇主提供职业培训并为职业教育改革做出贡献；鼓励个人获得国际认可的职业资格，扩大国际劳务输出；鼓励与民间非正式机构的联系与合作；继续深化职业教育部门改革。[1]

其四，《国家"全民技能"发展策略》指出下列八大领域急需政府进行干预，包括：改善治理体系，提升效率；拓展资金来源，推进改革进程；提升能力，创造更多培训机会；保障质量，符合国家和国际标准；保障公平，为弱势群体提供更多教育机会；加强行业联系，提升青年就业能力；面向国际市场，增加外汇收入；扩大宣传交流，改善职业教育形象。

---

[1] Ministry of Federal Education and Professional Training. Skills for growth & development a technical and vocational education and training (TVET) policy for Pakistan [R]. Islamabad: Ministry of Federal Education and Professional Training, 2018: 12-21.

上述不同政策文件对职业教育发展目标的描述具有一些共通之处，包括重视公平与质量、促进经济发展、展开部门合作与行业联系、以需求为导向并提升能力培养、建立评估认证系统等，这些目标贯穿巴基斯坦职业教育发展的始终。

（二）管理机制

巴基斯坦的职业教育分为正规和非正规教育两大类。与正规的职业教育相比，非正规的职业教育在巴基斯坦更为普遍，劳动者大多通过公司的学徒制或短期课程接受职业技能培训，并由雇主提供资金支持。国内职业教育方面的管理职能主要由 2005 年成立的国家职业技术培训委员会承担，此外，国家培训局、省级职业技术教育部门和省级行政管理部门也在这一领域有所参与，各方职能有所重叠。总体而言，联邦和省级政府共同参与对职业教育政策的制定和实施。在联邦层面，国家职业技术培训委员会以及国家培训局是全国职业教育发展的指导机构。其中，国家职业技术培训委员会制定《国家"全民技能"策略》并开发和实施《国家职业资格框架》，对相关标准和质量保障负有责任。在省级政府层面，培训和职业教育局承担职业教育的具体实施和管理工作，负责私营培训机构的注册手续并对其进行监管。巴基斯坦教育部门在其职业教育政策中指出，国家和省级职业教育相关机构之间的工作关系需要改善，即用更加合作和协商的方式取代等级体系，联邦机构有职责平衡各省职业教育的资源，以促进地区间的公平发展。表 7.1 描述了联邦政府和省级政府在职业教育领域中的职能划分。

表 7.1 巴基斯坦联邦和省政府在职业教育领域中的职能划分 [1]

	联邦政府职责	省级政府职责	评述
政策	(1) 引领国家政策的方向; (2) 确定优先发展的要点; (3) 确保政策能够下达至省级政府。	(1) 发现并研究政策议题; (2) 基于省内的经济发展需求提出政策建议。	省级政府和联邦政府共同参与并商定国家政策。
规范	(1) 参考利益相关者的意见,制定国家标准; (2) 在全国范围内监督标准的实施; (3) 与省级政府商定后,将大部分监管的职责下放给各省; (4) 与各省合作,通过审计保持政策落实的质量以及连贯性。	(1) 为国家标准的制定提供建议; (2) 推动国家政策在省内落地; (3) 对政策实施的合规性和绩效进行监督考核。	联邦政府和省政府共同负责国家职业教育标准的制定,并在监管方面开展合作。
财政	(1) 制定和分配全国和联邦政府下设机构的预算经费; (2) 与利益相关者共同商定后,资助国家优先发展的事项。	(1) 制定和分配预算经费; (2) 在联邦政府的宏观指导下,确定经费优先支持的事项。	(1) 联邦和省级政府在各自的管辖范围内制定和分配预算资金,共同支持职业教育培训的发展; (2) 联邦政府通过向各省提供有针对性的资金,来支持国家优先事项的发展。
实施	(1) 在联邦管辖范围内,直接应用职业教育培训标准; (2) 为国家职业教育系统的发展提供支持服务。	(1) 在国家授权下,通过下属机构的教学实践,应用职业教育培训标准; (2) 与第三方私营培训机构签订合同,提供培训服务。	提供具有成本效益的服务,支持职业教育在全国范围内的发展,包括开展针对培训员、评估员的培训,并对培训成果进行评估。

[1] Ministry of Federal Education and Professional Training. Skills for growth & development a technical and vocational education and training (TVET) policy for Pakistan [R]. Islamabad: Ministry of Federal Education and Professional Training, 2018: 24.

　　为提升职业教育的整体质量、扩大劳务输出的规模，巴基斯坦于 2009 年出台职业教育政策《国家技能战略》（2009—2013 年），与欧盟合作制定符合国际标准的国家职业资格认证体系，并发布《国家职业资格框架》。在国家职业资格认证体系中，中等国家职业证书旨在培养从事多种职业的半熟练工人，包括汽车技术员、电工等工种，满足条件的申请者经由各省质量评估委员会、行业测试委员会或其他享有资质的评估人员进行评估认证。《国家职业资格框架》描述了使劳动者获得相应职业资格所需的能力、资格的级别，以及制定资格设计的标准和程序，包括：建立能力标准；确定学习成果；设计课程；确定评估安排；设置机构认证标准；制定职业教育培训人员的认定标准；确定评估人员的标准；确保巴基斯坦职业教育的资质与国际标准相当；建立质量保证标准和程序，确保职业教育计划的创立和实施符合绩效和审计标准。[1] 职业技能的认证标准由国家一级资格发展委员会制定，受到国家职业技术培训委员会的监督管理，符合国际标准并与欧盟国家的职业教育对标，不论接受正式职业教育还是非正式培训的学生皆可报名申请资格认证。建立国家职业资格框架，有助于为劳动者提供一个灵活的系统来支持其提升职业技能，获得长期职业发展方向的指引，并为雇主提供可供遵循的人员聘用和培训程序。目前，巴基斯坦已为建立国家职业资格框架开展了大量工作，包括设计框架的基本结构，确定关键经济部门的职业标准，准备和实施基于能力的试点培训计划，培训评估人员，以及编写《国家职业资格框架》的操作手册等。

---

[1] Ministry of Federal Education and Professional Training. Skills for growth & development a technical and vocational education and training (TVET) policy for Pakistan [R]. Islamabad: Ministry of Federal Education and Professional Training, 2018: 25.

（三）评估和质量保障

巴基斯坦国家职业资格的评估和认证主要指《国家职业资格框架》，这一资格框架主要按照欧洲的资格认证框架的模式制定，有助于巴基斯坦和世界其他国家和地区的职业资格认证框架相协调，促进其劳动力在国际和地区间的流动。《国家职业资格框架》通过演示、模拟、演讲、作业、项目等多种方式评估候选人的知识、技能和态度，该评估体系的主要目标为证明候选人能够达到国家能力标准的水平，确保评估的公平性、有效性和一致性，以及向合格候选人颁发国家职业资格证书和相应的考察成绩。该框架总体分为八个等级，其中第一至第四等级为职业教育阶段，毕业生将在通过阶段考核后获得国家职业资格证书；第五至第八等级的职业资格框架细则目前仍在开发制定的过程中，第五等级的副学士文凭由资格授予机构评估和颁发，第六至第八等级属于高等教育阶段，学历学位由高等教育委员会负责评估和颁发（见图 7.1）。《国家职业资格框架》详细描述和规定了每一级别的职业技术人员在"知识""技能"

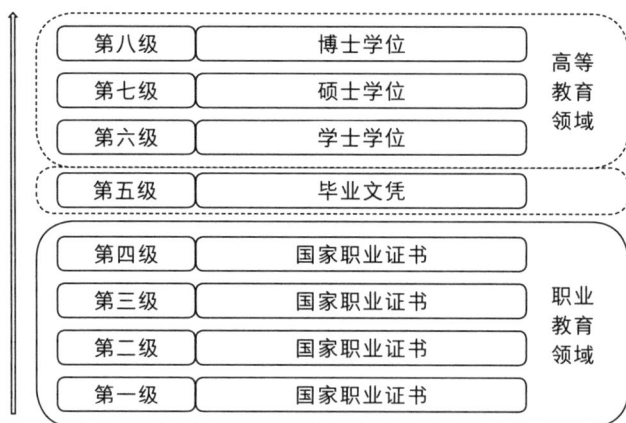

图 7.1 巴基斯坦《国家职业资格框架》各级职业等级 [1]

---

[1] National Vocational and Technical Training Commission. National vocational qualification framework version 2 [R]. Islamabad: NAVTTC, 2017: 2.

和"责任"三方面应该达到的预期成果，设定评估职业能力等级的标准，为课程提供者和学习者提供进阶指南。各级职业技能的目标成果标准详见表7.2。

在质量保证体系建设方面，逐步基于《国家职业资格框架》构建出资格质量保证、培训机构质量保证、评估过程质量保证、管理系统质量保证、监测与评价这五个部分相互关联的评估系统（见图7.2）。

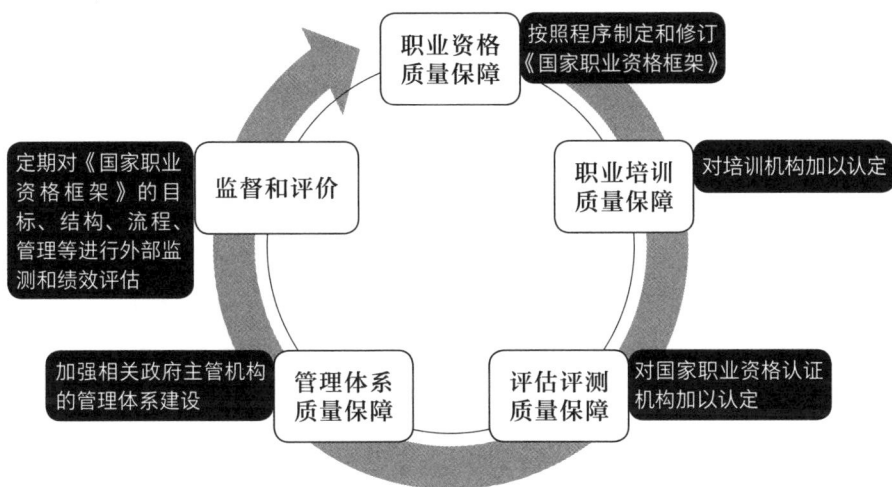

图 7.2《国家职业资格框架》质量保障体系的五大组成元素 [1]

在上述质量保证体系中，职业资格质量保障是指证书资格课程均需按照规定的程序进行开发和修订，培训机构最终须在证书中标明具体的名称、级别、总学分及学时等信息，为学员、雇主和其他利益相关者提供标准化的认证参考。职业培训质量保障是指培训机构需要接受国家职业技术培训委员会、技术教育与职业培训局和资格授予机构的定期评估，证明自身拥

[1] National Vocational and Technical Training Commission. National vocational qualification framework version 2 [R]. Islamabad: NAVTTC, 2017: 16.

表 7.2 巴基斯坦《国家职业资格框架》各级职业技能目标成果标准 [1]

等级	知识	技能	责任	资格类型
1	了解相关领域的基础知识和安全常识。	能够使用简单的方法和工具完成单一任务，实践技能较为缺乏。	能够在上级的直接指导下开展工作，不具备自主处理问题的能力。	国家 1 级职业资格证书
2	了解相关领域的基本事实、工作流程和一般理论。	能够应用基本方法、工具、材料和信息完成任务，具备基本的实践技能。	能够在上级指导下完成工作，具备一定自主处理问题的能力。	国家 2 级职业资格证书
3	广泛了解相关领域的理论知识，能对信息进行处理和解释。	能够完成复杂任务并提出解决实际问题的优化方案，具备广泛适用的实践技能。	能够计划和管理自己的工作并对他人进行指导，承担起项目评估和改进的工作。	国家 3 级职业资格证书
4	系统了解相关领域的理论知识，能够意识到该领域知识的边界所在。	能够完成复杂任务并对抽象问题提出创造性的解决方案，具备综合实践技能。	能够完全负责项目管理的工作，处理突发情况，并对他人进行指导；能够对自身和他人的工作表现作出评估。	国家 4 级职业资格证书
5	掌握相关领域的高级理论知识，能够开展研究分析工作，并能够意识到该领域知识的边界所在。	能够完成复杂任务并对抽象问题提出创造性的解决方案，具备专精的实践技能。	能够将目标分解量化为具体的行动计划；完全负责项目管理的工作，并对他人进行指导，处理突发情况；能够对自身和他人的工作表现做出评估。	副学士文凭

[1] National Vocational and Technical Training Commission. National vocational qualification framework version 2 [R]. Islamabad: NAVTTC, 2017: 20.

142

有开展职业教育所必要的基础设施和教学资源。评估评测质量保障，包括国家职业技术培训委员会在评审手册中规定具体的、标准化的评审标准和程序，并确保国家职业技术培训委员会和资格授予机构培养出一批训练有素的合格评估人员等。管理体系质量保障，即建立起一套符合国际标准的组织质量管理系统，确保职业教育的教学培训和评估服务的适当性和有效性，接受国际质量保证协会同行的审查和监督。监督和评价，即国家职业技术培训委员会与利益相关机构合作对《国家职业资格框架》进行定期的外部监测和评估，确保其目标适宜，管理体系科学有效，资格注册程序、培训机构认证和评估质量标准明确清晰。[1]

第二节 职业教育的特点和经验

一、职业教育的特点

（一）私立职业教育机构多于公立机构

巴基斯坦私立职业教育机构是国内职业教育的重要提供者，整体规模大于公立机构。根据教育部于 2021 年发布《巴基斯坦教育数据统计》（2017—2018 年）报告，2013—2018 年，全国职业教育培训机构数量略有增加，由3 323 所增长为 3 740 所，其中私立职业教育培训机构的数量均多于公立机构，约为公立机构数量的 1 至 2 倍（见表 7.3）。

---

[1] National Vocational & Technical Training Commission. National vocational qualification framework version 2 [R]. Islamabad: NVATTC, 2017: 16-17.

表7.3 2013—2018年巴基斯坦职业教育培训机构数量（所）及占比 [1]

年份	2013—2014	2014—2015	2015—2016	2016—2017	2017—2018
公立职业教育培训机构	997（30.0%）	1 073（29.9%）	1 123（30.0%）	1 139（30.0%）	1 627（43.5%）
私立职业教育培训机构	2 326（70%）	2 506（70.1%）	2 623（70.0%）	2 659（70.0%）	2 113（56.7%）
总计	3 323	3 579	3 746	3 798	3 740

最新数据显示，2018年巴基斯坦职业技术的学校数量为3 564所，全年共计培养超过40万名学生。其中，旁遮普省是巴基斯坦职业教育发展的重要省份和前沿阵地，省内培训机构数量占全国职业教育培训机构总数的47%。如表7.4所示，2018年巴基斯坦公立和私立职业教育培训机构分别为1 590所和1 974所，各占机构总数的44.6%和55.4%，除了旁遮普省私立职业教育培训机构略少于公立机构之外，巴基斯坦其他省份中的私立职业教育培训机构数量均多于本省公立机构数量。

表7.4 2018年巴基斯坦公立及私立职业教育机构的数量（个）[2]

省/地区	公立职业教育培训机构	私立职业教育培训机构	职业教育培训机构总数
旁遮普省	970	702	1 672
信德省	296	421	717
开伯尔-普赫图赫瓦省	137	558	695

---

[1] Ministry of Federal Education and Professional Training. Pakistan education statistics 2017—2018 [R]. Ialamabad: Government of Pakistan, 2021: 40.

[2] AMINA K, MUHAMMAD U K, MARIA Q. Developing skills in youth to succeed in an evolving South Asian economy: a case study on Pakistan [R]. Islamabad: UNICEF, 2019: 45.

省 / 地区	公立职业教育培训机构	私立职业教育培训机构	职业教育培训机构总数
俾路支省	65	86	151
伊斯兰堡首都特区	56	79	135
其他地区	66	128	194
总计	1 590	1 974	3 564

（二）职业技术人才需求显著增大

推动国内外劳动力市场对巴基斯坦职业技术人才需求攀升的原因主要来自于以下六个方面。

其一，国内外劳动力市场对制造业、服务业和建筑业领域的人才需求存在较大缺口。如表 7.5 所示，2018 年巴基斯坦劳动力市场对机器操作专业毕业生的需求最高，年度人才需求高达 29 361 名，但是该年度这一岗位的人才供给仅为 874 名，存在 28 487 名机械操作员的人才缺口。此外，缝纫工、电工、专业厨师、司机、电话接线员、装配修理工、焊工等岗位也存在较为明显的人才缺口，这些岗位对毕业生的年需求量在 1 万至 2.5 万人。

表 7.5 2018 年巴基斯坦劳动力市场中技术人才毕业生的需求和供给状况（人）[1][2]

岗位	人才需求	人才供给	人才缺口
机械操作员	29 361	874	28 487

---

[1] AMINA K, MUHAMMAD U K, MARIA Q. Developing skills in youth to succeed in an evolving South Asian economy: a case study on Pakistan [R]. Islamabad: UNICEF, 2019: 49-50.

[2] SAYED A S, MANSOOR Z K. Comparative analysis of TVET sector in Pakistan [R]. Islamabad: NAVTTC and GIZ, 2017: 28-52.

续表

岗位	人才需求	人才供给	人才缺口
缝纫工	19 420	14	19 406
电工	21 502	6 532	14 970
专业厨师	14 943	1 706	13 237
司机	13 130	797	12 333
电话接线员	10 291	0	10 291
装配修理工	10 345	433	9 912
焊工	18 964	9 250	9 714

其二，巴基斯坦产业集群所在地拥有较高的就业需求。拉合尔是巴基斯坦第二大城市，经济状况较为富裕，是拥有超过 1 000 万人口的重要工业中心，产业集群程度较高。根据 2019 年联合国儿童基金会在《培养青年技能使南亚经济走向成功：巴基斯坦案例研究》报告中的数据，拉合尔的成衣行业每年需要约 2.6 万名技术工人担任缝合工、设计师和进出口官员等岗位。[1]

其三，"中巴经济走廊"相关项目带来较高的就业需求。这一项目于 2015 年启动，旨在加强中国与巴基斯坦两国之间的互联互通，促进两国在交通、能源、基建等各领域的共同发展。巴基斯坦政府为推动"中巴经济走廊"建设，下设拉沙卡伊特别经济区等九个优先经济特区，它们将为巴基斯坦带来包括工程师、建筑工人、维修人员和保安等超过 80 万个就业岗位，并有助于为熟练女工创造更多的就业机会。[2]

[1] AMINA K, MUHAMMAD U K, MARIA Q. Developing skills in youth to succeed in an evolving South Asian economy: a case study on Pakistan [R]. Islamabad: UNICEF, 2019: 10.

[2] AMINA K, MUHAMMAD U K, MARIA Q. Developing skills in youth to succeed in an evolving South Asian economy: a case study on Pakistan [R]. Islamabad: UNICEF, 2019: 10.

其四，国际市场对高素质、高技能劳动力的需求有所增加，2018 年，巴基斯坦约有 38.2 万名技术和非技术工人在海外务工，他们之中有 49% 来自旁遮普省。[1] 该年度国际劳动力市场对巴基斯坦技术工人的需求主要集中在以下岗位，包括：司机、泥瓦匠、电工、钢筋固定工、水管工和装配工。海外务工人员大多选择阿联酋、沙特阿拉伯、阿曼、卡塔尔等海湾国家作为工作或移民的目的地。[2]

其五，信息通信技术部门的人才需求显著增加。在过去十年中，巴基斯坦的通信市场出现显著增长，信息通信技术出口额已超过 10 亿美元，行业内对软件开发人员、程序员的需求也由此不断攀升。根据联合国儿童基金会在《培养青年技能使南亚经济走向成功：巴基斯坦案例研究》中的统计数据，巴基斯坦共计建立超过 2 000 家通信技术公司，这一行业的规模未来将持续增长，但与此同时每年仅有约 20 000 名毕业生获得通信技术工程师职业资格，其就业机会和发展前景较为广阔。[3]

其六，与城市化相关的人才需求上升。巴基斯坦是南亚城市化率最高的国家之一，2015 年其城市化率达到 38.8%，城市化进程的推进无疑大大增加了对技术工人的需求。[4] 随着城市化转型的逐步深入，巴基斯坦目前共有 8 个城市的人口超过 100 万，包括卡拉奇、拉合尔、费萨拉巴德、拉瓦尔品第、木尔坦、海得拉巴、古吉兰瓦拉、白沙瓦，这些城市对建筑工人、司机、清洁工、水电工等具备专业技能的人员需求巨大。[5]

---

[1] AMINA K, MUHAMMAD U K, MARIA Q. Developing skills in youth to succeed in an evolving South Asian economy: a case study on Pakistan [R]. Islamabad: UNICEF, 2019: 10.

[2] AMINA K, MUHAMMAD U K, MARIA Q. Developing skills in youth to succeed in an evolving South Asian economy: a case study on Pakistan [R]. Islamabad: UNICEF, 2019: 34-35.

[3] AMINA K, MUHAMMAD U K, MARIA Q. Developing skills in youth to succeed in an evolving South Asian economy: a case study on Pakistan [R]. Islamabad: UNICEF, 2019: 35-36.

[4] United Nations. World urbanization prospects [R]. Geneva: UN, 2017.

[5] AMINA K, MUHAMMAD U K, MARIA Q. Developing skills in youth to succeed in an evolving South Asian economy: a case study on Pakistan [R]. Islamabad: UNICEF, 2019: 36-37.

二、职业教育的经验

（一）以职业技能发展作为可持续经济发展的关键抓手

职业技能发展是实现"就业、人人获得体面工作和社会保护"的可行路径，成为推动联合国可持续发展目标国际议程的优先领域之一。[1] 巴基斯坦政府认识到，技能建设是实现人力资源开发的重要方式，而投资人力资本将为经济增长作出重大贡献，值得政府予以高度重视。在这一背景下，高等教育委员会于 2009 年发布《国家技能战略》，提出转变人才培养范式，从基于课程的教育向基于能力的培训发展，以市场需求为导向、以就业为最终目的对人才进行职业教育的培养。2014 年，国家规划委员会公开《巴基斯坦 2025 年：同一个国家，同一个愿景》，提出寻求建立起每个公民都有机会改变其生活质量的社会，并将"以人为本：发展人力和社会资本"作为国家教育发展的七大支柱之一。以该愿景为指引，政府逐步出台政策改革学徒制和职业教育机构认证制度、开展技能培训计划、提供就业咨询和实习机会、鼓励青年自主创业、建立国家职业资格框架、激励私营部门在职业教育中发挥更多作用等，以"人"为中心，为巴基斯坦青年营造发展职业技能的良好环境。

（二）以评估认证机制作为提升教育质量的重要保障

巴基斯坦的职业教育培训质量有待提升。一方面，职业教育培训机构和培训教师存在较大缺口，全国各省和地区之间存在职业教育资源分配不均的情况；另一方面，专业培训课程较为过时，所学知识和技能与产业应

---

[1] United Nations. Transforming our world: the 2030 agenda for sustainable development [R]. New York: United Nations, 2015: 19-20.

用相互隔绝，培训内容的实用性不强。为了提高技术人才的培养质量、完善职业教育体系建设，国家职业技术培训委员会牵头制定国家职业资格的评估和认证制度，为各行业设计基于能力的职业培训课程，并在全国各地的职业教育机构中逐步实施。2015年，国家职业技术培训委员会推出《国家职业资格框架》，将职业教育和职业技能培训相结合，确定每个职业资格和不同等级所需要的技能组合，为从事或将要从事技能职业的劳动者提供更为专业、长远、可靠的职业发展路径。与此同时，国家技术与职业培训中心对参与评估活动的评估员进行培训和认证，保证来自公共部门和私营部门的评审员具备专业的知识和相应的资质开展评估活动，提升评估认证机制的公平性和可靠性。[1]

第三节 职业教育的挑战和对策

一、职业教育的挑战

职业教育是解决人口就业问题、促进全国经济增长的重要阵地之一。但是，巴基斯坦人力资源开发水平较低，2018年劳动年龄人口的文盲率高达48.2%[2]，妇女、残疾人等弱势群体难以获得提升其工作技能的机会，国内职业教育培训分布零散、质量参差不齐，对培养学员分析能力、问题解决能力和人际交往能力等软技能的培养重视不足。具体而言，巴基斯坦职业教育的发展正面临以下三点主要挑战。

---

[1] International Labour Organization. State of skills Pakistan[R]. Geneve: International Labour Organization, 2019: 37.

[2] AMINA K, MUHAMMAD U K, MARIA Q. Developing skills in youth to succeed in an evolving South Asian economy: a case study on Pakistan [R]. Islamabad: UNICEF, 2019: 45.

第一，各级各类院校对技术人才的培养十分不足，技术人才供小于求。巴基斯坦每年约有 182 万名学生从学校毕业进入劳动力市场，此外还有 440 万没有接受正规教育的青年正在找寻工作。但是，目前仅有 7.3% 的 15—24 岁的青年群体能够在接受职业教育的过程中受到国家资助，私营部门中仅有不到 10% 的工人有机会接受雇主提供的专业培训，这便导致巴基斯坦技术人才培养与市场需求脱节。此外，巴基斯坦网络信息平台的分类和过滤功能不够完善，招聘人员难以筛选和找到最为适切的候选人，雇主和雇员的需求无法及时、有效地实现对接，进一步加剧了技术人才的短缺。

第二，相关政策难以落实，私营企业不愿提供职业技能培训。虽然学徒法规定了雇主需要履行职业培训的义务，企业也能够通过承担相应义务获得税费优惠，但当前全国仅有约 22 000 名学徒 [1]，由于这一群体的规模较小，因此政策作用发挥得并不明显，政府推动企业开展职业培训的举措有限。许多私营企业雇主不愿意投资员工接受职业技能培训，在对雇员进行职业技能提升方面缺乏指导和建议。据巴基斯坦教育部的统计数据，当前仅有不到 8% 的企业雇员接受相关职业培训，其中大部分没有得到职业资格的认证，究其原因在于雇主认为培训的成本过高而不愿对此进行投资。[2] 即使国内存在一些私营机构以收费的方式提供职业培训服务，但是其规模也远没有达到初等教育、中等教育和高等教育中私营机构的水平。

第三，政府治理能力不足，投入于职业教育的公共资金十分匮乏。首先，政府各部门权责不清，行政效率较为低下。比如，课程等的研发主要

[1] Ministry of Federal Education and Professional Training. Skills for growth & development a technical and vocational education and training (TVET) policy for Pakistan [R]. Islamabad: Ministry of Federal Education and Professional Training, 2018: 26.

[2] Ministry of Federal Education and Professional Training. Skills for growth & development a technical and vocational education and training (TVET) policy for Pakistan [R]. Islamabad: Ministry of Federal Education and Professional Training, 2018: 10.

由技术教育与职业培训局、企业雇主团队或培训机构承担，评估工作须由经批准和认可的认定中心开展实施，联邦政府、省级职业教育机构以及私营部门也会肩负起一部分职能，这就导致职业教育的规划、实施、评估和认定经由多个机构共同负责，缺乏统一的流程和标准，部门之间难以高效地协调各自的工作权责范围。其次，巴基斯坦政府对职业教育的拨款相对较少。当前政府提供的资金仅能服务 15—24 岁中 7.3% 的学生进行职业教育相关的学习和培训 [1]，难以在短期内提升其质量水平。

二、职业教育的对策

为了应对上述挑战，政府呼吁应更多地从提高生产力和竞争力、增加国际汇款、降低贫困水平和增强社会凝聚力等方面进行评估和规划，以提升公共资金的投资效率。在增加拨款的同时，通过竞争决定每年分配给公共和私营培训机构的资金比例，并保障国内职业教育的优先地位，以吸引到更多的国内外资金捐助、鼓励职业技能培训的创新。[2] 由此，巴基斯坦政府出台若干文件，从政策层面对职业教育的发展方向提出倡导和建议。巴基斯坦国家职业技术培训委员会于 2013 年提出了《巴基斯坦职业教育愿景》（2025 年），强调优先关注以下五个方面：发展国家技能信息系统，完善职业教育质量评估框架，建设基于能力和需求的终身学习体系，改革学徒培养制度，以及通过加强培训增加劳动者的职业竞争力。[3] 在这一宏观政策背

---

[1] Ministry of Federal Education and Professional Training. Skills for growth & development a technical and vocational education and training (TVET) policy for Pakistan [R]. Islamabad: Ministry of Federal Education and Professional Training, 2018: 13.

[2] Ministry of Federal Education and Professional Training. Skills for growth & development a technical and vocational education and training (TVET) policy for Pakistan [R]. Islamabad: Ministry of Federal Education and Professional Training, 2018: 33-35.

[3] National Vocational & Technical Training Commission. Final report vision 2025 [R]. Islamabad: NAVTTC, 2013.

景下，巴基斯坦教育部于 2018 年颁布《国家"全民技能"发展策略》。这一文件是该国职业教育发展的路线图，为努力实现《巴基斯坦职业教育愿景（2025 年）》、加快培养国家职业技术人才作出较为切实可行的规划和部署。教育部在文件中指出，国家发展职业教育必须满足十大方面的条件，包括明确的发展规划和各级政府的职能划分、充足的资金、质量保障和评估标准、根据市场需要灵活调整的课程、有效的监测评估体系、相关的许可认证制度、精心设计的测试考评系统、可行的培训机制、与行业的产学联系、职业晋升和学业深造的机会。《国家"全民技能"发展策略》通过八个方面对巴基斯坦职业教育领域的现存问题作出梳理和回应，即明确政府职责、拓展资金渠道、扩展覆盖范围、提高教育质量、保障教育公平、增强企业参与度、增加劳动力输出、改善自身形象。[1]

其一，明确政府职责。巴基斯坦当前的职业教育主管部门缺乏协调机制，相关部门机构重叠、职责不清，各类许可认证和课程标准并未统一，造成各部门在工作中处于混乱状态，各个利益相关者之间难以高效分配资源。基于此，报告倡导各级政府梳理自身的职责内容，并在国家职业技术培训委员会的行政领导下履行职能，包括制定职业教育宏观战略规划，建立国际认可的职业能力评估标准和职业教育质量保障体系，加强基金管理以促进和资助国家技能计划的实施等，以提升政府工作效率、优化资源利用。在联邦层面，国家职业技术培训委员会需要履行促进国家职业教育发展、管理国家技能基金，以及评估认证职业技能这三大功能，促进职业教育高质量、标准化的发展。

其二，拓展资金渠道。多年来，巴基斯坦的职业教育并未受到足够重视，项目发展资金极为匮乏。每年联邦和省级政府提供的公共资金不超过 200 亿卢比，难以满足巴基斯坦庞大的青年人口的职业技术培训需求，迫切

---

[1] Ministry of Federal Education & Professional Training. National "skills for all" strategy [R]. Islamabad: Ministry of Federal Education & Professional Training, 2018.

需要拓展多元化的资金来源以支持行业发展。在这一背景下，政府、企业和个人可通过以下五种方式加大对职业教育的资金投入，具体包括：第一，政府资助模式，即提高政府提供专门用于职业教育的资金预算；第二，社会捐赠模式，即鼓励国际组织等捐款者支持职业教育的发展，减轻政府拨款的负担；第三，行业参与模式，即加强政府与行业的伙伴关系，通过税收政策激励企业承担更多的社会责任；第四，付费培训模式，即将高端科技内容逐步纳入职业教育，吸引学生和家长参加付费课程；第五，设立基金模式，即将一部分资金从工人福利基金等中独立出来，专门建立基金支持职业教育的发展。拓展资金渠道有助于减轻政府的财政负担，动员各类利益相关者以保证职业教育具备稳定的资金来源。

其三，扩展覆盖范围。根据国家职业技术培训委员会的数据统计，除去进入高等教育阶段的学生，全国每年至少有约500万青年亟待接受职业培训，需要至少4.5万个职业培训机构和20万名教师进入这一培训领域。但与此同时，巴基斯坦当前的3 740家培训机构仅能提供43.7万个培训名额，且接受过正规职业教育培训的教师仅有不到2万名，培训机会和教学师资供不应求。短期来看，应充分利用现有资源，包括：完善学徒制的实施，加强私立学校在职业教育领域的作用，增加前沿高端技术培训的内容，探索校企合作的培养模式，为自由职业者提供远程学习系统等。长期来看，应提升职业教育基础设施的数量和质量，包括：建立职业教育发展专项基金，探索设立政府、学校和企业联合管理的职业教育培训机构，创设职业教育工作坊和高端职业技术培训机构等。

其四，提高教育质量。巴基斯坦职业教育的质量较为低下，当前人才培养未能满足本土和国际就业市场的需求。为提高职业教育培训的质量，报告建议全面升级现有培训体系，建立符合国内国际就业市场需求的评估框架，加大政府及私营部门投资于职业教育机构的能力建设，具体包括：建立技能发展卓越中心，引入或开发全新的课程标准，制定标准化质量监测和评估框架，定期审核职业教育人员的从业资格，重视培养学生的企业家创新精神，逐步与国际职业教育体系接轨，促进创新创业技能的培养等。此外，政府计划于 2023 年开始为职业院校或机构的毕业生颁发执照许可，激励其提高自身的职业技能水平。依据学生的职业技能层次，执照许可分为三类：第一类颁发给技能过硬的人员，他们最多可为公司服务五年而无需更新其执照许可，并且能够享受继续教育奖学金等资源和便利；第二类颁发给技能达标的人员，他们需要在两年内参加考试更新其执照许可，也有机会获得奖学金等待遇；第三类颁发给技能不过关的人员，他们会被转交给相关机构进行职业技能的重新评估。提升职业教育的质量有助于更快、更好地培养满足本国市场需求的劳动力，提升巴基斯坦劳动力在国际劳动力市场中的竞争力。

其五，保障教育公平。该报告指出，巴基斯坦女性劳动力参与率仅为24.3%，接受职业培训的男女人数差异明显，女性难以获得劳动力市场信息和就业指导，缺乏提升其职业技能水平的机会。国家通过培养女性职业技能，能够帮助妇女克服职业发展的传统障碍。为保证巴基斯坦女性能够最大限度地接受职业教育，立法规定政府和企业中女性劳动者的最低比例，消除阻碍女性出国务工的法律障碍，制定专项计划为女性提供职业提升和创业课程。此外，报告还对提升职业教育的公平性提出阶段目标，即预计到 2023 年，女性接受职业教育的比例将从 10% 逐步提升至 30%。

其六，增强企业参与度。巴基斯坦职业教育的企业参与度较弱，部分企业对职业教育发展的规划和举措缺乏认识，课堂教学和工作实际相分离。然而，职业教育不是一个孤立的领域，政府需要发挥自身统筹协调的能力，加强各部门联动，共同推动其发展。因此，政府应鼓励公共部门和私营部门更多地参与职业教育的发展实践中来，逐步创建囊括政府部门、培训机构和雇主等利益相关者的职业教育"合作社区"。例如，在联邦和省级政府层面落实学徒制，在各个经济部门建立行业主导的职业技能委员会，系统建设雇主和私营部门领导的职业教育机构管理体系，实施国家职业资格框架并在行业机构中进行标准化的职业培训，鼓励雇主参与制定标准、课程设计、学习和教学材料的认证以及评估过程等。行业、私营部门可以通过组织招聘会、技能竞赛等方式创造公平竞争的环境，挖掘人才并将其与潜在的工作机会相匹配，促进创新创业项目的孵化。

其七，增加劳动力输出。巴基斯坦的青年正面临国际劳务市场的挑战。当前，巴基斯坦的劳动力主要为非技术和半技术工人，工资收入非常低下，工作技能无法满足市场对高技能劳动力日益增长的需求，对年轻人的职业吸引力微弱。为培养符合国际标准的熟练劳动力，国家应加强国家技能信息系统对就业安置和职业咨询的支持，制定海外就业人数量化目标，与其他国家实施职业教育资格框架的互认，为海外就业的劳动力提供职业认证等，最大限度地增加巴基斯坦国际外汇收入。

其八，改善自身形象。在巴基斯坦，人们对职业教育有着一些偏见。比如，认为接受职业教育是学业薄弱的学生和弱势群体的无奈选择，技术工人的社会地位较低且工资待遇不高等，技术工人并不能成为巴基斯坦青年优先考虑的职业选择。因此，想要树立职业教育的正面形象，首先需要解决教学质量和资金支持等问题，为技术工人提供清晰的教育路径，以不断提高他们的技能。近年来，外汇收入已经成为巴基斯坦经济的主要来源之一，培养能够在国际市场稳定流动的高素质劳动力对国内经济的可持续发展至关重要。短期来看，应增强青年人及其家人对职业教育的了解，吸引更多的年轻人以技术工人作为未来的职业发展方向。长期来看，应将职业规划纳入学习课程内容之中，提升职业教育课程质量，并为参与职业教育的学生提供高等教育进修通道。

除了出台上述职业教育相关政策，巴基斯坦政府还在实践层面作出引导。近年来，政府愈发认识到提高劳动力职业技能的重要性和紧迫性，通过采取各种措施改善国内的职业发展水平，着重提升本国职业培训的能力和培训层次。例如，2016 年巴基斯坦联邦政府设立"总理青年培训计划"，拨款 2.2 亿美元，为 20 万名失业青年进行职业技能培训，并投资 2 500 万美元用于促进政府和私营部门的培训合作。[1]

---

[1] 赵静，常非凡."一带一路"背景下中巴开展职业技术教育国际合作大有可为 [J]. 中国经贸导刊, 2018（28）: 14-16.

第八章 教师教育

当今世界，各国在科技、经济等领域的激烈竞争，归根到底是人才的竞争。训练有素且称职的教师是指导学生综合成长的关键人物。因此，教师教育一直以来都是全球关注的热点议题之一。"国家的发展靠人才，人才的培养在教育，教育的关键是教师"成为国际组织及各个国家开展教育行动的底层逻辑。巴基斯坦教师教育肩负着为教育系统培养合格教师的重大职责。

第一节 教师教育的发展和现状

一、教师教育的发展

1947 年 8 月 14 日，巴基斯坦宣告独立。英国殖民统治时期的教师培训机构多设置在印度境内，巴基斯坦国内缺乏相关的机构和教师。为填补教师缺口，学校大多聘用临时教师进行教学，教育质量难以保证。为了摆脱这种状况，政府先后颁布相关教育政策，不断提高教师教育质量，探索适合本民族的教师教育体系。

"国父"真纳深知教育的重要性，他呼吁召开教育大会，为未来教育发展提供方向和指导。1947 年 11 月 27 日至 12 月 1 日，在真纳主持下，首届教育大会召开。真纳对未来的教育发展提出了基本指导方针。[1] 会议强调，为教师开展适当培训，倡导对训练有素的教师的薪金进行调整，并宣布为幼儿园和小学阶段的女教师建立一流的教师培训机构。1951 年，巴基斯坦启动第二次教育会议，提议建立 110 所小学教师培训机构和 26 所中学教师培训机构，提高教师的社会地位，以吸引更多优秀人士从事教师职业。

1959 年 1 月 5 日，巴基斯坦全国教育委员会成立，并于同年发布《全国教育委员会报告》。报告指出"教师是整个教育体系中的根本"[2]，充足的教育经费是国家社会经济发展的前提条件。因此，全国教育委员会牵头呼吁从实处着手，增加对教师培训机构和教师培训的资金投入，改善基础设施和软件条件，并且启动制作各科教师指导手册的计划。[3]

1972 年 3 月 29 日，巴基斯坦颁布《教育政策》。这一政策的主要内容是：夯实巴基斯坦民族概念，普及教育，实现教育公平，促进个体发展，开设基于社会经济现实需求的课程，提高教师、学生和家长参与教学事务的积极性，促进教育机构国有化，分阶段实现全民义务教育，实施大规模的扫盲行动。[4] 在倡导改进教师教育项目方面，政策建议对教师开展中央高级服务培训，并为 1982 年创建教育规划与管理学院提供政策依据。[5] 同时，为了满足各类学校对教师的巨大需求，政策建议增加教师教育机构和项目，引进创新技术以改善教师教育设施。该政策促使巴基斯坦教师职前培养和职后培训机构的数量激增。1982 年，教师教育机构猛增到 4 000 所。除此之外，该政策还建议在初高中课程中引入教育学科，为培养基础教育阶段的

[1] AMNA M，任定成，曹志红. 巴基斯坦科技教育政策的历史和现状 [J]. 科技导报，2019，37（9）：87-93.

[2] Government of Pakistan. Report on the commission on national education [R]. Islamabad: Ministry of Education, 1959: 259.

[3] SHAHID P. Implementation of national education policies [M]. Islamabad: Academy of Educational Planning & Management, 1985: 21.

[4] AMNA M，任定成，曹志红. 巴基斯坦科技教育政策的历史和现状 [J]. 科技导报，2019，37（9）：87-93.

[5] Government of Pakistan. The education policy: 1972—1980 [R]. Islamabad: Ministry of Education, 1972: 1-45.

教师做好准备。这项政策在颁布后得到了很大程度的实施，极大促进了巴基斯坦教师教育的发展。[1]

1979 年 2 月，教育部组织召开全国教育会议，回顾以往教育政策中的得失，制定以伊斯兰宗教观念占主导地位的国家教育政策及实施计划，包括：教育要忠于伊斯兰教信仰；建立穆斯林族群观念；推进科学技术教育；保障教育机会均等等。1979 年制定《国民教育新政策》，该政策至今仍被认为是小学教师培训的准则。其中最为重要的四项政策建议包括：所有小学教师培训机构将升级为初级教师学院，学院工作人员需持有教育学硕士学位或某一学科的硕士学位；将对职前教师教育项目的课程进行审查，并根据调查结果进行及时调整；成立教育规划与管理学院，为教育系统不同层次的工作人员提供在职培训场所；建立国家最佳教师评选制度，每年评选十名最佳教师。[2]

1983 年，巴基斯坦《第六个五年计划》（1983—1988 年）为建立更多的师范教育机构，提高现有师范教育机构运行能力划拨出一笔专项资金，分为经常性支出和发展性支出两类。拨款将逐年增加，总投入为 22.1 亿卢比 [3]，显示出巴基斯坦政府对教师教育项目的重视（见表 8.1）。

表 8.1 1983—1988 年教师教育规划拨款（百万卢比）

年份	经常性支出	发展性支出
1983—1984	12	16
1984—1985	14	20

---

[1] SHAHID P. Implementation of national education polices [M]. Islamabad: Academy of Educational Planning & Management, 1985: 41.

[2] Government of Pakistan, Ministry of Education. National education policy and implementation Program [R]. Islamabad: Ministry of Education, 1979: 63.

[3] Government of Pakistan. The sixth five year plan 1983—1988 [R]. Islamabad: Ministry of Education, 1983: 134.

续表

年份	经常性支出	发展性支出
1985—1986	18	27
1986—1987	20	32
1987—1988	24	38
总计	88	133

1991年4月，巴基斯坦全国教育会议于伊斯兰堡顺利举行。参加会议的人员包括专家、学者、作家、报纸编辑、科学家、一线教师和律师等，就教育政策的制定提出建议。随后，教育部部长与参议院、国民议会教育委员会共同商讨政策框架，并于1992年12月颁布新的《国家教育政策》。其中有关教师教育的内容主要包括：加强教师培训机构建设；积极推进各级教师培训项目的开展；建立国家教师委员会。[1]但由于国家政治形势的变化，该政策并未能真正落实。[2]

1998年3月，《国家教育政策》（1998—2010年）颁布，其教师教育方面的主要措施是进一步设立并加强教师培训机构，修订教师教育课程和教学方法，引进综合评价系统。同时，该政策还包括：强调对教师意识形态方面的教育；提议成立教育公共服务委员会以招募骨干教师；建立国家教师教育学院，每年培训超过300多名教师；定期组织全国教师会议等。[3]

2001年，巴基斯坦政府进行了教育改革，实施全民教育，着重强调提高教师综合素质和教学质量。为解决师资紧缺问题，巴基斯坦成立了教师教育学院、教师培训部等教师教育机构，培训大量教师。然而，由于财政

[1] Government of Pakistan, Ministry of Education. National education policy 1992—2002 [R]. Islamabad: Ministry of Education, 1992: 7.

[2] SHAMI P. A. Education in Pakistan: policies and policy formulation [M]. Islamabad: National Book Foundation, Ministry of Education, 2005.

[3] Government of Pakistan, Ministry of Education. National education policy 1998—2010 [R]. Islamabad: Ministry of Education, 1998: 45-47.

紧缩，这一教育改革并没有完全实施。[1]

2008年，教育部将教师教育列为国家教育政策草案的重要内容，开始积极制定符合国情的教师教育认证制度，提高教师招聘准入门槛和学历水平。例如，建议教育学学士作为小学教师的最低学历要求，初高中教师须获得教育学硕士学位等。次年2月，《巴基斯坦教师专业标准》颁布，该标准包括学科知识、人才发展、伊斯兰民族价值观及社会生活知识、教学设计、教学评价、教学环境、信息技术、合作伙伴关系、专业发展能力及行为规范、英语二外教学等十项标准，每一项标准又包括教师专业知识与理解、教师素养和教学技能三个部分。[2] 该标准的出台为教师教育提出了具体、科学的要求，有助于确保教师教育的规范性并促进其有序发展。[3]

2009年11月，《国家教育政策》（2009年）颁布，对1998年国家教育政策的内容进行修订，重点关注人力资源开发。《国家教育政策》（2009年）被认为是巴基斯坦以往所有教育政策中的最佳版本。该政策的要点包括校舍建设、教材开发、图书馆建设及书籍增补、教师培养、校车制度制定、贫困儿童帮扶、扫盲项目、信息通信技术、科学类科目课程改革等。《国家教育政策》（2017—2025年）[4] 是面向2017—2025年教育发展的综合性指导政策。该政策设立了八个方面的教育目标，其中教师培养仍是关注重点。[5]

虽然上述教育政策可能并未完全执行到位，但在推动巴基斯坦教师教育方面发挥了重要作用。

[1] TAHIRA M, HASSAN A, MALIK A, et al. Teacher education in Pakistan: issues and problems [J]. Online submission, 2020: 8.

[2] 莫海文. 巴基斯坦教师专业标准研究 [J]. 教育评论，2011（1）：159-161.

[3] 孔亮. 巴基斯坦概论 [M]. 北京：世界图书出版公司，2016：273.

[4] Government of Pakistan. National education policy 2017 [R]. Islamabad: Ministry of Federal Education and Professional Training, 2017: 3.

[5] AMNA M, 任定成，曹志红. 巴基斯坦科技教育政策的历史和现状 [J]. 科技导报，2019，37（9）：87-93.

二、教师教育的现状

现阶段，巴基斯坦教师教育主要朝着现代化和可持续方向发展。截至 2019 年，全国范围内共有 217 所教师培训机构，其中 158 所为公立机构，59 所属于私立机构。2017—2018 年，全国教师培训机构共有 3 791 名培训教师，招收学员的人数共计 76 227 名。其中，就职于公立学校的教师为 3 493 人（占比约 92%），在公立学校就读的学员为 70 862 人（占比约 93%）；就职于私立学校的教师为 298 人（占比约 8%），在私立学校就读的学员为 5 365 人（占比约 7%）。在学员的性别构成方面，在教师培训机构进修的男性学员为 48 703 人，女性学员为 27 524 人，男性人数远超女性。[1]

巴基斯坦的师资培养一般由师范学校、师范专科学校、师范学院、大学教育系和教育研究所共同承担，所设课程包括教育管理、教学方法、教育心理学和某些专业科目训练等。师范学校招收高中毕业生，培训 1 年，授予合格者教育资格证书，持有该证书者可任小学教师。师范专科学校招收中间学院 [2] 的毕业生，培训 1 年，授予合格者教育学学士学位，[3] 学位获得者可任初中教师。师范学院通常招收文理科学士，培训 1 年，授予合格者教育学学士学位，学位获得者可任高中教师。大学教育系和教育研究所招收教育学学士学位的获得者，培训 1—2 年，授予其教育学硕士学位，学位获得者可在中间学院任教。教育学硕士如果想进入高等院校任教，则需要通过公共教育委员会组织的应聘答辩。[4]

---

[1] Government of Pakistan, Academy of Educational Planning and Management, Ministry of Federal Education and Professional Training. Pakistan education statistics 2017—2018 [R]. Islamabad: AEPAM, 2019: 21.

[2] 中间学院的任务是向高等院校输送学生，教学上受相关大学的监督和管理。中间学院又被称作预科学院，包括文科、理工、经贸和医学等专业。除了设置与本专业有关的课程外，伊斯兰教教义和巴基斯坦研究也是必修的课程。经过两年学习，考试合格后可进入综合大学或专科学院学习深造。

[3] 该学位为技术学士学位。

[4] 孔亮. 巴基斯坦概论 [M]. 北京：世界图书出版公司，2016：272.

（一）职前教师教育

职前教师教育主要由大学附属的教育与研究所、地区教师教育学院、政府教师教育学院和大学附属的私立研究所和学院等负责。

整体而言，巴基斯坦的职前教师教育，主要包括四年制本科项目和一年半、两年半硕士项目两个教育层次。[1]四年制本科项目是目前巴基斯坦职前教师教育培养最为普遍的一种模式，学生在校期间，主要以修习通识教育和教师专业教育课程为主。该模式以培养服务于学前、中小学和职业学校教师为目标。为提高巴基斯坦学校教师教育质量，硕士层次教师培养项目也逐渐增多。职前教师培养项目日渐多样化，尽可能满足多元文化教育背景与多样化学习者需求（见表8.2）。

表 8.2 巴基斯坦教师教育项目汇总

教育学士学位（一年半）	教育学士学位（两年半）	教育学理学士学位	教育荣誉学士学位	教育文学士学位
教育文硕士（高中）	教育文硕士（基础教育）	教育文硕士（学前教育）	教育文硕士（商业教育）	教育文硕士（职业教育）
英语教学文学硕士	教育研究型硕士	教育研究与评价硕士	科学教育硕士	伊斯兰教育硕士
教育学授课型硕士	特殊教育学授课型硕士	特殊教育学研究型硕士	教育规划与管理研究型硕士	教育领导与管理研究型硕士
体育教育研究型硕士	教育学副学士	特殊教育应用型研究生文凭	教师教育应用型研究生文凭	蒙特梭利学前教育大专文凭
教育哲学硕士	教育学博士			

---

[1] 资料来源于巴基斯坦国家教师教育认证委员会官网。

（二）正规职后教师教育

巴基斯坦的教师培训主要在省级教师教育学院和非政府组织的私营部门中开展。在职教师培训为教师专业的可持续发展提供机会。巴基斯坦教师培训机构主要包括：小学教师学院、教育学院、公立大学研究所 / 院系、教育大学、教师培训中心 / 拓展中心。[1] 培训结束后，学员教师可以获得初级教师资格或高级教师资格证书。持有初级教师资格证书者有资格任小学教师，持有高级教师资格证书的有资格任中等学校教师。

（三）非正规职后教师教育

非正规教育和远程教师教育也在巴基斯坦逐渐成长壮大。伊克巴尔开放大学采用多媒体技术和教育技术，为居住在巴基斯坦偏远地区的教师提供专业培训，并授予合格教师学位证书。萨尔哈德大学则以开展远程教师教育项目为专业特色。萨尔哈德大学将 20 所开伯尔–普什图省高等教育机构、3 家伊斯兰堡高等教育机构和 3 所位于中东海湾地区的高等教育机构联合起来，共同开展远程教育课程，并受高等教育管理局监督。

---

[1] MALIK S K, UROOJ T. Status of teacher education in Pakistan: a problem centered approach [J]. Leadership management, 2012, 46: 8581-8586.

第二节 教师教育的特点和经验

一、教师教育的特点

（一）教师教育大学化

教师教育机构是教育和社会转型变革的关键推动者。巴基斯坦教师教育大学化成为一种普遍的发展趋势。目前，巴基斯坦学前教师和中小学教师教育一般在政府初等教育学院（由原来地方教师教育机构升格而成）、省立教育学院、综合大学的教育院系、教育大学等教师教育机构进行，[1] 由学科教师和教师教育者开设教育专业课程，为师范生提供实习机会。教师教育大学化，有助于提高教师教育生源质量，提升毕业生学历层次；使教师教育学科规范化，学科知识、教育学知识、教学技能体系化发展。除此之外，巴基斯坦整个教师教育系统更为多样化，建立起了更为开放的模式，把职前培养、职后培训、校内教育和校外实习逐渐统一起来，形成一个完整闭环，具有连贯性，教师教育质量有所提升。

（二）教师受到国家重视

教师处于巴基斯坦国家教育的中心位置。为提高教师教育质量，自1947 年以来，巴基斯坦基础教育改革重视教师教育领域。比如，1992 年《国家教育政策》目标中提到，旨在通过在职教师培训，提高教学的质量。《国家教育政策》（1998—2020 年）中的主要措施有：努力解决教师紧缺的问

---

[1] 莫海文. 巴基斯坦中小学教师教育问题探析 [J]. 外国中小学教育，2011，（2）：57-61.

题；为在职教师、教师教育者和教育管理者提供不同层次的训练；延长培训时间，提高职前教师教育质量；通过激励机制，让教师行业成为吸引人才的行业；作好政策规划，制定职前、在职教师发展框架等。2001—2006年教育改革行动计划中提出教师资源行政区，投入25亿卢比，在2001—2005年建立500个教师资源中心，为相对分散的在职教师提供培训等，为教师教育发展提供坚实的制度保障和资金支持。

（三）其他组织积极参与教师教育项目

非政府组织为巴基斯坦学校的基础设施建设和维护提供援助。"望远镜"非营利性组织与信德省政府、芬兰赫尔辛基大学和卡拉奇大学合作，专注于研发教师教育课程和传授教职工专业知识和教学法，为卡拉奇大学教师教育学院建设成为巴基斯坦国内领先的教师教育学院贡献了力量。[1]

阿迦汗大学教育发展研究所于1993年在卡拉奇成立，旨在提高巴基斯坦和其他发展中国家的教育质量。截至2018年，阿迦汗大学教育发展研究所通过学位和非学位课程培养了超过36 000名教育工作者，将教师、教师教育者、教育研究人员和教育领导者培养成为教育变革的推动者，直接或间接地影响了教育政策的提出和实践。同时，该研究所将教育研究作为工作的另一重要组成部分，设立研究和政策研究部与国内和国际著名大学合作，对教育政策进行分析并产出高质量成果，帮助各省教师实现可持续性的专业发展目标。[2]

---

[1] 资料来源于Durbeen官网。
[2] 资料来源于阿迦汗大学教育发展研究所官网。

二、教师教育的经验

（一）坚持教师教育改革的专业化发展路径

巴基斯坦一直在探索自身的教师教育价值取向，努力构建适合本国国情的、具有典型特征的教师教育体系。虽然仍无法比肩发达国家，但巴基斯坦当前的教师教育体系建设已经取得了长足的进步。巴基斯坦在独立后明晰了教师的角色定位，教师培养逐渐走向专业化，即对教师培养提出独特的职业要求和职业条件，设置专门的培养制度和管理制度。就教师个人而言，个体通过职前培养，从一名新手逐渐成长为具备专业知识、专业技能的成熟教师，实现了专业的可持续发展。

（二）建立教师教育质量保障体系

教师质量是巴基斯坦政府一直以来关注的重点。为提高教师教育质量，巴基斯坦通过一系列具体措施，逐渐建立起了教师教育质量保障体系。

1. 成立国家教师教育认证委员会

国家教师教育认证委员会成立于 2006 年，旨在制定一套国家教师教育认证标准、评价工具和程序，对教师教育项目进行认证，并提供必要的专业支持。教师教育认证是一个质量保证的过程。先由项目实施机构开展自我评估，随后由外部人员进行第三方评估，确保评估的客观性和科学性。截至 2021 年 11 月，该委员会已经认证通过 433 项教师教育项目，其中公立机构认证项目为 288 项，私立机构认证项目为 145 项。[1]

---

[1] 资料来源于巴基斯坦国家教师教育认证委员会网站。

2．颁布《巴基斯坦教师专业标准》

在美国国际开发署的资助下，巴基斯坦联邦教育部和联合国教科文组织一起实施加强教师教育的项目，并于 2009 年 2 月颁布了《巴基斯坦教师专业标准》。该标准主要针对小学新教师，也适用于中学教师和其他教学工作者，为教师教育提供了详细、统一的标准与要求。其主要内容包括：学科知识、人才发展、伊斯兰民族价值观及社会生活知识、教学设计、教学评价、教学环境、信息技术、合作伙伴关系、专业发展能力及行为规范、英语教学十项标准，每一项标准又包括教师专业知识与理解、教师素养和教学技能三个部分，其主要内容如下。

学科知识。要求教师熟悉国家课程大纲及所教学科的基本概念和理论，探索新理念、新概念、新发现和学科间的联系；促进学生掌握新知识，将知识与现实世界相联系，尊重学生的个体差异，培养学生的自信心和学习能力；注意教学的方式方法，能从多角度解释问题，恰当使用提问策略和生活实例向学生传授知识，提高教学效率。

人才发展。了解学生学习知识的方式及学校、家庭和社会环境对他们的影响，促进学生智力、社会阅历、心理和生理等的全面发展；清楚学生构建知识、习得技能和发展心智的过程与方法，了解学生的个人经历、智力和知识基础，以及社会价值观对学习的影响；了解学生个人的学习能力和学习风格，通过激励策略提高学生课内、课外解决问题的能力；相信所有的学生都具有学习潜能，可以掌握知识；公平对待每一位学生，尊重每一位学生，使每位学生都获得进步。

信仰伊斯兰教的民族价值观及社会生活知识。了解信仰伊斯兰教的民族的价值观、伊斯兰教的宗教仪式、伊斯兰教与其他民族信仰的联系，运用相关知识促进世界和平、国家统一与社会稳定；尊重宗教信仰的差异和文化的多样性，用对话解决争端；尊重学生的个人观点，运用伊斯兰教的相关知识解释社会问题，为学生创设安全的学习环境。

教学设计。做好长期和短期的教学计划，利用教学策略培养学生的批判性思维，提高学生的综合技能。了解教育目标、学科课程大纲、教学设计和学习规律，利用课程资源、现代教育技术、教学策略、教学方法及课外活动等促进学生的学习；根据学生的学习阶段、学习风格、学习需求、文化背景等设计教学内容，选择课程资源，布置家庭作业和课外活动，培养学生的跨学科能力。

教学评价。理解相关的评价理论，通过不同的评价方式了解学生的学习情况，促进学生的学习和教学改革；客观、公正地评价学生，多与学生家长沟通联系，并给予学生积极的反馈；采用多种数据分析学生的学习情况，详细记录学生的评价数据，帮助学生做好自我评价。

教学环境。尊重学生，创设安全、积极向上的学习环境，积极参与学生的互动性学习活动，引导学生进行自我激励，以有效的课堂管理策略促进学生之间的合作学习。

信息技术。学校教职工能够有效运用计算机技术加强与学生及家长之间的沟通与交流；教师能够运用计算机进行授课、开展教学评价和科学研究；学校管理人员及教师能够使用现代教育技术，做好学生的档案更新、测试考评、作业批改及在校评价等工作。

合作伙伴关系。促进学校与家庭、社区、监护人及其他成员的合作，共同促进学生进步；充分利用家庭和社区资源帮助学生学习，丰富学生的学习体验。

专业发展能力及行为规范。遵守专业行为规范，通过教学反思积极促进自身专业发展；加强与高校的联系，有效提高教学质量；把专业反思、评价和学习作为一种持续的过程，加强与同事的合作，分享成功经验。

英语教学。能够用英语授课；了解英语教学的方法、英语学习的步骤及主要困难，消除对使用英语进行教学，以及学习英语的偏见；能够使用英语及乌尔都语进行教学，理解和分析英语学习中的问题，通过听、说、读、写各方面的练习提高学生的英语交际能力；根据教学大纲，运用教学理论改进英语教学。[1][2]

这十项标准为教师教育提供了具体、科学的指导，有助于确保教师培训的规范性和一致性，促进教师专业健康发展。

（三）设置巴基斯坦教师教育管理机构

巴基斯坦的教师教育管理机构主要包括教育行政部门、各类教师教育机构和高质量教师组建的团体和组织。首先，联邦教育和专业培训部、高等教育委员会和省级教师教育委员会是教师教育政策的制定者、执行者和资助者，为教师教育的发展提供制度保障和资金支持。其次，大学的教师教育学院或教育学院是开展教师教育的主力军。最后，由专家型教师组建的社会团体和组织也参与教师专业发展活动，并以其成员的广泛性和指导工作的专业性获得了教师的认可。

---

[1] Pakistan Ministry of Education. National professional standards for teachers in Pakistan [R]. Islamabad: Pakistan Ministry of Education, 2009: 1-18.

[2] 莫海文. 巴基斯坦教师专业标准研究 [J]. 教育评论，2011（1）：159-161.

第三节 教师教育的挑战和对策

一、教师教育的挑战

（一）教师教育资金分配不合理

巴基斯坦政府对教育部门的财政拨款不足。教师教育是教育必不可少的组成部分，但由于财政拨款不足而一直受到不利影响，比如教师教育培训机构的基础设施建设和教材、教具以及辅导材料的缺乏等都影响着教师教育的高质量输出。除此之外，虽然国际组织和其他国家大力资助巴基斯坦发展教师教育，然而各省、区政府未能合理利用这些资金。多个国际组织都主张对各项捐赠项目进行综合协调，避免资源浪费，但这些倡议大多没有得到落实，造成教师教育高投入、低产出的现状。此外，培训教师的费用较高，这些费用用于教师教育者的工资及报酬的比例偏多，而用于改善教学设备、教学材料和各种参考资料的费用占比较少。

（二）教师教育机构所录取的学生质量不高

教师教育专业未能吸纳巴基斯坦的优秀人才。这些人才大多偏向从事医生、律师或工程师等行业，或者进入政府部门担任公务员，有些甚至移民到西方发达国家，而非加入教育这一领域。因此，巴基斯坦的教师队伍整体素质不高，农村或偏远地区尤甚。成为教师的人才也可能会因工资低、政局不稳、工作条件恶劣和缺乏基础设施等原因而经常缺勤甚至离职，造成教师资源短缺。

（三）教师教育者综合能力欠佳

教师能力欠佳是教师教育质量低下的一个重要原因。巴基斯坦教师队伍中的大量教师因自身专业水平和教学技能的不足而无法胜任教学工作。虽然当前大部分国际援助项目能够在一定程度上增加教师的培训时间，但仍然未能从根本上提高教师的专业水平，教师教育者的素质急需提高。教师教育有时未能将学科知识和教学技能有机结合，出现理论和实践的分离。[1] 大学中的教师也存在类似问题。2013 年前，几乎三分之一的大学教师教育项目中没有教授职称的教师。例如，俾路支省的所有大学中甚至没有拥有教育学博士学位的教师。并且大学中教授教师教育的教师自身欠缺中小学教学实践，只关注教学理论，这也是造成职前教师理论与实践相脱钩的原因之一。[2]

（四）教师教育机构缺乏协调性

由于巴基斯坦教育管理权已经下放至各省，巴基斯坦各省自行组织教师专业培训项目，不同项目独立运行，机构之间几乎没有合作，项目质量方面也普遍存在差距。教师参与培训后鲜有相关政府机构或学校就培训项目专题和参与教师姓名等信息进行记录，出现有条件的教师参与多种教师培训项目，而一些教师则几乎从未有机会参与培训的情况，进而造成资源浪费和分配不均。[3]

---

[1] 莫海文. 巴基斯坦中小学教师教育问题探析 [J]. 外国中小学教育，2011（2）：57-61.

[2] MOHAMOOD K. The silent revolution: rethinking teacher education in Pakistan [J]. Journal of research & reflections in education, 2014, 8(2): 146-161.

[3] MALIK S K, UROOJ T. Status of teacher education in Pakistan: a problem centered approach [J]. Leadership management, 2012, 46: 8581-8586.

二、教师教育的对策

（一）构建独立自主的教师教育体系，切实落实相关政策

多年来，巴基斯坦的诸多改革都未能改变国内教育质量低下的局面。虽然国外机构对巴基斯坦的教育给予了大力支持，一定程度上对提高学生入学率、减少文盲比例、提高教师综合素质和教学质量有着积极意义，但是这些援助仅能产生短期效应。单单企图依靠教育机构提供培训来解决教师教育问题本身就存在严重误区，给教师提供职前和在职培训并不能从根本上解决问题。因此，巴基斯坦政府在制定政策的同时，还应采取积极措施具体落实相关政策，提高教师职业的吸引力，才是解决巴基斯坦教师教育的关键。

（二）抓住真问题，开展积极有效的教师教育改革

教师教育改革应包括多个方面，包括职前教师教育和资格标准、专业发展、教师报酬、职业地位、教师教育机构和教师人力资源的管理等。巴基斯坦政府应加强对教育机构的管理，建立一个国家级的教师教育管理委员会和评价体系来监管教师教育政策的实施，促进教师教育机构内部改革，保障教师教育的质量。各个教师教育机构还应通力合作，加强与高校的联系，提高教师教育者的教学水平和服务质量，培养高素质的中小学教师，促进教师专业发展。同时，教育部门、学校领导和资深教师对教师教学技能、专业知识定期进行常规性的评价，激励教师不断进步。另外，绝大部分教师教育机构都非常简陋，急需维护，需要投入专门资金改善教学条件、增添现代化设备，为教师教育提供一个良好的教学与学习的环境。根据需要，政府应制定和实施教师专业发展的激励政策，如提薪、增加补贴、提高

住房条件、改善生活和教学条件、提供升职机会等，为教师创设舒适的工作和生活环境，提高教师的工作热情和积极性。教师在政策制定方面应该有所作为，积极参与政策的制定，让政府更好地倾听教师专业需要发展的声音。[1]

（三）加强国际合作，提高教师质量

教师教育改革是一项复杂而艰巨的工程，仅依靠巴基斯坦自身的教师培训和教师标准是无法解决的，国际化的教师教育合作成为趋势。只有加强巴基斯坦政府、国际组织、其他国家教育机构及教师等多方面的国际合作，弥补巴基斯坦教师在质量和数量方面的差距，建立教师质量保障体系，提高教师的社会和经济地位，增强教师事业心和职业责任感，让教师成为自己专业发展的主人，才能有效地促进教师专业可持续发展。

---

[1] 莫海文. 巴基斯坦中小学教师教育问题探析 [J]. 外国中小学教育，2011（2）：57-61.

第九章 教育政策

国运兴衰，系于教育；教育振兴，政策先行。坚实、连贯、健全的教育政策和规划是建立现代化可持续教育体系、实现教育发展目标的基石。独立之后，巴基斯坦政府颁布一系列教育政策等官方文件，经历了政策形成期、发展期和完善期的发展历程与轨迹，在不同历史阶段一定程度上为巴基斯坦的教育发展指明了前进的方向，对促进联邦和各省教育的发展起到了举足轻重的作用。

第一节 基本教育政策和具体教育政策

教育政策是巴基斯坦联邦政府为实现教育目标而制定的行政准则。教育政策根据其内容又可分为基本教育政策和具体教育政策。基本教育政策提出教育发展的总目标、原则以及教育各层级目标的政策规定文本，对教育发展起战略指导性意义。其表现形式多为倡议、决议、命令、指示、通知、意见等。具体教育政策是针对教育工作中的某一方面而制定的，是对基本教育政策中某一块内容的具体实施。

一、基本教育政策

巴基斯坦基本教育政策起提纲挈领的作用，为各级教育部门的行动提供方向。巴基斯坦建国以来，几乎每新上任一届政府，该政府便会颁布基本教育政策，表现了各届政府对教育议题的重视。

巴基斯坦第一届教育大会于 1947 年 11 月 27 日至 12 月 1 日在卡拉奇举行，由时任巴基斯坦总督穆罕默德·阿里·真纳主持召开，会议决定：任命法扎尔·乌尔·拉赫曼为教育部部长；成立基础教育委员会、科学研究和技术教育委员会、大学教育委员会、文化委员会、职业教育委员会、妇女教育委员会、成人教育委员会，所有委员会成员负责审查教育系统的现有漏洞，并为提高国家教育质量提出切实可行的建议。会议讨论通过《国家教育政策》（1947—1959 年），为巴基斯坦重塑教育体系，以及制定未来教育发展规划提供了基本指导方针。该政策主要确立了巴基斯坦独立后教育发展的主要原则，主要包括应在伊斯兰价值观下开展教育活动；将道德、社会和就业因素纳入教育体系；关注基础教育发展；重视体育教育和高校军训；解决文盲教育和妇女教育问题；建立教育咨询委员会等。同时为教育发展提出重要建议，主要包括：应提供六年制免费义务教育，并应在未来逐步延长到八年制；鼓励私营部门为 3—4 岁的儿童提供学前教育；教育应建立在伊斯兰教教义的基础之上；各省应采取必要的措施来培训教师。此外，国家语言为乌尔都语；在教育机构中应特别强调体育活动；省政府和学校应为成人开设专门课程；小学阶段应根据当地需要实行男女同校；中学阶段应该为女生提供单独的学校，并将家政学作为必修课；应在学校为女生提供教育设施，为贫困学生提供助学金；建立一个中央伊斯兰研究所，根据现代需要组织和促进伊斯兰研究等。

根据 1958 年 12 月巴基斯坦政府批准的一项决议，第二任巴基斯坦总统阿尤布·汗于 1959 年成立国家教育委员会，主要职责为改进教育系统，为国家发展服务。1961 年，该委员会在进行广泛研究和调研、吸取专家和民众意见后，向总统提交《国家教育委员会报告》。该报告从中小学教育、高等教育、宗教教育等维度，对教育目标、学制、课程设置、教师培训、学生成就评价和教师综合评价、硬件设施等方面提出改进意见。

巴基斯坦政府在国家教育委员会的推动下提出了《第三个五年计划》（1965—1970 年），也称为《新教育政策》，在巴基斯坦第三任总统阿迦·穆罕默德·叶海亚·汗组织下颁布。该计划以为基础教育提供更多的预算拨款为重点。按照计划，巴基斯坦政府为基础教育拨款 26.52 亿卢比。除此之外，该计划还强调了科学技术教育，以便为国家培养技术人才。该政策还宣布以 1980 年为目标，实现普及免费初级义务教育的目标。

《国家教育政策》（1972 年）由巴基斯坦第四任总统佐勒菲卡尔·阿里·布托于 1972 年 3 月 29 日颁布。该教育政策被认为是真正意义上的"教育系统变革贡献者"，致力于建立一个满足大众需求的教育体系，实现教育现代化的同时，传承宗教精神。此外，该政策旨在解决当时面临的主要教育挑战，如教育制度僵化，不能真正为相关利益群体服务；只有国家精英特权阶层才能享受到受教育机会；教育支出主要用于硬件设施建设，但对软件设施，比如教材等的投入很少等。政策的主要目标是维护巴基斯坦的意识形态；通过教育形成国家凝聚力；培养青年人的领导力；在尽可能短的时间内解决文盲问题；通过为妇女、贫困群体和特殊儿童提供特殊设施，实现教育机会均等；设计与新兴社会和经济需求相关的课程；提供全面的学习计划，将普通教育和技术教育结合起来；为教育机构提供学术自由和适当的自主权；确保教师、学生以及家长和社区代表积极参与教育事务等。除此之外，该政策对小学教育、中等教育和高等教育三个教育层级进行了具体规划；提出建立教育卓越中心、地区研究中心、巴基斯坦研究中心、国家图书基金会等建议，为教育发展提供组织支持。

《国家教育政策》（1978 年）是在巴基斯坦第六任总统穆罕默德·齐

亚·哈克担任总统期间出台的。该政策敦促大力发展宗教教育，以培养巴基斯坦人民，特别是巴基斯坦青年对伊斯兰教和巴基斯坦的忠诚为目标。让每个学生认识到，作为巴基斯坦国家的一员以及伊斯兰世界的一部分，他们应该为穆斯林同胞的福利做出贡献。该政策为男女提供平等的教育机会提出政策保障，承诺在巴基斯坦各地为男性和女性设立独立的教育机构。同时，宣布乌尔都语为教学语言；促进和加强国家的科学、职业和技术教育、培训和研究。

《国家教育政策》（1992 年）于 1992 年 12 月颁布。该政策主要包括：通过教育宣传伊斯兰教教义；改善女性教育；根据时代需要编制课程；该政策开始重视研究生的培养，决定扩大巴基斯坦研究生人数和研究生学习时间。

《国家教育政策》（1998—2010 年）是在巴基斯坦第十任总统佩尔瓦兹·穆沙拉夫总统的组织下推出，并于 1998 年 3 月开始实施。该政策的具体目标主要包括：通过普及基础教育，提升识字率；提供优质教育；鼓励私人投资教育；使教育具有目的性和工作导向性；确保高等教育的质量；改革考试制度；发展有效的分权教育管理；关注教师供需关系，提高教师教育的质量；普及初等教育；持续进行课程研发；发展全国的技术和职业教育等。

《国家教育政策》（2009—2015 年）由巴基斯坦人民党推出。在该党上台之前，这项教育政策的准备工作已经开始。该教育政策的重点是学前教育，建议 3—5 岁的儿童在接受一年级正规教育之前必须接受学前教育，使他们能够做好教育过渡和准备。而在这之前，几乎所有的教育政策中都忽略了学前教育这一教育层级。该政策提出，非正规教育是所有成年人接受教育的有效途径，有助于提高国民识字率。除此之外，教育政策目标的实现需要六大支柱支持，即教师、课程、教科书、评估、学习环境和将教育作为生活中的重要元素的理念。

《国家教育政策》（2017—2025 年）在 2017 年提出并实施。该政策主要目的是为了增加巴基斯坦公立学院和大学的数量和规模，并在各地建立更多的学院和大学分校区。此外，该政策建议私立大学提高其教育标准，并扩大虚拟教育的发展。同时，巴基斯坦这项教育政策也注意到了特殊教育，计划到2025年吸纳50%的特殊儿童入学，还为巴基斯坦特殊教育分配了5%的专项预算。

《国家教育政策框架》[1]由巴基斯坦联邦教育和专业培训部于2018年颁布。该框架指明巴基斯坦教育所面临的挑战、首要任务和前进方向。面临的挑战主要包括：失学人数多和文盲率高；教育公平难以保证；教育质量低下等。教育首要任务和前进方向包括四个方面。首先，巴基斯坦做出了改善教育成果的承诺，在宪法中加入第25-A项条款，保证5—16岁的儿童可以获得免费的基础教育。其次，大力发展人力资本，提升本国人才的全球竞争力。再次，实现教育目标是国家和省政府的共同责任，选择优先发展目标作为政策实施的重点，促进联邦和各省进行协作，确保所有儿童都有平等的机会接受高质量的教育，以充分发挥其潜力。最后，特别关注弱势群体，减少各个群体之间的学业差距。全国范围内的教育改善将依靠国家凝聚力、有效使用信息、改善教育系统治理和财务效率、创新使用高新技术和开展积极的宣传运动这五个重要支柱促进教育的公平和质量。

二、具体教育政策

巴基斯坦具体教育政策众多，包括联邦和各省分别制定的政策。本节主要以《巴基斯坦2025年：同一个国家，同一个愿景》《巴基斯坦优质教育最低标准》《巴基斯坦国家课程纲要》为例做介绍。

---

[1] Ministry of Federal Education and Professional Training. National education policy framework 2018 [R]. Islamabad: Ministry of Federal Education and Professional Training, 2018: 1-14.

（一）《巴基斯坦 2025 年：同一个国家，同一个愿景》[1]

2014 年，巴基斯坦国家发展与改革部发布《巴基斯坦 2025 年：同一个国家，同一个愿景》。该政策将实现千年发展目标 [2] 和可持续发展糅合在一起，提出将以人为本理念、包容性增长、治理、能源资源、私营部门、知识经济和区域联结这七个元素作为 2014—2025 年推动国家发展的重要支柱领域，同时明晰各领域发展的规划行动路线图和与之相符的政策措施。随着高新技术的发展日新月异，知识革命转变了财富的增长范式，人力资本逐渐成为所有支柱领域发展的先决条件。教育是培养优质人力资本的关键，是一国最根本的事业，决定着国家的兴衰。虽然该政策中没有将"教育"作为单独的支柱领域阐述，但对教育领域的规划着墨颇多。

1. 对教育部门的愿景

《巴基斯坦 2025 年：同一个国家，同一个愿景》旨在大幅扩展教育规模并提高教育质量，预计到 2018 年，公共教育支出达到国内生产总值的 4%。联邦政府需与各省政府合作，开展巴基斯坦教育体系改革，确保各省以最佳方式实现联合国"千年发展目标"，逐步减少地区间教育不平等问题，扩大省际人才流动性，增强民族团结和凝聚力。在省级层面，该政策指出各省也应承诺增加教育预算，对省内教育系统进行改革，制定课程、教学法、技术、治理、评估等方面的详细行动方案，以提高公立学校的教育质量。

---

[1] Ministry of Planning, Development & Reform. Pakistan 2025：one nation–one vision [R]. Islamabad: Government of Pakistan, 2014: 33-39.

[2] 在 2000 年的千年首脑会议上，联合国各会员国商定了八项目标，即"千年发展目标"（MDGs），分别为：消灭极端贫穷和饥饿，实现普及初等教育，促进两性平等并赋予妇女权力，降低儿童死亡率，改善产妇保健，与艾滋病毒 / 艾滋病、疟疾和其他疾病做斗争，确保环境的可持续能力，建立促进发展的全球伙伴关系。联合国呼吁各国采取行动，进行国际间合作，保障世界各国人民生存、教育、保健和发展的机会。

此外，这应确保教育能够帮助个人获得知识，培养学生分析与解决问题的能力，培养学生对公民权利和义务的认识，保障学生的健康和福祉。

2．对各教育学段的愿景

针对基础教育阶段的各类学校，《巴基斯坦 2025 年：同一个国家，同一个愿景》提出以下展望和要求。第一，鼓励学校开展课程活动，以培养全面发展的人才。第二，提高课程与社会发展需求的相关性，并努力降低辍学率。第三，鼓励教师采用现代化的教学方法进行教学。第四，要求学校采取更强有力的治理手段，减少教职工的缺勤率。第五，鼓励各省提高女性入学率，改善女性在校学习环境。第六，鼓励学校教授学生外语。

高等教育也是该政策关注的重点。文件指出，巴基斯坦需好好把握现阶段的人口红利，采取具体举措使高等教育从精英阶段向大众化阶段过渡。第一，改革重组以专业学院为单位的传统高等教育体系，通过学科融合探索新的研究和知识。第二，开发智慧校园系统，构建国内高校之间的网络互联，使他们可以共享信息和知识。第三，建立全球高校教育和研究网络，使各高校和研究部门与海外教育机构建立国际合作伙伴关系。第四，设立高校就业基金会，促进高等教育市场与劳动力市场的联动，保障毕业生就业。第五，推动高校定制化课程和学位定制化建设，响应产业需求，弥合高校教学与企业需求之间的差距。第六，在重点发展领域，增加对相关大学专业的投资。例如，大力投资农学、科学技术、工程、纺织、建筑和设计等相关专业的投资，促进农业和制造业生产力的发展。与此同时，工商管理、医学、社会科学、人文艺术等专业也要相应地增加投资，鼓励私营教育部门发挥积极主动性，满足各行业对熟练人力资源日益增长的需求。第七，建立世界一流科技和工程高等院校，发展知识经济，增强国家大学国际竞争力。

（二）《巴基斯坦优质教育最低标准》[1]

1. 背景

巴基斯坦 2009 年颁布的《国家教育政策》是其近代教育史上第一份国家级教育政策，其意义重大。它明确阐述了建立教育体系标准的必要性，建议制定教育投入、过程和产出标准，并将监测和评估标准制度化以提升教育质量。在这一背景下，2013 年省际教育领导会议决议由联邦教育和专业培训部与各省教育厅联手制定国家教育最低标准，经各方利益相关者的高度参与和努力，2016 年 2 月在伊斯兰堡举行的第七届省际教育领导会议上通过这一文件。次年，巴基斯坦政府正式出台了《巴基斯坦优质教育最低标准》，在学习者、课程、教材、教师、评价、早期学习和发展以及学校环境这七个方面设置了标准，并以这一标准为基础制定了实施框架，以期实现提升学生学习效果和学校效能。

2.《巴基斯坦优质教育最低标准》的主要内容

（1）优质教育的含义。能够满足个人和社会需求的教育便是优质教育。换句话说，优质教育指能够促进学习者认知能力和社会情感能力发展，培养其创造性，培养其能够成为负责任的公民的教育。优质教育包含以下要素：积极健康的学习者，安全健康的学校环境，优质学习内容，互动高效的教学过程和保质保量的学习成果。[2]

---

[1] Federal Education & Professional Training. Minimum standards for quality education in Pakistan [R]. Islamabad: Government of Pakistan, 2017: 1-3.

[2] Federal Education & Professional Training. Minimum standards for quality education in Pakistan [R]. Islamabad: Government of Pakistan, 2017: 5-10.

（2）具体标准。

① 学习者标准。《巴基斯坦优质教育最低标准》为学习者制定的标准主要包括：成为具有创造性、建设性、能够沟通和反思的人；能够质疑、批判性地思考并获得知识；能够做出明智决定，将知识应用到新的情境中，并创造新的知识；在竞争激烈的全球知识经济中能够有效参与；追求个人成长；作为民主社会中的一员，能够分享知识并为解决社会事务做出自己的贡献；具有良好的生活习惯。

② 课程标准。《巴基斯坦优质教育最低标准》为课程制定了以下标准：以民族宗教、哲学、文化和心理为基础，促进国家和谐、多民族团结、社会凝聚力和全球公民意识；强调知识的理解、应用和创造，知识传授要贴近学生生活，同时，要将终身学习的理念贯穿在学生学习的始终；激发学生的内在天赋或潜能，使他们能够成为积极、高效、善于反思和协作、独立民主的公民；提升高阶思维技能，培养学习者自主学习、探究、批判性思维、推理和团队合作的能力；提供一些在现实生活情境中有用的新趋势和概念，使学习和生活更加相关、有意义；通过尊重和宽容促进和平共处、多元统一和积极关怀全人类共同发展的民主价值观的形成；建立各种评估策略和机制，以衡量学生各科目学习所要求达到的知识、技能和态度；确保学习者的品格建设和全面发展；倡导并促进全纳教育的发展。

③ 教材标准。《巴基斯坦优质教育最低标准》制定了以下教材和学习材料的标准：促进课程与以儿童为中心的教学法保持一致；弘扬和谐统一，增强民族凝聚力；支持探究性学习、批判思维和问题解决能力的培养；尊重多样性，不受性别、民族、宗教、地域、文化、职业等偏见的影响；有吸引力，充满趣味，使得学习者自发想要继续深造；从易到难地为学生呈现符合现实情况的科学知识；评估学生的认知、心理运动和情感能力；促进教师使用各种教学策略来传授教学内容。

④ 教师标准。《巴基斯坦优质教育最低标准》为教师制定了以下专业

标准：教师要掌握学科知识；掌握人类成长与发展的规律；了解伊斯兰教的伦理价值观和生活习俗；制定教学计划和教学策略；掌握多元评价方法；了解学生的学习情况；为学生营造一种支持、安全、互相尊重的学习环境；掌握有效沟通方法，并在教学过程中熟练使用信息技术；与家长、监护人、家庭以及社会专业团体建立合作伙伴关系，以支持学习者的学习；持续不断地进行专业发展并遵守教师行为准则；将英语作为第二语言或外语开展课堂教学，能够有效运用英语进行日常交流。

⑤ 评价标准。评价标准包含了以下十五个方面：建立标准化的评估过程，根据统一标准对所有考生进行评估；规范评估程序，遏制和惩处作弊等学术不端行为；建立有效且可靠的终结性评估系统，反映学生的真实成绩；基于课程学习成果对学生的表现加以评估；对评估方法和程序进行定期的、系统性的审查和修订；考试监督系统应保证考试的透明度和有效性；恰当使用信息技术确保评估过程的效率和透明度；通过制衡制度对评估过程进行有效问责；考试委员会必须在制定评估标准和具体内容时与当前的课程标准保持一致，做到教、学和评的统一；建立有效机制，确保合理利用评估数据；定期对评审人进行统一的专业培训，深化专业知识和技能，明确自身职责和评估标准；除传统考试外，制定和使用标准化的多种评估工具；所有评估目的都是根据课程不同认知水平的要求来衡量知识、理解以及批判性、分析性和创造性思维能力的发展；评估应有助于教师、家长、学生和其他利益相关者获得建设性的信息，以提高学生的学业成就；评估应着眼于结果，包括促进学习者积极参与社会实践，激励学习者发展良好的态度、行为和技能。

⑥ 早期学习与发展标准。早期学习与发展标准包含了七个方面。第一，个人、社会和情感发展标准。一方面，增强儿童的自信心，能够表达自身的感受。另一方面，教导儿童学会观察社会、识别好坏，为儿童创设有利于与同辈孩童和其他长者互动的积极环境，引导儿童学习社会规范和

正确的价值观。第二，语言发展标准，培养儿童对自身周围文字、符号和信息进行理解的能力水平。第三，认知发展标准，包括儿童如何学习和处理信息以及思维系统，涉及语言、想象、思考、探索、推理、解决问题等能力。第四，道德和精神发展标准，是儿童体验、管理和表达各种积极或消极情绪的能力标准，培养这些能力能够使儿童在学校环境中感受到自我的重要性。第五，身体发展标准，即在不伤害身体健康的条件下做适合的体育运动，保障儿童身体的健康发展。第六，健康、卫生和安全标准，这一标准的重点是培养儿童在室内外环境中身体控制能力、移动能力和对空间的认知和操作能力，同时建立积极的心态以及对健康积极生活方式的理解。第七，艺术能力习得标准，侧重于发展儿童的想象力和沟通能力，并鼓励儿童以创造性的多种方式来表达自身想法感受和观察所见。总而言之，早期教育的目的就是为 4—5 岁的儿童创造适当的互动学习机会，使其能够为初等教育做准备。统一的早期学习与发展标准的建立将有助于实现这一目标。

⑦ 学校学习环境标准。学校学习环境标准是从以下这五个方面做出规定的。第一，基础设施：每个适龄儿童都能够安全方便地在离家不远的学校上学，每所学校必须保证至少有 2 间教室、1 间办公室和储藏室以及课外活动游戏场所，必须备有饮用水、厕所、照明和座位等设施，学校须为每个年级配备足够的教学辅导材料，新学校的建设要符合无灾害风险的标准，以及配备图书馆等。第二，学校文化：学校应该与所有利益相关者协商后起草制定其愿景使命和行为准则，学校须遵守相互尊重和合作的价值观，禁止对学生进行体罚，促进每个学生积极的个性发展，为学习者创设安全、有保障的自由空间以及分配适当的课外活动时间。第三，社区参与：学校须成立学校管理委员会以便有效地管理学校事务，制定学校改进规划，为家长和社区人士访问学校提供便利，鼓励社区调动各种资源积极参与学校发展。第四，学习环境：学校应至少雇佣 2 名教师，制定年度学术日历，

实行以儿童为中心和以活动为基础的学习策略，关注每位儿童的个性发展，做好孩子的成长记录，并在适当时间与学生和家长进行分享。第五，学校领导团队：学校领导应接受专业的管理培训，遵守团队合作精神，具备规划学校发展的能力，并创造一个安全、有效的学习环境，激励学生和教职员工的学习和工作。

（三）《巴基斯坦国家课程纲要》[1]

课程是实现国家教育愿景和目标的重要手段。自颁布《宪法第 18 修正案》后，联邦将教育权下放到各省，课程标准的统一成为备受关注的教育议题。由此，巴基斯坦联邦教育和专业培训部成立了国家课程委员会，该委员会与各利益相关者密切协商，于 2017 年颁发《巴基斯坦国家课程纲要》，成为指导国家课程发展的重要文件。

1. 目标与指导原则

（1）目标。《巴基斯坦国家课程纲要》的总目标在于满足学生的学习需要，使他们养成终身学习的习惯，并在激烈的世界竞争中处于优势地位。这一纲要的具体目标包括以下五个方面：其一，课程结构恰当，兼容多样性，以实现国家教育目标为首要任务；其二，为各级各类学校学生的学习内容提供指导；其三，增加各省和地方教育部门教育治理的自主性，增加课堂教师教学的灵活性，满足不同地区学生的特定需要；其四，将国家教育政策、各省/地区课程以及各类教材等资料上传至教育部门和机构的官方网站，供教学管理人员使用；其五，将课程评价作为问责利益相关者的工具。

---

[1] National Curriculum Council. National curriculum framework Pakistan [R]. Islamabad: Government of Pakistan, 2017: 1-101.

（2）指导原则。课程制定的指导原则包括以下七个方面：基于《古兰经》和伊斯兰教教规制定课程，符合国家意识形态；课程中需渗透巴基斯坦的历史，弘扬爱国主义、机会平等和社会正义等精神，实现民族融合；尊重宪法规定的少数群体的权利和自由；培养民族认同感、保护乌尔都语的国语地位，促进各省方言的发展以及文化多样性；运用民主、和平手段解决冲突；实现儿童的全面发展，提升生存技能；向大众提供科学知识、研究成果、科学技术、职业培训等服务，使其掌握相关生存技能。

2．课程制作流程

不同国家的社会经济背景不同，课程的目标、结构、内容和实施策略等也有所不同，因此在课程设计的过程中需考虑多种因素。此外，课程的编制和实施涉及多重利益主体，如何确保课程能够正确反映利益相关者的愿望和价值观，这一问题也值得反复思考。

《巴基斯坦国家课程纲要》中课程开发的步骤如下：了解学习者的学习需求和社会期望；制定学习目标；筛选学习内容；设计教学方式；制定学习活动；确定评估内容和评估方法。这些步骤的实施并不是单线性的过程，而是循环发展的。总体而言，课程开发具有计划性和系统性、包容性和协商性、专业性以及可持续发展等特点。

3．教科书

（1）教科书的重要性。提高教育质量是教育改革的重要方向，教科书则是实现这一目标的重要路径。教科书是巴基斯坦公立和私立学校中使用最为广泛的教学资源，它以印刷品或电子版的形式存在，是学校向学生提供学习知识和技能的主要载体。因此，教科书必须符合国家课程纲要，应不断提高其内容和编排的质量，以确保课程的成功实施。

（2）教科书编写要求。《巴基斯坦国家课程纲要》对教科书编写的要求包括以下若干方面：内容符合国家意识形态；制定明确的学习目标和教学目标；满足相关课程规定；内容真实、与时俱进并且组织严谨；叙述流利，逻辑清晰；图文并茂，易于理解；为不同学习水平的学生提供"脚手架"；向教师，特别是向新手教师提供教学支持，提高教学效率；设计课堂活动的内容；设置评价环节，检验学生的学习效果，比如，设置阅读课中的读前、读中和读后评价；鼓励学生增加阅读量，激发学生的学习积极性；教科书内容不存在显见与隐含的性别偏见与刻板印象；培养不同情景下的思考能力和问题解决能力；文字内容与学生年龄相适应，列举现实案例阐述相关概念和主题，便于学生理解；为学生提出具有挑战性的任务，解决生活中现实存在的难题；将生活技能、社会结构、人权和少数民族权力议题等纳入教科书中；末尾附上主题索引、词汇表、参考文献和作者简介。除此之外，《巴基斯坦国家课程纲要》还对教师用书、教师教学指南、练习册以及其他补充材料的内容做出规定，制定教科书和其他学习资料的管理制度，明确利益相关方的职责所在。

4．教师教育与教师专业发展

《巴基斯坦国家课程纲要》对教师教学技巧和教学方法，比如互动教学、讨论、合作学习、探究式教学等提出要求。除此之外，还对教师资格证以及教师评价标准等进行阐述。其中，教师评价标准的维度主要包括：学科知识、学生生理发展、伊斯兰教伦理价值观和生活技能知识、教学计划、教学评价、学习环境、有效沟通和熟练使用信息通信技术进行教学、协作伙伴关系、持续专业发展和行为准则、外语教学等。

5．学校学习环境

良好的学习环境是有效教学的关键，也是整个教育系统的基础。学习环境主要受两大因素影响，即物理要素和心理要素。物理要素包括房间大小、照明布置、通风设计、温度调控、教室地板状况、教室桌椅质量和摆放、黑板颜色等。物理环境会影响学生身处教室内的舒适度，从而影响学生学习的积极性。有利的学习环境有助于激发学习士气，而不利的课堂环境则会使学生对学习任务望而却步。除了物理要素之外，还需要创造良好的心理环境，积极促进教师与学生、学生与学生以及学生与环境之间的良性互动。除此之外，《巴基斯坦国家课程纲要》还为学校基础设施，比如校址选择、校舍布置、教室设施、学习环境建设（包括视觉舒适、听觉舒适、卫生设备、饮用水、电力设备、学校安保、操场、图书馆、实验室、机房等）提出了具体指导方案。

6．教学语言

（1）教学语言的表现形式。教学语言是教师向学生讲授课程所使用的语言，是教师传递信息、学生获取信息的重要载体。《巴基斯坦国家课程纲要》中列举了三个重要的教学语言类型。第一是教学资源，即正式出版和传播的所有教科书和学习材料。第二是教师在课堂上讲授课程所使用的口头语言，即国语或地方方言。第三是用于评估的考试试卷中的书面语言。

（2）官方语言和地方方言。《巴基斯坦国家课程纲要》意识到国语和地区方言对于实现国家融合和尊重多样性的作用。因此，纲要重申了乌尔都语的国语地位，并列举出不同地区所使用的方言，比如信德语、普什图语、俾路支语、婆罗维语和支那语等。

7．评估和审查

评估是系统地收集、分析、审查和使用有关教育信息用以改进学生学习的手段，是教学过程的一个重要组成部分。评估类型主要包括过程性评估、终结性评估，以及国家或国际大规模教育评估。评估的重要性体现在以下几个方面：首先，教师能够依据评估结果判断学生是否取得了应有的学习成果；其次，教师能够通过评估手段了解学生的学业表现是否符合课程预期，评判教学目标与社会需要是否存在差距；其次，评估能够帮助教师向学生提供反馈，满足学生期望获得的知识和技能；再次，教师可以通过评估掌握学生学习的方方面面，提升学生的学业成就，调整教导学生的方式；最后，评估能够提供真实可靠的数据，指导政策制定者、课程专家、教科书编者和其他利益相关者共同推动实现优质教育的目标。《巴基斯坦国家课程纲要》中的评估内容直接沿用《巴基斯坦国家优质教育最低标准》的评估标准，此处不做赘述。

8．反馈机制

反馈机制包括以下六个类别。（1）对系统的反馈。评估教育系统产出的主要成果，为专业研究人员提供分析数据，使他们能够为政策制定者和执行者提出建议。（2）对学校的反馈。对学习资源（教科书、学习材料、教师、图书馆、实验室、计算机实验室等设施）和基础设施（校舍、围墙、厕所、污水处理设备、清洁饮用水、电力设备、温度调节设施）的提供现状进行反馈，能够使教育管理人员及时采取措施，有针对性地改善学校学习环境。（3）对课程的反馈。通过访谈等方法搜集反馈信息，为完善课程内容和授课方式等提供充依据。（4）对教材的反馈。教材是课堂教学的主要来源。它解释了课程的意图，并清楚地说明了期望学生最终实现的学习成果。应对教材内容的准确性、适切性和前沿性等方面作出反馈。（5）对教师的反馈。教师是课程实施的主体，对教师的授课能力进行反馈，有助于日常教学工作的开展。（6）对学生的反馈。对学生学习成绩进行反馈能够帮助学生、教师和家长实时了解学生的学业表现、在校行为、学习态度等各项情况。

第二节　教育政策的挑战和对策

一、教育政策的挑战

教育是人力资源发展最重要的组成部分。巴基斯坦建国后不久便将教育作为优先事项，推出一系列国家教育政策，对教育进行革新，教育事业得到一定程度的发展。但现实是，教育成果增长缓慢，未能明显的作用于社会和经济发展，教育系统仍旧比较薄弱。巴基斯坦面临的一系列顽疾是造成这一结果的原因所在，亟待解决。

第一，教育政策的实施缺乏连续性。受国内政治局势不稳和区域战争时发等不利因素影响，政府颁布的一系列教育政策很难自始至终地持续落实下去，因此也很难评估其实施效果。比如《国家教育政策》（1947—1959年）因战争原因宣告暂停实施。教育部门的治理和管理混乱，沟通系统不畅，管理不力，程序评估机制不完善，官僚结构效率低下等，使得教育政策得不到充分执行。

第二，教育政策实施的积极性难以调动，各利益相关者的责任心不足。一些教育政策在制定时未能有足够的基于询证的科学成果作为基础，也缺少必要的专家政策咨询的环节。教育政策出台后，也未能进行充分的宣传，使各利益相关者对政策进行充分的理解，并参与其中有效执行，形成合力使教育政策得以落地实施，因此一些教育政策未能得到有效落实。

第三，资金短缺是教育政策未能有效实施的重要原因。比如，《国家教育政策》（1992 年）规定了教育部门的日常开支，即 10 年共 2 648.7 亿卢比，其中私人投资 131.84 亿卢比，另增加 781.84 亿卢比作为特别教育基金，使巴基斯坦教育事业步入新的阶段。但是巴基斯坦教育发展费用仍只占其国民生产总值的 2.56%，离 OECD 所规定的 4% 还有一定距离。又如，在 2020—2021 年，政府拨款 833 亿卢比用于教育事业。此前，政府分配给教育事业的官方预算为 812 亿。虽然 2020—2021 年分配的教育预算增长了 2.5%，但分配的教育预算几乎没有占到巴基斯坦 GDP 的 2.3%。

二、教育政策的对策

第一，教育政策制定需要以解决当前教育优先问题为主，比如提升中小学阶段的入学率，推动课程和教师发展，提升大学生数量和质量等。集中力量解决教育主要矛盾，教育政策才会真正解决教育问题。不仅如此，对于巴基斯坦而言，教育政策需要具有稳定性，即尊重教育的客观规律，不能因为政治原因而丧失了教育政策自身的规律和科学性。

第二，为教育政策的实施创造可持续的政治经济环境、加大教育资金投入、合理分配资金使用是实现教育政策目标的必要途径。另外，加强教育资金使用的监管和效率，对教育资金的使用进行动态监测，防止教育腐败，使资金能够得到充分运用，切实改变教育落后的现状。

第三，联邦教育和专业培训部可以通过围绕优先教育领域进行组织重组，提升组织行动效率，联邦教育部门为省级教育部门起到带头榜样作用。此外，联邦教育和专业培训部需要增强教育信息系统的能力建设，以便更好地制定和宣传政策，使利益相关者对教育政策能够了解透彻，从教育政策制定的底层逻辑到教育政策的具体内容有充分的理解。

第四，国际组织，比如世界银行和国际货币基金组织等，对巴基斯坦开展教育援助，促进巴基斯坦教育发展。国际组织参与巴基斯坦教育政策的制定和实施，这使得在一些情况下教育政策的制定未能真正以解决巴基斯坦面临的教育问题为主，也不能提出实事求是的教育政策。因此，巴基斯坦教育政策的制定需要以巴基斯坦真正的教育问题为出发点，保证教育政策的科学性。

第五，运用国家力量，推动提高公共部门学校教育质量，并增强各参与主体的积极性和责任感。加强教育利益相关者之间的合作，提高人们对优质教育的认识，激励社区家长，特别是处在偏远地区的家长支持其子女的教育。

第十章 教育行政

　　巴基斯坦教育行政体制改革始于 1973 年 4 月 10 日由巴基斯坦国家议会正式通过的《巴基斯坦伊斯兰共和国宪法》，即《布托宪法》。该宪法明确了巴基斯坦的国家体制是联邦制，教育行政体制遵循联邦行政制度，教育行政管理体制主要分为联邦教育行政和地方教育行政两个层次。此次宪法首次规定了联邦教育部在教育事务方面的职责，也划分了联邦政府与地方政府的教育维度的权责范围。联邦教育部负责制定教育政策、教学大纲；管理图书馆、博物馆、各类研究机构、巴基斯坦在国外的学校和外国在巴基斯坦的学校；负责学科专业设置、教育质量的评估、职业技术培训等。联邦教育部由管理部、计划和发展部、初级和非正规教育部、中等和技术教育部、国际合作部、高等教育和研究部等 9 个附属机构组成。各省教育部门享有自治权，地方政府负责管理各省各级学校。[1]

　　巴基斯坦在《布托宪法》后进行了多次修宪，但是中央与地方两级管理的教育行政体系始终没有改变。目前，巴基斯坦现行的教育行政管理体系来源于 2010 年《宪法第 18 修正案》。本章将详细介绍现有巴基斯坦中央教育行政和地方教育行政的组织架构、职责和政策主张。

---

[1] 杨翠柏，刘成琼. 巴基斯坦 [M]. 北京：社会科学文献出版社，2005：187.

第一节 联邦教育行政

一、联邦教育行政机构

巴基斯坦主管教育的联邦行政机构经历了多次变化，先后分别为内政部教育司、全国教育委员会、教育与科学研究部、教育部及联邦教育和专业培训部。[1]

目前，主管巴基斯坦教育的联邦行政机构为联邦教育和专业培训部，其愿景是"为巴基斯坦所有公民提供平等的受教育机会，享受高质量教育，将巴基斯坦建造成为进步繁荣的国家"。联邦教育和专业培训部致力于为全体公民提供接受初等教育、中等教育、职业与技能培训以及高等教育的平等机会，并致力于进一步提升教学质量，营造良好的教育环境；秉承可持续发展的教育观念，领导相关部门制定教育政策，并全面监督实施进展。此外，巴基斯坦联邦教育和专业培训部还起着协调和仲裁各部门冲突的作用，确保部门之间协调有序发展。具体而言，联邦教育和专业培训部的基本职责主要包括以下内容：高度重视解决教育问题，提高国家教育政策和改革的凝聚力；牵头制定教育标准；领导和协调国际教育事务，加强国际教育合作；确保教育平等和融合；实现全民识字目标；整合宗教教育机构；收集、分析并宣传学生学习成果和教育财政等方面的关键指标信息；加强各级公立学校使用通信技术的能力；加强民办教育机构在信息通信技术领域的能力，监督民办教育部门相关法规的执行；基于

---

[1] AMNA M，任定成，曹志红. 巴基斯坦科技教育政策的历史和现状 [J]. 科技导报，2019，37（9）：87-93.

童军[1]的规章制度及价值观体系致力于青少年教育；牵头开展巴基斯坦学业评估，特别是大规模学生学业成绩考试。

（一）联邦教育和专业培训部领导层组织架构

巴基斯坦联邦教育和专业培训部接受内阁总理领导。联邦教育和专业培训部部长领导与推进整个部门的工作，部长既是总理内阁成员，也是国会议员。此外，在任内阁总理还会委任一名政务次官来协助部长的工作。[2]部长之下设置一名联邦教育和专业培训部大臣，领导其他职能大臣与总顾问。这些职能大臣分别负责行政、财务与协调司，国际合作司，职业培训与技能发展司、非正规教育司，正规教育司，国家课程咨询委员会、宗教教育司基本教育事务，其领导层组织架构如图 10.1 所示。

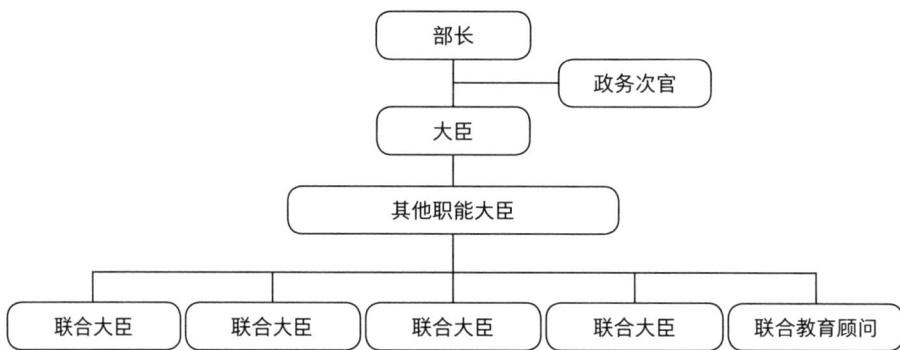

图 10.1 巴基斯坦联邦教育和专业培训部领导层组织架构 [3]

---

[1] 巴基斯坦童军：通常是指介于 11 岁至 18 岁的男孩或女孩，参与童军组织，按照特定方法开展青少年社会性活动，接受活动包括露营、森林知识、水上活动、徒步旅行、野外旅行等活动在内的非正式教育训练。巴基斯坦童军有统一的制服，组织徽章，标准仪式，严明纪律。童军组织的目的在于为童军成员生理、心理和精神健康发展提供支持，培养民族认同感。巴基斯坦童军总会起源于英国童军总会的英属印度分部，1947 年，巴基斯坦脱离英国殖民统治，随后成立巴基斯坦童军总会，创始人为穆罕默德·阿里·真纳。

[2] 资料来源于《今日巴基斯坦》新闻日报网站。

[3] 本图根据联邦教育和专业培训部官网内容制作。

（二）联邦教育和专业培训部直接管辖单位与职责

除以上司局机构外，巴基斯坦联邦教育和专业培训部还有 21 个直接管辖单位，如下表 10.1 所示。

表 10.1 联邦教育和专业培训部管辖单位 [1]

序号	单位名称
1	教育规划与管理学院
2	高等教育委员会
3	学校董事会主席委员会
4	联邦中等和高中教育委员会
5	国家教育评估管理机构
6	国家教育基金会
7	国家人类发展委员会
8	国家职业与技术培训委员会
9	联邦教育局
10	私立教育管理局
11	联邦教育学院
12	巴基斯坦人力资源研究所
13	联合国教科文组织巴基斯坦国家委员会
14	国家图书基金会
15	国家培训局
16	伊斯兰堡联邦女子理工学院
17	基础教育社区学校

[1] 资料来源于巴基斯坦联邦教育和专业培训部官网。

续表

序号	单位名称
18	国家人才库
19	国立艺术学院
20	巴基斯坦时装设计学院
21	巴基斯坦童军总会

教育规划与管理学院的主要职责是开发针对基层教育行政管理人员的职前和在职两个阶段的培训课程，并开展具体的培训工作，以提升行政管理人员的专业管理能力，尤其是计算机和数据信息处理能力。1982—2021年，已经有超过10 000名教育管理层人员接受培训。此外，该学院还开展行动研究，评估培训效果并改进培训实践；组织筹划有关教育规划和管理主题的大型会议、研讨会和讲习班；运用学院专业人员和技术，负责识别、开发和评估各种教育项目，并向政府机构提供必要的反馈；向巴基斯坦其他机构提供专家咨询服务。[1] 由此可见，教育规划与管理学院承担着巴基斯坦智库的角色。

高等教育委员会前身是1948年成立的大学拨款委员会，2002年改组为现代模式的高等教育委员会。[2] 其伊斯兰堡总部下设的处级办公室职责分别为：质量保障处主要负责制定符合国际标准和本国国情的高等教育政策，建设新的高等教育院校和提升现有院校的质量和水平，建构高等教育质量保障体系；资格认证处负责对高校资格和学位进行认证；人力资源处对高等教育的资金预算分配享有高度自主权，负责资金的使用和高等教育考试测评；研究与开发处选定研究优先领域，分配研究经费，鼓励创新研究，

---

[1] 资料来源于巴基斯坦教育规划与管理学院官网。

[2] AMNA M，任定成，曹志红. 巴基斯坦高等科学技术教育现状简析 [J]. 全球科技经济瞭望，2019，34（6）：53-62.

并对科学研究成果进行审查。[1] 除伊斯兰堡总部外，高等教育委员会分别在卡拉奇、拉合尔、奎达和白沙瓦四个城市设立办公室，为不同大学、教职工、学生和公众等提供开放便利的高等教育服务。

学校董事会主席委员会的主要职责为：负责初高等教育委员会成员之间的沟通与协调，实现成员之间学业和课程评价标准的统一；促进委员会间的交流活动，为跨区域师生交流提供便利；就初高中学校所有事宜进行讨论和咨询，并最终向政府提出建议方案；授予相关教育学段的文凭证书。该委员会还承担联邦教育和专业培训部所指定的其他具体任务。[2]

联邦中等和高中教育委员会的主要职责是：管理中等和高中教育机构；规定指导课程；完善各学校基础设施；制定促进学生身心健康的措施；组织学生取得中等毕业证书和高中毕业证书的考试，任命考官和督导人员等。[3]

国家教育评估管理机构聚焦于开展公平有效的国家评估，通过发布年度报告，将评估结果反馈回政策制定方，为政策调整提供科学凭据。此外，该机构还可以基于评估数据分析，把握影响学生学业效果和教师教学质量的因素，进行课程标准和教师资格认证标准改革等工作。国家教育评估管理机构以扩大儿童受教育机会，实现教育公平，为巴基斯坦儿童提供优质教育为行动宗旨，目前在整个联邦教育系统中发挥着举足轻重的作用。[4]

国家教育基金会的主要职责包括：与拥有共同教育发展目标的伙伴建立合作关系；为教师、非政府组织、社区等成员提供在职培训；向私立学校和促进教育发展的相关机构提供财政援助；根据国家、国际和其他组织要求，为教育发展和相关活动提供咨询服务；为学生、家长以及教育家等提供资金援助和项目发展扶持；开发数据库，开展教育研究并发布研究报

---

[1] 资料来源于巴基斯坦高等教育委员会官网。

[2] 资料来源于巴基斯坦董事会主席委员会官网。

[3] 资料来源于联邦中等和高中教育委员会官网。

[4] 资料来源于巴基斯坦国家教育评估系统官网。

告，为私营和非政府组织部门服务等。[1]

　　国家人类发展委员会是巴基斯坦扫盲运动的主要组织，以普及义务教育、赋权妇女和女童、降低儿童死亡率和改善孕妇健康为工作重点，为从未入学或辍学的 11—45 岁年龄段民众提供基本的识字教育，致力于提升民众的文化水平。目前，该委员会的 101 个子机构遍布巴基斯坦各地区，形成覆盖全国的网络，成为社会变革的重要推动者。2006 年，获得联合国教科文组织授予的国际阅读协会扫盲奖，表彰其在实现"千年发展目标"过程中的卓越贡献。[2]

　　国家职业与技术培训委员会是巴基斯坦技术教育与培训的最高主管机构，主要负责职业技术教育与培训相关的政策制定、标准化和规范化以及国际合作、国家培训计划的执行与实施等。该委员会总部位于伊斯兰堡，下设计划与开发、技能标准与课程等多个主要部门，并在巴基斯坦各个省、区设立分支办公室。[3]

　　联邦教育局主要管辖伊斯兰堡首都特区的教育事务和学校，致力于将特区打造成为拥有最低文盲率和最佳教育水平的区域。联邦教育局致力于挖掘学生的潜力，在巴基斯坦社会文化背景下培养学生具有民族特色的核心素养，与此同时也培养学生的国际胜任力和社区服务精神。此外，它还肩负着培训在职教师，为家长提供教育咨询的职责。截至 2021 年，联邦教育局管理 424 所伊斯兰堡首都地区的学校，为超过 220 000 名学生提供从预科到研究生阶段的教育服务。

　　私立教育管理局负责私立教育机构的认证和监管等工作，确保私立教育机构至少达到最低质量标准，保障私立教育机构的质量。所有在伊斯兰堡首都地区的私立教育机构必须在私立教育管理局注册后才可以运行。该

---

[1] 资料来源于巴基斯坦国家教育基金会官网。

[2] 资料来源于巴基斯坦国家人类发展委员会官网。

[3] 陈晓曦，张元."一带一路"视野下我国职业技术教育对外援助与合作探析——以巴基斯坦为例 [J]. 职教通讯，2021（8）：108-113.

管理局的工作还涉及保证私立教育机构能够激发学生终身学习的良好素养，增加学生的知识储备，改善教学环境以及培养教师的专业能力等职责[1]。另外，它也是唯一一个通过培训促进私立教育机构教师教学创新、实现专业持续发展的监管机构。

联邦教育学院致力于为职前教师提供优质教育，为在职教师提供培训，通过增强社会科学、自然科学、人文科学和幼儿教育领域教师的职业精神、专业能力和学科知识来培养素质过硬、积极进取的"人类工程师"，进而提高教师地位。

巴基斯坦人力资源研究所的主要职责是向巴基斯坦公立和私营部门的官员和高级管理人员提供人力资源规划、人力资源开发、人力资源管理和信息技术领域的可持续渐进式短期培训课程。同时，人力资源研究所还根据联邦政府的需求开展相关研究和数据搜集工作；举办专业研讨会、讨论会和讲习班等，提供先进的人力资源开发手段和先进知识，协助其他人力资源研究机构或专业协会的工作；与国际机构合作，共同从事人力资源研究。[2]

巴基斯坦于 1949 年 9 月 14 日加入联合国教科文组织。联合国教科文组织巴基斯坦国家委员会的主要任务是：为巴基斯坦政府、有关部门和联合国教科文组织大会的代表团提供有关联合国教科文组织的情况和咨询；负责协调巴基斯坦有关部门涉及联合国教科文组织的工作；负责该组织秘书处和会员国全国委员会的联络工作。

国家图书基金会的主要职责包括：鼓励民众对减少文盲人数积极献言献策；制定书籍出版方面的政策指南；与国际合作加强保护作者和出版商的知识产权；为儿童、中小学生和大学生提供有益于写作的学术环境；对图书开发、翻译和出版等工作做贡献等。

国家培训局主要对市场上的培训需求进行评估调查，进而开展集中培

---

[1] 资料来源于巴基斯坦私立教育管理局官网。

[2] 资料来源于巴基斯坦人力资源研究所官网。

训，增强相关人员的生产效率和劳动力。[1]国家培训局开展为期 3 个月、6 个月和 12 个月的面对面或者远程职业培训课程，主要涉及自动化、电气设备维修、计算机网络技术、手机维修、网站制作与设计、建筑施工以及安全巡视等。除伊斯兰堡校区外，国家培训局还在包括拉合尔、卡拉奇、奎达等在内 25 个城市建立分校，极大地扩大了教学服务范围。

伊斯兰堡联邦女子理工学院主要为不超过 18 周岁的女性提供建筑、商业、服装设计、电力、信息技术和行政管理等为期 1 年或 3 年的正规学历学位教育，同时也为所有年龄阶段的女性提供包括汉语学习、室内装潢设计、云计算等短期职业技术培训。

巴基斯坦将各省份和地区开展全国性的非正规小学教育的学校，命名为基础教育社区学校。基础教育社区学校总局为此类学校提供免费校舍，运营和管理基础教育社区学校网络，教师工资、学生学习教材等由巴基斯坦政府提供。[2]基础教育社区学校致力于为无法获得正规教育的失学儿童和青年提供基础教育服务，从而减少巴基斯坦的文盲率。

巴基斯坦建立国家人才库，重视人才队伍建设。国家人才库是巴基斯坦联邦教育和专业培训部的人力资源管理中心，旨在统筹抓好人才队伍建设；通过学术交流、送外学习和内部培训等方式，不断提高学员技能和知识水平，帮助学员成长成才。学员结业后，极有可能成为联邦或地方政府的官员。

国立艺术学院是巴基斯坦创建最早的艺术学校，其主要职责是通过卓越教学，培养美术、电视设计、电影设计、音乐和建筑五个专业的拔尖人才，加强与国外一流艺术学院的合作交流，如新南威尔士大学艺术设计系、法国国立高等美术学院、古巴高等艺术学院等，为国家培养专业的艺术类人才。[3]

---

[1] 资料来源于巴基斯坦国家培训局官网。

[2] 资料来源于巴基斯坦基础教育社区学校官网。

[3] 资料来源于巴基斯坦国立艺术学院官网。

巴基斯坦时装设计学院为学生提供时装、纺织、珠宝、家具、皮革配饰与鞋类、陶瓷与玻璃设计等专业的为期四年的学士学位课程。在具体的培养内容上，一方面，学校重点关注产品与消费者之间的关系，力求培养能够将设计能力与制造能力相结合的学生，以创造出兼具功能性和美感的产品。另一方面还为学生提供必要的管理知识和营销工具，以便在世界各地的市场上推销设计出的产品。此外，学校重视国际化发展，不仅为本校师生提供参与国际培训和访学的机会，而且也吸引众多国际学生来巴基斯坦留学。巴基斯坦时装设计学院为培养国际化的新一代创意设计师和企业家贡献了力量。

巴基斯坦童军总会是巴基斯坦的国家童军组织，主要职责是向青少年提供生理、心理和精神上的支持，培养其自我意识和自信心，培养出健全的公民，为巴基斯坦社会做出贡献。通常情况下，童军总会开展童军运动，以实际的户外活动作为非正式的训练方式，比如露营、森林知识、水上活动、徒步旅行、野外生存演练等。

二、联邦教育行政的革新主张和实践

巴基斯坦独立初期，在经济、政治制度、司法和文化教育管理体制等方面未能摆脱英国在某种形式上的影响。为摆脱困境，实现国家自治，巴基斯坦进行了全方位的制度改革。在教育方面，巴基斯坦颁布的几个主要法案和教育政策——1973 年《布托宪法》、2010 年《宪法第 18 修正案》和1970 年《新教育政策》等，分别以国家根本大法和专门性的教育行政政策的名义明确了巴基斯坦教育行政体制的根本核心是实现自治，实现教育去中心化和教育分权。

教育行政体制，即国家组织和管理教育的形式、方法和制度，受一国的经济、政治体制的制约，随一国的科学技术和社会生产力的发展及教育、社会、经济、政治制度的变革而调整。时至今日，教育行政管理的改革已经成为当今世界教育的重要主题。巴基斯坦政府通过教育改革，不断形成、发展、完善教育分权制度。联邦教育行政机关为教育行政体制改革提供指导和服务。1973 年至今，巴基斯坦教育事业已经历经约 50 年的发展。教育行政体制不断发展。具体体现在重新界定联邦和地方在教育领域的职权范围；建立新的教育管理单位，逐渐细分教育职权；采用政府–社会–国际多维教育管理新模式。

（一）重新界定联邦和地方教育职权范围

独立后，巴基斯坦中央与地方之间的权力矛盾持续不断。为解决中央过于集权的问题，1973 年《布托宪法》在扩大省自治的原则下，首次强调了联邦与省之间的关系问题，赋予地方较大的自治权，将各省的教育、医疗、农业和交通等公共事业均交给了各省政府负责。在教育方面，各省有权规定符合自身发展的课程标准、课堂用语、教材标准等具体内容。巴基斯坦 2010 年《宪法第 18 修正案》规定巴基斯坦教育行政采用分权制，地方政府拥有更大的自主权。将原先属于联邦政府的职责下放给省级政府，如制定中小学教育标准、课程大纲，管理地区研究中心、巴基斯坦卓越中心、巴基斯坦研究所等机构，以及负责伊斯兰教育等具体教育事务。该法案虽与 1973 年的宪法相比有一定差异，但其仍然采用中央与地方两级教育行政管理体系，赋予各省设计课程、教学法纲和确定教育标准的专属教育权力。以分权为理念的教育管理系统，在一定程度提高了巴基斯坦教育管理的效率，也使各省根据经济、文化、社会等发展情况，制定符合自身发展的教育政策，保证学术自由与财政自理，形成教育区域化发展，丰富教育发展思路。[1]

由于各省经济、政治和社会等方面发展不均衡，自从将教育权下放到各省后，各省教育水平也出现了不均衡的状态。巴基斯坦现有的教育体系，加剧了阶级差异，是实现民族团结的一大障碍。因此，巴基斯坦于 2021 年推出国家统一课程改革，旨在使全国基础教育领域所有类型学校的所有学生都在相同的课程标准下学习，以便学生享有公平的接受高质量教育的机会。也就是说，要在课程、教材和教育评估等方面建立全民统一的标准，使所有学生享受公平公正的高质量教育。统一国家课程改革是为实现教育公平愿景迈出的关键一步。

（二）建立新的教育管理单位，逐渐细分教育职权

机构名称的变化也意味着其自身职责的变化。根据 1973 年《布托宪法》规定，联邦教育部负责制定教育政策、发展计划、教学大纲；管理图书馆、博物馆、各类研究机构、巴基斯坦在国外的学校和外国在巴基斯坦的学校；负责各级各类学校专业设置、教育质量的评估、职业技术培训、伊斯兰教育及著作权、发明、设计等。根据 2010 年《宪法第 18 修正案》第 25 条规定，联邦教育和专业培训部的主要职能是在非正规基础教育、成人教育、职业教育、高等教育标准、国际合作和各省合作六个主要领域发挥协调和促进作用，提供技术和财政支持，并履行国际层面的教育职责和承诺。

巴基斯坦也建立了许多新的教育管理单位，权责细分，极大地优化教育管理结构，提高联邦教育管理效率。根据 1973 年《布托宪法》规定，联邦教育部由行政部、计划和发展部、初级和非正规教育部、中等和技术教育部、国际合作部、高等教育和研究部等 9 个附属机构组成。而目前联邦教

---

[1] 田雪枫. 巴基斯坦学校教育系统的概况、现状及特点研究 [J]. 世界教育信息，2021，34（5）：9.

育和专业培训部下设教育规划与管理学院、高等教育委员会、学校董事会主席委员会、联邦中等和高中教育委员会、国家教育评估管理机构、国家教育基金会、国家人类发展委员会、国家职业与技术培训委员会、联邦教育局、私立教育管理局、联邦教育学院、巴基斯坦人力资源研究所、联合国教科文组织巴基斯坦国家委员会、国家图书基金会、国家培训局、伊斯兰堡联邦女子理工学院、基础教育社区学校、国家人才库、国立艺术学院、巴基斯坦时装设计学院和巴基斯坦童军总会 21 个教育管理单位。

（三）采用政府-社会-国际多维教育管理新模式

巴基斯坦联邦和地方政府为教育管理做了极大贡献。但由于巴基斯坦教育基础薄弱，目前仍有一系列现实问题亟待解决，比如识字率和入学率低且增长缓慢，教育公平问题比较突出，教育硬件与软件资源急需改善，教育质量也有待提升。同时，由于巴基斯坦政府动荡、政策缺乏连续性，不断在政策变化之间浪费国家的教育预算、改变教育计划，最终导致政府对教育问题的解决能力受限。因此，巴基斯坦政府也允许社会多元主体，主要包括宗教团体、工会或商业企业等非政府组织，成立私立教育机构，参与教育管理，承担教育义务。私营教育机构已经成为巴基斯坦教育服务的主要提供者，其中公私合作办学这一形式极大地缓解了政府解决教育问题的压力。[1]

巴基斯坦作为联合国会员国，有义务履行联合国商定的相关承诺，因此国际组织教育理念和教育规划一定程度上也对巴基斯坦本国教育发展起作用。比如，实现可持续发展目标是联合国会员国和所有利益相关方携手合作，共同执行的一项计划。重视教育长期以来在人类社会变革中发挥的基础性作用，传播知识并共创未来的代际循环，通过教育作为加强国际之间沟

---

[1] 李宜瑾. 教育普及进程中巴基斯坦基础教育公私合作办学研究 [D]. 重庆：西南大学，2021：4.

通、谈判和协商的途径具有巨大的潜力已达成全球共识。巴基斯坦联邦教育和专业培训部十分重视可持续发展目标的达成，兑现国家承诺。可持续发展目标融入联邦教育和专业培训部制定的教育政策、教材编写以及学校日常运行中。除此之外，其官方网站设有"可持续发展目标"专栏，建立联邦可持续发展目标专门机构，足以可见其重视履行国际教育承诺。但据巴基斯坦《国民报》2021年1月25日报道，巴基斯坦在联合国可持续发展目标全球排名中从2016年的第115位下滑至2020年的第134位，在南亚区各国中排名居后（不丹第80位、斯里兰卡第94位、尼泊尔第96位、孟加拉国第109位、印度第117位）。因此，重申对实现可持续发展目标的承诺，重振实现可持续发展目标的决心，更加重视教育发挥的作用，将可持续发展理念和行动传达给每一位公民是巴基斯坦联邦教育和专业培训部矢志不渝的努力方向。

第二节　地方教育行政

一、地方教育行政机构

（一）省级教育行政

除首都特区、北部区域与联邦直辖区外，巴基斯坦旁遮普省、信德省、俾路支省和开伯尔–普什图赫瓦省四个省份都有各自的教育行政管理系统，具有一定的独立处理省内教育事务的能力。

各省设立省教育厅，由各省教育厅厅长领导。厅长对省级议会负责，统筹全省的教育工作，并将重大省级教育事务呈报省长，厅长之下的教育秘书长则负责处理具体的教育事务，落实教育政策，并负责部门的运作。厅长之下设立部门大臣，协助分管幼儿园、小学、初中、职业和高等教育等部门，提高管理运行效率。省教育厅的主要职责是：根据联邦教育和培训部制定的课程标准开发教科书；开展教师培训；管理大学教育；负责私营部门教育机构的注册；向区政府发布政策指南；全面监督教育规划/活动的实施；建立联邦和各省政府之间的联系。值得注意的是，各省级政府在国家宪法的框架下，构建省内教育行政管理体系，设置具有地方特色的教育行政管理部门。尽管部门名称可能有所不同，设置上有些许差异，但基本上都包括了教育计划、发展、财政、中小学校管理与规划等职能。本章以俾路支省教育厅为例，对其重要组织部门和职责进行描述。

省教育厅负责规划、组织、管理、控制、指导和协调所有教育规划和省内各种机构的教育活动。省教育厅由教育厅厅长领导主持工作，该权力由联邦教育和专业培训部部长授权。省教育厅厅长由一名教育秘书长协助，并得到秘书处下级官员，比如其他部门秘书长、行政副秘书长、教育秘书长和首席规划官等的支持。秘书处配有负责政策、中小学学校、学院大学、奖学金以及预算拨款等的科长和科员。[1]

课程局在部门大臣、省政府和高中教育部的行政管理和监督下运作。课程局人员不仅包括课程局局内的行政人员，还包括省大学内部的专家和中小学校的领导和教师。这些人员共同构成了局、大学和中小学的多层次组织结构。省课程局作为省教育部门的机关单位，在提高教育教学质量方面发挥着举足轻重的作用，主要负责对课程的审定、标准制定以及质量监督等事务。[2]

省级教师教育机构旨在对教师相关的联邦教育政策进行分析，进而部

---

[1] 资料来源于巴基斯坦联邦教育和专业培训部官网。

[2] 资料来源于巴基斯坦课程局/教职工发展局官网。

署和规划省内教师相关的政策，开展高质量的在职教师和管理人员培训项目以提升他们的专业发展能力。此外，该机构还负责省内教师教育相关教材开发、组织教育研究领域的活动和会议，搜集、分析在职教师教育项目数据，制定指标进行评估，改进培训项目的实施等，最终提升省内教育质量。[1]

教材局主要职责是执行政府的教育政策，编写教科书、教辅材料和教具，供教师和学生使用，激发师生教与学的热情，努力拓宽学习视野，使学生能够应对社会以及世界的挑战。除此之外，教材局目前还对教科书等教学材料进行审查，并致力于为在线教学提供免费电子版教科书而努力。[2]

各省和辖区都设有自己的中等和高中教育委员会，负责进行初中和高中的毕业考试的相关工作。巴基斯坦当前总共有 28 个公共考试委员会。此外，还有两个私人委员会在全国范围内提供中级考试委员会——阿迦汗大学考试委员会和齐奥丁大学考试委员会。附属于每个委员会的学校都须教授委员会规定的、基于国家标准的课程，并举行中级和中学考试。要加入中级委员会，学校需要满足规定的质量标准。大多数情况下，不同委员会颁发的考试证书能够得到全国高等教育机构、政府机构和雇主的认可。此外，巴基斯坦还有许多国际考试委员会，例如剑桥评估国际教育考试委员会。但是，国际委员会举行的考试课程价格昂贵，主要迎合富裕的精英阶层的需要，而大多数普通巴基斯坦家庭无法承受这些课程考试的费用。[3]

教育评估委员会在全省范围内组织开展标准化考试。考试系统的设计方式要求试卷、试卷管理、评分和评分程序以及答案解释保持一致，这样就有助于较为公平地比较学区之间、学校之间学生的学业表现。标准化考

---

[1] 资料来源于俾路支省级教师教育机构官网。

[2] 资料来源于俾路支省教材局网站。

[3] 资料来源于世界教育新评论新闻网。

试的结果还有助于为教育政策和教学实践提供有效反馈信息，提升教育规划和实施的有效性。该部门的主要职责包括以下几个方面：提高各级考试质量，从测试学生的记忆力转向评估学生的关键能力；从基于教科书的考试转向基于课程的考试；确保各级公开考试的公信力；提高省内开展大规模考试的能力；提高省内进行测评诊断评估的能力。[1]

学校管理局的主要职责包括使全省所有社区的所有男童和女童都有机会识字；改善教育质量；在没有开办学校的地区建立新学校；在各区设立教育办公室，加强建议和投诉举报信息的获取和处理；运用先进技术将所有教育办公室和学校连接成网，实现即时的信息交流和资源共享。[2]

各省学院及大学管理局的主要目标是促进该省高等教育在数量和质量上的发展。主要职责是提高省内高等教育质量；增加高等教育准入机会，以吸收越来越多的愿意继续接受高等教育和职业教育的学生；评估和监督管辖区内相关高等教育机构的运作和绩效；为在职教师提供培训机会以提高教师的能力；管理和组织各省的私立和公立大学；在省内城市和偏远地区建立新的学院或大学，为省内学生提供更多的高等教育设施。[3]

教育捐赠基金委员会的主要职责是在各省内培养一批有才华的青年，包括社会中的弱势群体，为实现巴基斯坦温和、进步、繁荣的梦想贡献力量；为国家建设储备人力资本；为各省内学业成绩优异但处于贫困的学生提供奖学金等帮助，提供公平的受教育机会。[4]

除省教育厅外，各省社会福利、特殊教育、扫盲、非正规教育和人权部以人道主义为行动导向，也参与了省内的一些教育事项。该部门的愿景是提供一个公平且运作良好的社会保护体系，创造包容性的环境，为贫困和处于

---

[1] 资料来源于俾路支省教育厅官网。

[2] 资料来源于俾路支省教育厅官网。

[3] 资料来源于俾路支省教育厅官网。

[4] 资料来源于俾路支省教育厅官网。

边缘化的群体赋权，提供相应的社会保护服务。[1] 其中包括开展非正规基础教育课程，保障边缘化群体的受教育权，尤其是女童的权利，开展成人扫盲运动，保护残疾人并为其开展特殊教育等。

（二）区级教育行政

省政府在区级行政机关设立教育办公室，区级教育单位设有区总长、区级议员、地区协调官、教育行政官等管理人员，推进与落实该区的教育事务（见表 10.2）。区政府对小学和中学教育系统有规划、管理、资源调动、实施、监测和评估等方面的权力。[2]

表 10.2 区级教育单位官员及其职责 [3]

官员	职责
区总长	在教育方面具有统筹领导的作用。
区级议员	审批区级教育政策； 制定教育财政预算； 通过地方协调官和地区行政首长向上级议会提交教育政策议案。
地区协调官	担任该地区的官方负责人； 担任首席财务官； 担任地区教育部门的行政负责人。

---

[1] 资料来源于俾路支省社会福利、特殊教育、扫盲、非正规教育和人权部官网。

[2] 高等教育主要是高等教育教育委员会的职责。高等教育委员会虽然隶属于联邦教育和专业培训部，但具有自治结构，并在巴基斯坦各地的大学之间发挥协调、标准制定和质量保证等作用。

[3] KHANA M, MIRZA M S. Implementation of decentralization in education in Pakistan: framework, status and the way forward [J]. Journal of research & reflections in education，2011, 5(2): 146-169.

续表

官员	职责
教育行政官	概括性职责：协助地方协调官制定教育政策；安排执行和实施教育政策；遵守地区教育办公室的规定；提供有效教育管理方案；提交并修正教育章程提案；就具体教育主题提供明确的行动方针；规划和建立新教育机构。 具体职责：落实省级教育政策；提供各类地区教育数据；对教育官员进行管理；指导和帮助监管人员；关注教育发展状况；帮助组织在职教师培训；分配教育资金和奖学金；举行教师招聘考试；检查私立学校运营状况并写调研报告；组织体育运动；编制年度教育预算等。

除此之外，巴基斯坦还在镇一级设立镇教育局负责落实上级教育机构的教育政策，处理本镇的教育事务。同时，在乡村层面设置乡村教育委员会，推动巴基斯坦乡村义务教育的落实、优化乡村教育资源发挥作用，便于镇教育局集中管理。[1]

二、地方教育行政的革新主张和实践

教育行政机构是按照一定的组织结构、职能要求和行政体制建立起来的复杂系统。和任何组织一样，它必须随内外因素的变化而不断调整，使之保持应有的活力，满足社会发展需要。《宪法第 18 修正案》将学校教育的管理权下放给省级政府，这是巴基斯坦教育政策的根本转变，也是朝着权力下放的方向迈出的积极一步。以分权为理念的教育管理机构改革，各省具有充分自主权和自治权，提高了巴基斯坦教育管理的效率。但不同地方政府的行政能力、财政、人口等方面都存在较大不同，造成了地区之间教育发展水平的

---

[1] 田雪枫. 巴基斯坦学校教育系统的概况、现状及特点研究 [J]. 世界教育信息，2021，34（5）：38-46.

差异。例如，俾路支省由于财政紧张造成教育发展相对落后，而旁遮普省资源充足，对教育投入的力度较大。据统计，旁遮普省的教育支出约占全国教育总支出的三分之一，全国约二分之一的学校位于旁遮普省。旁遮普省作为教育大省，吸引了大量的青年前往求学，成为巴基斯坦教育资源最密集的区域之一，远超其他地区。[1] 另一方面，随着现代社会的迅速发展以及社会对教育需求的不断增加，巴基斯坦联邦和省内教育行政机构横向部门越来越多，职责更加细分，逐渐走向专业化管理。新生机构可能会出现管理能力不足，机构内部协调不当、权责不明等现象，这些问题难以解决。

针对以上挑战，联邦和各省教育部门需要加强自身能力建设，通过出台多项教育政策对现有教育体系进行改革，提升整体教育质量。

（一）加强省际教育部门之间的沟通和协调

加强省际教育部门之间的沟通和协调，防止各省之间出现割裂的自我管理方式。首先，联邦政府层级充分发挥统筹协调诸省的作用，各省建立省际教育行政协定，一道共担责任、同履使命，是实现区域教育协同发展的重要机制。其次，各省可联合发起并定期举行省际教育座谈会、大型会议以及调研等活动，就共同关心的教育问题进行商讨，建立起省际沟通协调机制，一定程度上起到了凝聚作用。再次，加强教育实力强的省份对其他省份的教育扶持，各省之间互相学习教育经验，互通教育资源。最后，要想真正实现省际教育部门之间的沟通和协调，消除恐怖主义、宗教极端主义、地区主义势力、族群矛盾等，培养统一的民族国家意识形态、增强国家的政治凝聚力，才是行之有效之道。

---

[1] 田雪枫. 巴基斯坦学校教育系统的概况、现状及特点研究 [J]. 世界教育信息，2021，34（5）：38-46.

（二）重视各级教育部门的领导选拔机制

首先，加强遴选程序的科学性。目前，区级教育官员通常从各级学校校长中根据资历遴选出来填补职位空缺，但大多数选定的校长没有专业的管理知识和经验，也没有适当的培训来履行这一职责。因此，领导层遴选需选择具备教育管理经验与能力、学术造诣与地位、社交能力等综合能力较强的候选者，按照能力择优录取。其次，加强遴选程序的规范性。在遴选过程中，要有明确的指导方针和遴选标准，加强遴选过程的透明度，充分发挥公民的知情权和监督权。在遴选结束后，还需对其进行培训，设置考核期，考核通过后方可成为正式领导。最后，加强遴选程序的制度化。比如在负责遴选的机构和组成成员、任期、职责等方面建立标准化的操作流程和评选标准，最终促进遴选程序的良性运作。

（三）运用数据进行教育管理的监测和评估

良好治理的一个重要方面便是使用数据来监控、制定决策和评估教育规划。近年来，虽然巴基斯坦教育部门数据的可用性和可靠性有所提高，然而政府对各级数据的分析和利用能力仍较为薄弱。教育统计数据的质量和可靠性在各省之间存在差异，相关数据存在不符合实际的情况，因此它们很少被拿来使用。[1] 因此，设置科学的教育关键指标体系，加强各级教育管理系统有效利用数据进行定期监测和评估的能力是现实需要。除此之外，还须提高各级（包括学校董事会）教育行政部门数据的公开度，实现数据共享，强化问责体系，使教育管理者对他们所服务的社区更加权责透明。

---

[1] KHAN A M, MIRZA M S. Implementation of decentralization in education in Pakistan: framework, status and the way forward [J]. Journal of research & reflections in education，2011, 5(2): 146-169.

（四）重视地方教育财政投入

应对地方教育部门投入足够的公共资金并开展有效的教育公共财务管理。旁遮普省 2013 年行政支出报告指出，旁遮普省的教育支出不到本省GDP 的 1.5%。巴基斯坦政府在教育方面的支出水平较低，无法实现其与可持续发展目标一致的教育目标。另外，根据世界银行统计分析，巴基斯坦的公共教育支出远低于其邻国以及其他中低收入国家。[1] 因此，在未来，巴基斯坦需要进行重大的税收改革并增加对教育部门的拨款，使教育规划最终能够落到实处。例如：增加学校层面的运营费用，拨款用于学校基础设施改善，加强地区层面教育资金运用的透明性等。除此之外，各地政府也可尝试动员学校和其他基层部门制定自下而上的预算计划，使学校和地区的财政分配更加透明化，并能够真正响应学校的需求。[2]

---

[1] 资料来源于世界银行官网。

[2] 资料来源于亚洲开发银行官网。

第十一章 中巴教育交流

中巴两国是风雨同舟的好邻居。2021 年是中巴建交 70 周年，5 月 21 日，中国国家主席习近平同巴基斯坦总统阿里夫·阿尔维互致贺电，指出两国互信和友谊历经 70 年国际风云变幻考验，始终坚如磐石。[1] 中巴经济走廊建设在双方的共同努力下取得显著成效，为中巴教育文化交流的蓬勃发展提供契机。人文教育方面的交流与合作促进两国人民对彼此的了解，相互之间的联系也越来越紧密。

第一节 交流历史

中国和巴基斯坦是全天候战略合作伙伴，两国人文交流源远流长。公元 5 世纪和 7 世纪，高僧法显和高僧玄奘都曾走访印度河流域，他们的足迹到达今巴基斯坦的白沙瓦、塔克西拉等地，在当地的寺庙讲经授课，并将西域的佛法带回中原，促进了两地佛教文化的交流与融合。15 世纪初期，明代著名航海家、军事家和外交家郑和曾七次下西洋，其中第二次航行就曾到达今巴基斯坦卡拉奇附近。1947 年 6 月《蒙巴顿方案》生效后，印度

---

[1] 中国政府网. 习近平同巴基斯坦总统阿尔维就中巴建交 70 周年互致贺电 [EB/OL].（2021-05-21）[2021-11-05]. http://www.gov.cn/xinwen/2021/05/21/content_5610126.htm.

和巴基斯坦实行分治，直至 1956 年 3 月 23 日巴基斯坦伊斯兰共和国正式成立。巴基斯坦是最早承认中华人民共和国合法地位的国家之一，两国于 1951 年 5 月 21 日正式建交。此后，两国在教育领域逐步开展交流与合作。中巴两国教育交流的历史大体可分为三个时期，即初步探索期、友好交流期和深化合作期。

一、初步探索期（1951—1969 年）

中巴建交初期，双方仅保持一般关系，政治、经济、文化教育等各个领域的交往较少。1955 年，时任中国总理周恩来和巴基斯坦时任总理穆罕默德·阿里·博格拉曾在万隆会议期间进行友好会谈，一致认为应加强两国在各个领域的交流与合作。1956 年 10 月，巴基斯坦时任总理侯赛因·沙希德·苏拉瓦底应周恩来总理的邀请访问中国，同年 12 月，周恩来总理受邀访问巴基斯坦。中巴两国总理在互访后签署了联合声明，提出"必须对两国的商务和文化关系给以恰当的重视"[1]，强调发展两国在这些领域中的往来关系。这一年两国总理的成功互访极大推动了中巴的友好关系，为两国的教育合作奠定基础。

1965 年，两国在拉瓦尔品第签订双边《文化协定》。在万隆会议十项原则的指导之下，中巴开始建立起两国之间的文化合作关系。该协定鼓励两国互派教育工作者、科学家、学者、专家，为留学生互设一定名额的奖学金，组织艺术、体育活动，并利用大众传媒进行传播。为了促进两国文化交流，这一协定在第六条中提出："通过适当的学术和文化机构，组织音乐会、讲学、艺术和科学展览；组织学者访问；鼓励两国科学、艺术、文学

---

[1] 中国条约数据库. 中华人民共和国总理周恩来和巴基斯坦伊斯兰共和国总理苏拉瓦底联合声明 [EB/OL].（1956-12-24）[2022-06-14]. http://treaty.mfa.gov.cn/web/detail1.jsp?objid=1531876385776.

团体和其他增进学术的组织之间的合作；交换出版物；举办手稿、考古标本、艺术品和电影展览以及交换双方同意的广播和电视节目"。[1]

二、友好交流期（1970—1999 年）

20 世纪 70 年代，中巴关系稳定发展，两国政府和人民间的友好合作不断加深。20 世纪 80 年代，中巴两国领导人的互访频率日益增多，民间人文交流也愈发丰富。为落实《文化协定》，双方于 1986 年签订《文化协定一九八六年和一九八七年执行计划》，提出在文化、教育、传媒、体育、宗教等方面的落实方案。该协定在教育方面提出如下计划：巴基斯坦高级教育代表团的 5 名成员将于 1986 年访华；中国每年向巴基斯坦提供 20 名奖学金名额；巴方每年向中方提供 6 名奖学金名额，中方根据需要派出本科生或进修生，所学专业以语言为主；中方同意接受 5 名由巴方政府推荐的自费生来华学习；中方派出 2—3 名中文教师前往伊斯兰堡现代语言学院任教，并向该学院提供中文书籍及期刊杂志；双方互派教授、学者或专家，鼓励两国高等院校进行校际交流与合作；鼓励两国作家代表团、图书馆、出版社等教育团体、组织之间的互访与合作。[2]

1988 年，两国政府出台双边《旅游合作协定》，旨在加强两国友好关系，进一步促进两国人民之间的相互了解，并在平等互利的基础上发展两国在旅游领域的合作。该协定第六条提出："缔约双方将加强在旅游教育和

[1] 中国条约数据库. 中华人民共和国政府和巴基斯坦伊斯兰共和国政府文化协定 [EB/OL]. （1965-03-26）[2022-06-14]. http://treaty.mfa.gov.cn/web/detail1.jsp?objid=1531876433773.

[2] 中国条约数据库. 中华人民共和国政府和巴基斯坦伊斯兰共和国政府文化协定一六八六年和一九八七年执行计划 [EB/OL]. （1986-11-12）[2022-06-14]. http://treaty.mfa.gov.cn/web/detail1.jsp?objid=1531876600203.

培训方面的合作，为旅游教育和技术培训提供方便"。[1]

1990 年，为继续实施《文化协定》，两国政府共同签订《文化协定一九九〇年和一九九一年执行计划》。该计划的内容与《文化协定一九八六年和一九八七年执行计划》大体相似，但也有少许改动之处。与 1986 年出台的文化协定执行计划相比，1990 年新出台的计划不仅安排巴基斯坦政府五人代表团于 1990 年访华，还安排中国政府教育五人代表团于 1991 年回访巴基斯坦。在中国政府每年向巴基斯坦提供的 20 个奖学金名额中，该计划不仅规定需要有 3 名学生学习语言专业，还进一步明确提出了对其他 17 名学生的学历层次的要求，即巴方可根据需要派遣博士研究生、硕士研究生或进修生来华学习。[2]

1991 年，两国政府继续签订《文化协定一九九二至一九九三年执行计划》。在《文化协定一九九〇年和一九九一年执行计划》的基础上，1991 年新出台的文化协定执行计划对巴方奖学金获得者的人员构成进行细微调整，即在巴方每年向中方提供的 6 名奖学金名额中，需包含两名高级奖学金名额提供给访问学者，中方根据需要派出本科生、研究生或访问学者，所学专业另商。[3]

1994 年，《文化协定一九九五年和一九九六年执行计划》出台，对两国互访问代表团和奖学金获得者的人员身份和构成作出更为细致的规定。与上一版文化协定执行计划相比，本计划的不同之处主要在于：中方将于1995 年派出由教育工作者、教育规划工作者和教育行政管理人员组成的五人代表团访问巴基斯坦；巴方将于 1996 年派出由教育家、教育规划工作

[1] 中国条约数据库. 中华人民共和国和巴基斯坦伊斯兰共和国政府旅游合作协定 [EB/OL].（1988-04-30）[2022-06-14]. http://treaty.mfa.gov.cn/web/detail1.jsp?objid=1531876623299.

[2] 中国条约数据库. 中华人民共和国和巴基斯坦伊斯兰共和国政府文化协定一九九〇年和一九九一年执行计划 [EB/OL].（1990-09-23）[2022-06-14]. http://treaty.mfa.gov.cn/web/detail1.jsp?objid=1531876644201.

[3] 中国条约数据库. 中华人民共和国和巴基斯坦伊斯兰共和国政府文化协定一九九二至一九九三年执行计划 [EB/OL].（1991-11-23）[2022-06-14]. http://treaty.mfa.gov.cn/web/detail1.jsp?objid=1531876652812.

者和教育行政管理人员组成的五人代表团访华；中方将每年根据巴方需要向其提供 20 个奖学金名额，其中包括 3 名语言专业的学生，5 名博士生和 12 名硕士生，学习科目将通过外交途径商定；巴方将每年向中方提供 6 个奖学金名额，中方派遣访问学者或研究生赴巴；双方鼓励文学资料、学校教材及教师培训资料的交流等。[1]

1996 年 12 月 2 日，时任中国国家主席江泽民在巴基斯坦首都伊斯兰堡以《世代睦邻友好，共创美好未来》为题发表演讲，提出中国与南亚各国共同构筑面向 21 世纪睦邻友好关系的五点主张：第一，扩大交往，加深传统友谊；第二，相互尊重，世代睦邻友好；第三，互利互惠，促进共同发展；第四，求同存异，妥善处理分歧；第五，团结合作，共创美好未来。[2]这次演讲首次全面阐述了中国的南亚政策，确立了面向 21 世纪的中巴全面合作伙伴关系。

三、深化合作期（2000 年至今）

进入 21 世纪以来，中巴全面合作伙伴关系进一步深入发展，双方高层接触频繁，政治互信不断增强，文化教育领域的交流与合作也越来越多。2003 年，时任巴基斯坦总统穆沙拉夫来访中国，双方政府签署《关于中巴双边合作发展方向的联合宣言》，承诺将进一步密切双边关系，深化和拓展两国关系。有关教育领域，该联合宣言提出，双方将通过交换留学生、教师，互派代表团和艺术团，专家互访，互办展览等方式，加强两国在文化、教育、

[1] 中国条约数据库. 中华人民共和国和巴基斯坦伊斯兰共和国政府文化协定一九九五年和一九九六年执行计划 [EB/OL].（1994-12-21）[2022-06-14]. http://treaty.mfa.gov.cn/web/detail1.jsp?objid=1531876704002.

[2] 中国外交部. 世代睦邻友好　共创美好未来——在巴基斯坦伊斯兰堡的演讲（一九九六年十二月二日）[EB/OL].（2000-11-07）[2022-06-15]. https://www.mfa.gov.cn/web/zyxw/200011/t20001107_271348.shtml.

卫生、体育、媒体、宗教等领域的交流与合作。此外，该宣言还特别提出将对两国青年一代进行友好传统的宣传教育。开展青少年友好交流与往来，能够使两国人民的友谊、互信和合作后继有人。[1]

2004 年，以《关于中巴双边合作发展方向的联合宣言》的精神为指导，中巴两国外交部共同签订《外交部合作协议书》。该协议书中的第五条提出"双方同意所属外交学院和其他学术研究机构之间建立密切的交流与合作，寻找各种方式为对方提供人员培训、学者互访等便利"，对两国外交人才的共同培养加以重视。[2]

2005 年，时任中国总理温家宝访问巴基斯坦，双方政府重申 2003 年《关于中巴双边合作发展方向的联合宣言》对深化双边关系具有重要指导意义，并签署《中巴睦邻友好合作条约》，两国在业已存在的传统友好合作关系基础上，进一步发展两国更加紧密的战略合作伙伴关系。该合作条约在第八条、第九条中指出，中巴双方将在高等教育领域开展密切合作，扩大双方在文化、教育、媒体、体育、旅游、医疗卫生、社会保障方面的交流，对增进两国人民的相互了解与友谊具有重要意义。[3]

2010 年，为进一步促进两国在人文领域的交流与合作，中巴双方签署《关于互设文化中心的谅解备忘录》，同意中方在伊斯兰堡设立中国文化中心，巴方在北京设立巴基斯坦文化中心。两国文化中心将与合作伙伴友好协作，面向公众提供高质量的文化活动。[4]

2013 年 5 月，中国总理李克强应邀对巴基斯坦进行正式访问，中巴双

[1] 中国条约数据库. 中华人民共和国和巴基斯坦伊斯兰共和国关于双边合作发展方向的联合宣言 [EB/OL].（2003-11-03）[2022-06-14]. http://treaty.mfa.gov.cn/web/detail1.jsp?objid=1531876852692.

[2] 中国条约数据库. 中华人民共和国和巴基斯坦伊斯兰共和国外交部合作协议书 [EB/OL].（2004-04-08）[2022-06-14]. http://treaty.mfa.gov.cn/web/detail1.jsp?objid=1531876862795.

[3] 中国条约数据库. 中华人民共和国和巴基斯坦伊斯兰共和国睦邻友好合作条约 [EB/OL].（2005-04-05）[2022-06-14]. http://treaty.mfa.gov.cn/web/detail1.jsp?objid=1531876876542.

[4] 中国条约数据库. 中华人民共和国和巴基斯坦伊斯兰共和国关于互设文化中心的谅解备忘录 [EB/OL].（2010-12-17）[2022-06-14]. http://treaty.mfa.gov.cn/web/detail1.jsp?objid=1531876945593.

方发表《关于深化两国全面战略合作的联合声明》，秉承《睦邻友好合作条约》的有关原则和精神，在现有密切合作的基础上，对政治、经贸、人文等 8 个领域深化全面战略合作。在人文方面，中方支持巴方推广汉语教学，承诺将在 5 年内为巴基斯坦培训 1 000 名汉语教师；巴方支持中方在卡拉奇大学设立孔子学院，并逐步扩大在巴孔子学院的建设；深化两国在大学、智库、媒体等方面的交流，继续推进互设文化中心工作；保持中巴百人青年团互访机制，加强在青年干部培训和青年志愿者服务等方面的合作；将 2015 年定为"中巴友好交流年"，共同组织和举办各类庆祝活动。

2015 年 4 月，中国国家主席习近平赴巴基斯坦进行国事访问，与巴基斯坦政府联合发布《关于建立全天候战略合作伙伴关系的联合声明》，双方一致同意将中巴战略合作伙伴关系提升为全天候战略合作伙伴关系，巴方将坚定支持并积极参与"一带一路"的建设。该联合声明指出，双方政府高度重视加强两国人文交流，将不断扩大两国智库、媒体、青年及学术界的交流与合作。中巴双方积极鼓励并支持本国出版机构参加对方国家举办的书展，翻译出版对方国家优秀出版物。中方宣布未来五年内为巴提供 2 000 个培训名额。[1] 同年 12 月，巴基斯坦青年百人团访华，中国国家副主席李源潮会见代表团。截至 2021 年 8 月，已有 10 批巴基斯坦青年百人团访华，5 批中国青年百人团访问巴基斯坦，共约 1 500 名青年参加了互访活动。[2]

2020 年 3 月，中国国家主席习近平邀请巴基斯坦总统阿里夫·阿尔维来访中国，两国联合发布《关于深化中巴全天候战略合作伙伴关系的联合声明》。双方一致认为，中巴经济走廊建设正在进入高质量发展新阶段，双

---

[1] 中国政府网. 中华人民共和国和巴基斯坦伊斯兰共和国关于建立全天候战略合作伙伴关系的联合声明（全文）[EB/OL].（2015-04-21）[2021-11-05]. http://www.gov.cn/xinwen/2015/04/21/content_2850064.htm.

[2] 中国外交部. 中国同巴基斯坦的关系 [EB/OL]. [2022-06-15]. https://www.fmprc.gov.cn/web/gjhdq_676201/gj_676203/yz_676205/1206_676308/sbgx_676312/.

方将在新时代构建更紧密的中巴命运共同体。[1] 随着中巴经济走廊的建设持续深入，中巴两国在教育文化领域的合作也不断涌现，通过在巴基斯坦设立孔子学院、鼓励巴基斯坦学生来华留学、加强两国高校合作等方式持续推进着两国人民之间的"民心相通"。

2022 年 5 月，中巴双方外交部长相聚中国广州，共同发布《中国和巴基斯坦联合声明》。双方同意加强在旅游、教育、金融、信息技术领域的服务和技能开发合作，实现双边贸易多元化发展。在全球新冠肺炎疫情延宕之际，巴基斯坦外长拉瓦尔·布托·扎尔达里就巴基斯坦留学生分阶段安全返华向中国国务委员兼外长王毅表达感谢。[2]

第二节 交流现状与模式

2016 年 7 月 13 日，中国教育部发布《推进共建"一带一路"教育行动》，提出构建"一带一路"教育共同体，促进区域教育发展。在这一背景下，中方通过鼓励巴基斯坦学生来华留学、在巴设立孔子学院、加强两国高校交流等方式，助力中巴两国的教育合作朝着更为广阔和深入的方向不断推进。

---

[1] 人民网. 中华人民共和国和巴基斯坦伊斯兰共和国关于深化中巴全天候战略合作伙伴关系的联合声明 [EB/OL].（2020-03-18）[2021-11-05]. https://baijiahao.baidu.com/s?id=1661447744443514341&wfr=spider&for=pc.

[2] 中国外交部. 中国和巴基斯坦联合声明（全文）[EB/OL].（2022-05-22）[2022-06-15]. https://www.fmprc.gov.cn/web/wjdt_674879/wjbxw_674885/202205/t20220522_10690891.shtml.

一、中巴教育交流现状

（一）来华留学规模迅速扩张

近年来，中国已成为巴基斯坦学生的首选留学目的地之一。在中巴经济走廊启动后，有意来中国攻读学士、硕士和博士学位的巴基斯坦学生人数成倍增加。根据中国教育部来华留学统计数据，2011—2018 年，巴基斯坦来华留学生的人数逐年递增且增速加快，由 8 516 人上升至 28 023 人，增幅高达 3 倍之多。2018 年，巴基斯坦来华留学人数的规模为全球第三位，规模仅次于韩国和泰国的来华留学生群体（见表 11.1）。

表 11.1 2011—2018 年巴基斯坦来华留学生数量变化情况（人）

年份	2011	2012	2013	2014	2015	2016	2017	2018
来华留学生人数	8 516	9 630	10 941	11 764	15 654	18 626	22 000[1]	28 023
来华留学规模排名	9	9	10	8	6	4	3	3
来华留学生占来华留学总人数比例	2.91%	2.93%	3.07%	3.12%	3.94%	4.21%	4.50%	5.69%

中国高校的国际知名度、充足的奖学金是吸引巴基斯坦学生来华求学的两个重要原因。首先，随着"双一流"计划的深入开展，中国高校的全

---

[1] 作者未在教育部官网中查询到有关 2017 年巴基斯坦来华留学生的官方公开数据。表 11.1 中，2017 年巴基斯坦来华留学生人数的估算数据来自：国务院侨务办公室. 在华留学生超 2.2 万　巴基斯坦掀起"留学中国热"[EB/OL].（2018-05-23）[2022-06-15]. http://www.gqb.gov.cn/news/2018/0523/44908.shtml.

球影响力正逐步攀升。根据 2021 年 QS 亚洲大学排名数据，目前共有 74 所中国大学被列入亚洲大学 300 强的名单之中，其中，清华大学、浙江大学、复旦大学、北京大学、上海交通大学被列入该排名榜单的前十名。[1] 除了提升自身的国际排名之外，中国高校还在不同国家建立海外校区，如澳大利亚、日本、马来西亚、泰国、老挝、巴基斯坦等，积极参与全球教育治理。其次，中国政府奖学金为巴基斯坦学生来华留学提供经济支持，缓解留学生的财务负担。2005 年，巴基斯坦与中国国家留学基金管理委员会签署协议，并在当年向中国的 15 所大学派遣出第一批获得政府奖学金的巴基斯坦学生，共计 300 名，拉开了中巴两国高等教育合作的序幕。截至 2018 年，共约有 2 700 名巴基斯坦学生获得中国政府提供的全额奖学金并在中国大学攻读硕士和博士学位。即使学生没有获得奖学金的支持，来中国求学的费用也比在巴基斯坦本地读书的费用更低。据统计，在中国获得医学学位的总费用（包括生活费）约为 3 万美元，而在巴基斯坦国内，光是在医学院就读的学费就超过了 3 万美元。[2] 除了医学之外，工程、计算机、工商管理、金融、化学、建筑、国际法、新闻等专业都是巴基斯坦学生来华留学的热门专业。在中国求学的过程中，留学生能够逐步熟悉中国的语言、文化和习俗，他们在毕业后将为中巴经济走廊项目提供巨大支持。

（二）两国语言交流不断加强

近年来，随着中巴友好关系的持续深入，双方重视两国在语言方面的交流。当前中国已有 5 所高校设置乌尔都语专业，包括北京大学、西安外

---

[1] 数据来源于 QS 官网。

[2] RAUF A. Pakistan-China collaboration in higher education [J]. PIVOT quarterly magazine of China-Pakistan Study Center. 2019, 1(2): 14-16.

国语大学、北京外国语大学、广东外语外贸大学、天津外国语大学。此外，在教育部的资助下，《乌尔都语汉语词典》于 2018 年正式出版发行，填补了我国没有《乌尔都语汉语词典》的空白，满足了高校教学科研、人才培养、对外交流的需要，并且对促进中巴友好交往、推动我国与南亚相关国家的民间往来具有重要意义。[1] 与此同时，巴基斯坦也掀起了一股"中文热"。国立现代语言大学、卡拉奇大学等高校纷纷开设中文专业，孔子学院也在巴基斯坦蓬勃发展起来。目前，中方已在当地建立五所孔子学院，包括伊斯兰堡孔子学院、卡拉奇大学孔子学院、费萨拉巴德农业大学孔子学院、旁遮普大学孔子学院和萨戈达大学孔子学院。中巴合作共建孔子学院概况信息见表 11.2。

表 11.2 中巴合作共建孔子学院概况信息

孔子学院名称	创建时间	中方合作院校	巴方合作院校	院校类型	所在地区
伊斯兰堡孔子学院	2005 年	北京语言大学	国立现代语言大学	语言类	伊斯兰堡
卡拉奇大学孔子学院	2013 年	四川师范大学	卡拉奇大学	综合类	卡拉奇
费萨拉巴德农业大学孔子学院	2014 年	新疆农业大学	费萨拉巴德农业大学	农业类	费萨拉巴德
旁遮普大学孔子学院	2015 年	江西理工大学	旁遮普大学	综合类	拉合尔
萨戈达大学孔子学院	2020 年	河南师范大学	萨戈达大学	综合类	萨戈达

---

[1] 中国教育部.《乌尔都语汉语词典》出版发行后期资助项目成果丰硕 [EB/OL].（2014-06-09）[2021-11-05]. http://www.moe.gov.cn/jyb_sjzl/s3165/201404/t20140425_170053.html.

伊斯兰堡孔子学院由北京语言大学和国立现代语言大学于 2005 年合作建立，是伊斯兰国家的第一所孔子学院，也是全球第一批"示范孔子学院"，曾先后四次被中外语言交流合作中心授予"先进孔子学院"称号，巴方合作院校也荣获"孔子学院开拓奖"。近十几年来，该孔子学院逐步发展成为中巴民间交流的重要平台。此外，伊斯兰堡孔子学院推广各类汉语水平考试，仅 2017 年上半年就有近 2 400 人参加汉语水平考试。[1]

卡拉奇大学孔子学院由四川师范大学和卡拉奇大学于 2013 年合作建立，位于巴基斯坦最大的城市卡拉奇。卡拉奇大学孔子学院目前已成为巴基斯坦国内办学规模最大的孔子学院之一，当前共有中方教师 30 名、本土教师 2 名、注册学生 7 000 余人、5 个校外教学点。[2]

费萨拉巴德农业大学孔子学院与新疆农业大学于 2014 年开始开展双方合作共建的新篇章，这是除伊斯兰堡孔子学院和卡拉奇大学孔子学院外，巴基斯坦建立的第三所孔子学院。合作双方在国际中文教育、农业科研和教学等方面开展多领域合作，取得良好的合作成果，该孔子学院成为世界 100 所示范孔子学院之一。[3]

旁遮普大学孔子学院是江西理工大学与旁遮普大学于 2015 年起合作建立的孔子学院，位于旁遮普省拉哈尔市。该孔子学院主要围绕汉语学习和巴基斯坦本土教师的培养、中国文化和历史的学习研究、中巴民众文化的交流认同等方面开展汉语教学和中国优秀文化传播工作。[4]

萨戈达大学孔子学院是河南师范大学与萨戈达大学于 2020 年合作建立

[1] 北京语言大学孔子学院工作处. 巴基斯坦伊斯兰堡孔子学院 [EB/OL]. （2018-04-17）[2021-09-15]. http://ci.blcu.edu.cn/art/2018/4/17/art_6891_1089080.html.

[2] 四川师范大学国际交流合作处. 巴基斯坦卡拉奇大学孔子学院 [EB/OL]. （2020-04-07）[2021-09-15]. http://oiec.sicnu.edu.cn/p/0/?StId=st_app_news_i_x637218740992711303.

[3] 新疆农业大学. 我校将与巴基斯坦费萨拉巴德农业大学共建孔子学院 [EB/OL]. （2014-04-03）[2021-09-15]. http://www.xjau.edu.cn/2014/0303/c145a40057/page.htm.

[4] 江西理工大学. 我校获批与巴基斯坦旁遮普大学共建孔子学院 [EB/OL]. （2015-09-07）[2021-09-15]. https://www.jxust.edu.cn/info/1011/5171.htm.

的孔子学院，于 2020 年正式获批。萨戈达大学始建于 1929 年，共设有 3 个校区，其中主校区位于旁遮普省萨戈达市。目前，学校共有在校生 2.6 万人，教职工 2 100 余人，开设社会科学、艺术人文、自然科学、农学、药学、医学和健康科学、工程和技术七个专业，可授予学士、硕士和博士学位。[1]

（三）学术研究合作逐步开展

据不完全统计，截至 2020 年，主要有 13 所中国高校开设巴基斯坦研究中心，分别为北京大学、四川大学、复旦大学、江苏师范大学、西华师范大学、喀什大学、云南民族大学、北京工商大学、江西理工大学、中国传媒大学、华南理工大学、西北大学及河北师范大学。其中，四川大学巴基斯坦研究中心于 2008 年 11 月 19 日成立。一方面，该中心是一个面向全国、重在西南、开放的学术机构，通过开设相关的学术讲座、资助课题研究、出版学术论著等，增进我国对巴基斯坦的了解；另一方面，该中心是促进中巴两国交流的桥梁，通过举行学术会议、组织学者和学生互访、举办专题活动等，增进中巴两国人民，尤其是两国青年学子之间的相互了解与交流。江苏师范大学巴基斯坦研究中心成立于 2011 年 3 月 25 日，是我国较早成立的以巴基斯坦为研究对象的高端智库。该中心推动江苏师范大学"一带一路"研究院成功在巴基斯坦旁遮普大学设立分院，并与旁遮普大学、巴基斯坦信息技术大学、拉合尔女子学院等高校以及巴中学会、伊斯兰堡战略研究所等科研机构建立合作关系。[2] 此外，在教育部的支持下，中国高等教育学会于 2017 年选派教育专家代表团赴巴基斯坦进行交流访问，并同巴基斯坦高等教育委员会的专家学者就"高等教育公平入学与质量的挑战"

---

[1] 河南师范大学. 我校获批承办巴基斯坦萨戈达大学孔子学院 [EB/OL].（2020-04-08）[2021-09-15]. https://www.htu.edu.cn/xwxxgk/2020/0408/c8420a164056/page.htm.

[2] 江苏师范大学巴基斯坦研究中心. 中心简介 [EB/OL].（2020-08-02）[2021-09-15].http://prc.jsnu.edu.cn/9152/list.htm.

的主题进行研讨，在学术层面对两国共同面临的高等教育发展规模与质量问题交换意见。[1]

自"一带一路"倡议提出以来，巴基斯坦的研究机构和高校开始逐步开展对中国的国别研究。巴基斯坦–中国研究所、COMSATS 信息技术学院中国研究中心、伊斯兰堡战略研究所中国–巴基斯坦研究中心、白沙瓦大学中国研究中心、巴利亚大学中国学习与研究中心、萨戈达大学巴基斯坦中国研究院等科研机构纷纷建立。例如，白沙瓦大学中国研究中心在中国驻伊斯兰堡大使馆提供的财政和专业援助下，于 2016 年正式落成。该中心旨在加强中巴双方高校和研究机构的合作，对中国的政治、经济、文化、历史、中巴关系、"一带一路"、上海合作组织、区域一体化等议题进行研究，发挥高校的智库作用。同时，通过研究、传播中巴两国的真实信息，定期举办研讨会、圆桌论坛、美食节、汉语证书课程和系列讲座等活动，推动两国人民的文化交流，致力于使白沙瓦大学成为一个获取有关中国知识的来源。[2] 再如，萨戈达大学巴基斯坦中国研究院成立于 2018 年，旨在介绍和推广中国语言、文化和历史，加深学生对中国的了解。为了实现这一目标，萨戈达大学做出以下行动。其一，开设孔子学院，为师生提供汉语教学服务。目前该校已经有超过一百名学生和青年教师获得中文课程结课证书。其二，于 2019 年与河南师范大学签署谅解备忘录，促进双方师生开展办学合作与学术交流等。其三，自 2019 年开始，定期出版介绍性质的文章。内容涵盖中国、中巴关系和中巴经济走廊等议题，为学生、学者、意见领袖和其他相关人员提供信息便利。其四，邀请国内外杰出学者开设讲座，为师生创造与专家对话交流的机会。其五，组织各类增进中巴友谊的活动。例如，该研究院曾于苏州市艺术与设计学院合作举办以"巴中友谊"为主

---

[1] 中国高等教育学会代表团. 巴基斯坦高等教育发展现状与前景——访问巴基斯坦的调查报告 [J]. 中国高教研究，2017（9）：74-79.

[2] 数据来源于白沙瓦大学官网。

题的巴基斯坦艺术展。[1]

虽然当前已经有一些高校和研究所开始进行关于中国的研究，但总体而言，中巴双方的学术交流与合作尚处于初期发展阶段，远远落后于两国在经济方面的合作进展。随着中巴经济合作的不断深入，双方高校组建的"中巴经济走廊大学联盟"交流机制，成为中巴高等教育领域交流合作的重要平台。2021 年，在两国建交 70 周年之际，中巴两国召开"中巴经济走廊大学联盟"交流机制第四次会议，中方会场设于北京大学，巴方会场设于巴基斯坦国立科技大学。截至 2021 年，联盟成员高校达到 83 所，举行近80 次培训活动，向巴方学生颁发 200 多项奖学金。[2] 会议提出，中巴教育合作的四大未来发展方向，即"推动关键领域精准合作、推动科技赋能教育发展、推动人文交流惠及民生、推动产教融合协同育人"[3]，为构建新时代中巴命运共同体提供智力支撑和人才储备。

（四）职业教育合作愈发丰富

随着"一带一路"倡议的推进，两国职业教育的国际合作也正在逐步丰富。例如，2018 年"鲁班工坊"在巴基斯坦旁遮普省技术教育与职业培训局正式启动运营，为巴基斯坦培养大批机电一体化、电气自动化专业的技术人才，推动中国职业教育理念经验、教育教学模式、教学技术装备、国际化专业教学标准以及高水平师资培训与巴基斯坦的互融共享。2017 年国家发改委国际合作中心成功举办"巴基斯坦——中国职业技术教育国际

[1] 资料来源于萨戈达大学官网。

[2] 中国高等教育学会. 杜玉波：为构建新时代中巴命运共同体贡献力量——在"中巴经济走廊大学联盟"交流机制第四次会议开幕式上的讲话 [EB/OL].（2021-10-15）[2022-06-17]. https://www.eol.cn/news/yaowen/202110/t20211015_2164473.shtml.

[3] 中国高等教育学会. 杜玉波：为构建新时代中巴命运共同体贡献力量——在"中巴经济走廊大学联盟"交流机制第四次会议开幕式上的讲话 [EB/OL].（2021-10-15）[2022-06-17]. https://www.eol.cn/news/yaowen/202110/t20211015_2164473.shtml.

合作交流会"，中巴双方探索解决巴基斯坦职业技术培训能力不足及技术、技能型劳动力匮乏等问题，指导和帮助中国职业技术教育院校和培训机构"走出去"，积极参与国际教育合作。此外，天津职业技术师范大学、天津工业大学、天津城建大学与旁遮普省技术教育与职业培训部联合创建旁遮普天津技术大学，并于2018年正式投入运营，面向拉合尔的本土学生提供电气、机械、汽车、纺织、建筑学、土木工程、汉语专业的本科学历教育。

在未来，中巴两国将开展更为广泛和深入的合作。其一，政府应做好顶层设计和规划引导，出台相关政策，配套相关经费，鼓励两国职业院校缔结姊妹学校的关系，并为两国积极开展职业教育国际化合作创造制度保障和落地实施条件。其二，高校应培养一批懂语言、懂专业、懂教学的国际化教师队伍，加快国际化职业培训教材和专业教学标准的研发进程，为培养两国高素质的职业技术人才打下坚实的基础。其三，建立多方融资机制，不断拓展职业教育经费的多元渠道，善加利用国家职业培训产业发展基金等相关资源，为中巴职业教育合作提供经费保障。其四，依托行业协会和民间组织，创建"一带一路"职业教育联盟，搭建高端智库和信息交流平台，通过实地调研撰写并发布关于中巴两国职业教育发展报告，为政府的决策提供咨询和参考，并为高校提供国际交流与合作办学的落地方案设计。国际化职业技能培训对"一带一路"倡议的可持续性发展具有积极意义，中巴职业教育合作大有可为。

二、中巴教育交流模式

在《睦邻友好合作条约》的指导之下，中巴两国根据各自的实际需求进行教育领域的合作。目前，中巴主要的教育合作模式可分为政府层面的投资援建模式、学校层面的合作办学模式、社会层面的民间交流模式。

（一）投资援建模式

中国政府在"一带一路"倡议和中巴经济走廊的政策背景下，对巴基斯坦进行大规模的投资。在教育领域，中国政府和企业投资援建巴方多所学校，改善当地学生的教育教学条件，有助于促进巴基斯坦的人才培养。

在基础教育领域，中国和平发展基金会于 2015 年在瓜达尔地区出资捐建了法曲儿学校，受到巴基斯坦政府和社会的关注。瓜达尔港是中巴经济走廊的旗舰项目，随着基础设施建设逐步完工、各类企业和工厂成功入驻，瓜达尔港由封闭的小渔村快速成长为具备一定工业化水平和现代化设施的地区。为改善当地的教育条件，法曲儿学校于 2016 年 9 月 1 日正式交付使用，它的校舍干净整洁、安全舒适，配备了多功能教室等现代化教学设施。该学校原本设计只容纳 150 名学生就读，但由于校园环境和教学条件较为良好，学校在正式运营之后吸引了 400 多名学生报名，招生情况十分火爆。2020 年 6 月，该学校完成新一轮扩建，能够容纳 1 000 多名学生同时就读，一定程度上解决了当地适龄儿童上学难的问题。[1]

在职业教育领域，由中国政府援建的巴基斯坦瓜达尔职业技术学校于 2020 年 1 月开工建设，并于 2021 年 10 月 1 日正式竣工。这是中巴经济走廊之下瓜达尔地区首个完工的社会民生项目，耗资千万美元打造完成。该学校坐落于茫茫沙漠之上，是巴基斯坦第一所以港口航运领域为主、其他技术领域为辅的职业技术学院，总面积约为 7 350 平方米，每年可培养超过 1 000 名技术人才，为港口各公司提供人力资源支持并对当地的社会经济发展提供助力。瓜达尔职业技术学校校舍宽敞、各类配套设施较为完备，校园设施包括教学楼、图书馆、实训车间、多功能厅、学生和教职工宿舍等配套建筑。[2]

---

[1] 程是颉. 为瓜达尔港探索出一条可持续发展之路（共建"一带一路"）[N]. 人民日报, 2022-06-12（3）.

[2] 中国驻卡拉奇总领事馆经济商务处. 中国援助巴基斯坦瓜达尔职业技术学校举行竣工仪式 [EB/OL].（2021-10-03）[2022-06-15]. http://karachi.mofcom.gov.cn/article/c/202110/20211003204752.shtml.

（二）合作办学模式

巴基斯坦人口众多，年轻人对接受职业技能培训具有较大需求，与此同时，巴基斯坦当地大量的中资企业需要既懂技术、又懂中文的技术人才。在上述需求的驱动下，中巴双方积极探索高校间的交流与合作，除了在高校中开设乌尔都语或中文专业、建设孔子学院之外，双方还尝试进行高校间的跨境合作办学。2017 年 5 月，时任旁遮普省首席部长穆罕默德·夏巴兹·谢里夫访问天津，并在参观天津职业技术师范大学之时表达了希望与天津合作建立一所类似大学的愿望。依托"一带一路"倡议和中巴经济走廊的政策背景和人才需要，天津市政府采纳了巴基斯坦方面的提议，并组织团队赴巴基斯坦进行实地考察和接洽工作。在天津市政府的指导之下，经过多方斡旋和筹备，天津职业技术师范大学、天津工业大学、天津城建大学和旁遮普技术教育与职业培训部携手，于 2018 年 3 月正式联合创办了天津旁遮普技术大学，旨在培养了解中国、掌握技术、服务于"一带一路"建设的国际化专业人才。

天津旁遮普技术大学的办学实践是中巴深化文化教育领域合作的新尝试。该学校采用中巴双方合作的形式开展办学活动，中方三所高校提供师资和教学资源，巴方负责提供场地、资金和设备等支持。学校主要招收拉合尔的本地学生，开展本科阶段的教学，致力于培养实用技术人才，因此具有一定职业教育的特征。三所中方学校联合开展境外办学是一种较为新颖的举措，三所学校各自发挥专业所长，由天津职业技术师范大学牵头开设机械工程、汽车、汽车工程、电器、汉语专业，天津工业大学开设服装设计专业，天津城建大学开设建筑专业。经过一系列的访谈工作，笔者了解到虽然天津旁遮普技术大学在办学的初期受到中巴双方政府的大力支持，但目前该校的办学规模仍然较小，办学运行过程中遇到办学条件简陋、办学资金短缺等诸多挑战。

（三）民间交流模式

中巴双方共同大力开展文化教育项目，通过设立文化中心、积极举办文化活动等方式，增进两国人民相互了解，促进民间交流。

2006 年，巴中文化中心在卡拉奇成立，经巴基斯坦政府批准，成为备受关注的民间文化组织之一，由巴中基金会自筹成立，为当地人民提供学习中文、了解中国的平台，在两国人民之间构建起文化交流的桥梁。该中心开放图书室、放映室等场地设施，供公众免费使用，致力于中华文化的推广和传播。[1]

2017 年，国家发改委国际合作中心举办"巴基斯坦—中国职业技术教育国际合作交流会"，邀请专家学者、企业家等共同商谈中巴职业教育的未来发展方向和策略，推动中国职业院校"走出去"开展国际化办学，满足巴基斯坦在"一带一路"建设中大量的职业技能人才培训需求。[2]

2022 年，巴基斯坦"读懂中国"论坛、旁遮普大学孔子学院和灯塔新洲学校共同举办"中文，共筑美好未来"的主题文化活动，吸引 200 多名巴基斯坦中小学生参与其中。学生们对中国历朝历代的名称如数家珍，还能够在活动中演唱中文歌曲《茉莉花》、表演扇子舞，在舞台上向观众充分展示了他们学习汉语和中国文化的成果。[3]

"汉语桥"比赛于 2002 年开始举办，旨在弘扬中国文化，推动中国与各国在政治、经济、文化、教育各个领域的交流与合作，受到世界各国中

---

[1] 中国驻卡拉奇总领事馆 . "巴中文化中心"在卡拉奇成立 [EB/OL]．（2006-01-25）[2021-09-06]. http://karachi.chineseconsulate.org/chn/whjy/t259955.htm.

[2] 中国一带一路网 . 发改委国际合作中心举办"巴基斯坦—中国职业技术教育国际合作交流会"[EB/OL].（2017-08-10）[2022-06-15]. https://www.yidaiyilu.gov.cn/xwzx/bwdt/22900.htm.

[3] 中国一带一路网 . 巴基斯坦旁遮普大学孔子学院举办"联合国中文日"文化活动 [EB/OL]．（2022-04-17）[2022-06-15]. https://www.yidaiyilu.gov.cn/xwzx/hwxw/235716.htm.

文学习者的高度关注和积极响应。[1] 近年来，越来越多的巴基斯坦学生参与到这一具有国际影响力的中文赛事中来。例如，2021 年，"汉语桥"世界大学生中文比赛巴基斯坦赛区决赛由中国驻巴基斯坦大使馆主办、千禧孔子课堂承办。巴基斯坦参赛选手以"追梦中文，不负韶华"为主题，畅谈自己的"中国梦""汉语梦"，讴歌中巴建交 70 周年的辉煌历史。2022 年，由中国驻巴基斯坦大使馆主办、伊斯兰堡孔子学院承办的第 21 届"汉语桥"世界大学生中文比赛巴基斯坦赛区决赛圆满落幕，参赛选手以"天下一家"为主题进行演讲和才艺展示。[2] 赞美中巴两国人民的"铁杆"友谊。

第三节 案例与思考

一、巴基斯坦出现"中文热"

（一）巴基斯坦中文传播的主要渠道

语言是跨国人文交流重要载体，中文的传播在中巴教育合作中占据关键位置。"一带一路"倡议的推进，令中巴两国在各个领域的合作不断加深，越来越多的巴基斯坦青年开始学习中文，形成一股不可小觑的"中文热"风潮。在巴基斯坦国内，中文传播的主要渠道主要包括以下两种。

---

[1] 孔亮. 巴基斯坦概论 [M]. 广州：世界图书出版公司，2016：150-174.

[2] 中国文化中心. 第 21 届"汉语桥"世界大学生中文比赛巴基斯坦赛区决赛圆满落幕 [EB/OL].（2022-06-15）[2022-06-16]. http://cn.cccweb.org/pubinfo/2022/06/15/200001003002001/a34ad9c2328c47bf878baac4e419e612.html.

1．巴基斯坦学生来华留学

"一带一路"倡议和中巴经济走廊为巴基斯坦学生来华留学带来强大的助推力。自 2013 年"一带一路"倡议提出以来，巴基斯坦的来华留学生人数逐年增加，增速越来越快，极大促进了中文在巴基斯坦学生群体中的推广，加强了中巴民间的人文交流。中国政府高度重视来华留学生的发展，巴基斯坦留学生作为第三大来华留学群体，获得我国领导人的亲切问候。2020 年 5 月，中国国家主席习近平给北京科技大学全体巴基斯坦留学生回信，对优秀青年来华学习深造表示欢迎，鼓励外国在华留学生多了解中国，多向世界讲述中国，多同中国青年交流，为促进民心相通、推动构建人类命运共同体贡献力量。

2．孔子学院开设的中文课程和文化活动

目前，中方已在巴基斯坦建立五所孔子学院，包括伊斯兰堡孔子学院、卡拉奇大学孔子学院、费萨拉巴德农业大学孔子学院、旁遮普大学孔子学院和萨戈达大学孔子学院。以伊斯兰堡孔子学院为例，校园内伫立着一座高大的孔子雕像，剪纸、汉字等各类中国元素散布于学院各处。这所成立于 2005 年的孔子学院是在巴基斯坦开设的第一所孔子学院，主要开展中文教学、组织中文水平考试，平均每年招收 2 000 多名学员学习中文，举办书法展、服装秀、美食节等文化体验活动，激发当地学生对汉字和中国文化的兴趣。[1]

---

[1] 中国一带一路网. 让中巴友谊薪火相传——记孔院教师眼中的巴基斯坦"中文热"[EB/OL].（2021-03-31）[2022-06-16]. https://www.yidaiyilu.gov.cn/xwzx/hwxw/168842.htm.

（二）巴基斯坦"中文热"的主要原因

1．中国经济发展的势头强劲

2010 年，中国经济总量首次超过日本，成为世界第二大经济体。在此后的十年之中，中国迎来发展的快车道，经济发展形势较好，国内生产总值（GDP）从 2010 年的 41.2 万亿元到 2020 年的 101.4 万亿元，经济增速远超西方发达国家。[1] 在新冠肺炎疫情肆虐之下，中国于 2020 年成为全球唯一实现正增长的主要经济体，也为巴基斯坦等广大发展中国家带来经济复苏的希望。

2．中巴两国经贸合作的深化

自中巴经济走廊正式运行之后，瓜达尔港、卡拉奇–拉合尔高速公路、卡洛特水电站等由中国政府和企业投资建设的一系列大型基建项目相继落地巴基斯坦，为既懂技术又懂中文的巴基斯坦本土人才在工程、信息技术、金融、教育、卫生、科学、旅游等领域提供大量就业机会。中巴经济走廊巴基斯坦项目主管哈桑·达乌德表示，中巴经济走廊对巴基斯坦经济推动作用明显，为巴基斯坦 2016—2017 财年国民生产总值贡献约 20.9%，并为巴基斯坦提供 22.6% 的就业岗位。[2] 中国已成为巴基斯坦重要的贸易伙伴之一，极大提升了巴基斯坦青少年学习中文的热情和动力。

---

[1] 国家统计局. 国内生产总值（亿元）[EB/OL]. [2022-06-19]. https://data.stats.gov.cn/search.htm?s=GDP%20 2010.

[2] 中国一带一路网. 巴媒：中巴经济走廊项目对巴经济推动作用明显 [EB/OL].（2018-08-18）[2022-06-19]. https://www.yidaiyilu.gov.cn/ghsl/hwksl/63173.htm.

3．两国政府相关政策的拉动

自建交以来，中巴两国保持友好关系，双方领导人互访不断，专家学者、留学生、民间人士也保持较为频繁且密切的联系。两国政府签署一系列教育合作协议，助推双方在文化教育领域的交流与合作。2016 年 7 月，中国教育部印发《推动共建"一带一路"教育行动》，实施"丝绸之路"教育援助计划，逐步加大对巴基斯坦等"一带一路"沿线国家的教育援助力度，重点投资于人、援助于人、惠及于人。2022 年 3 月，中巴双方签署《中华人民共和国教育部与巴基斯坦伊斯兰共和国高等教育委员会关于相互承认高等教育学历学位的协定》，扫清两国高等教育领域学历学位互认的阻碍，进一步推动两国学术交流，有助于增大巴基斯坦来华留学规模。

（三）中巴两国语言交流的未来展望

随着"一带一路"倡议的推进，以及新时代教育对外开放工作的深化，进一步发展来华留学事业、加强优秀国际人才培养、提高我国教育的国际影响力的重要性不断凸显。巴基斯坦出现"中文热"以及巴方来华留学生规模的持续增加，反映出两国关系愈加紧密、中巴教育交流愈加频繁的发展态势。但是，相较于中巴在经济与政治方面的紧密合作而言，两国在人文教育方面的交流合作仍存在一定的滞后性，双方对彼此的文化历史和教育发展现状的了解有所不足。因此，两国政府应进一步签署中巴文化教育交流合作备忘录或相关政策文件，为双方的文化教育交流机制奠定制度基础和政策保障；大力助推语言类高校的快速发展，引导高校重点培养既通晓乌尔都语又具有国际视野和专业素养的跨学科高素质人才，鼓励双方学生到彼此的国家留学，促进两国专家学者之间的沟通和科研项目的合作，为推动中巴文化教育交流提供更多的智力支持。

二、中巴合作共建鲁班工坊

（一）鲁班工坊的建设动因

1. 服务中巴经济走廊建设

截至 2022 年 6 月，中巴经济走廊已启动或完成 70 个早期项目中的 46 个，总投资 254 亿美元，涉及港口、火电站、核电站、国际机场、铁路、高速公路、通讯光缆、油气管道等大型基础设施项目，需要培养大批专业的技术工人。[1] 旁遮普省作为巴基斯坦第一大省，人口众多、经济较为发达，吸纳了 70% 的中国援建项目，拥有巴基斯坦 47% 教育培训机构[2]，该省省会——拉合尔市——更是纵向联通中巴经济走廊全线的关键点。鲁班工坊选址建于拉合尔市能够最大限度地利用当地资源辐射巴基斯坦全境，依托旁遮普省技术教育与职业培训部，与其下设的包括政府技术学院、政府职业培训学院、政府技术培训中心等 401 所职业学院、培训学校和培训机构建立合作伙伴网络。[3] 以中巴经济走廊建设为中心，鲁班工坊不断充实技术人才储备库，服务于以瓜达尔港、能源、交通基础设施、产业合作为重点的合作布局。

---

[1] 中国一带一路网. 第七届中巴经济走廊媒体论坛举行 [EB/OL]. （2022-06-03）[2022-06-15]. https://www.yidaiyilu.gov.cn/xwzx/gnxw/249038.htm.

[2] AMINA K, MUHAMMAD U K, MARIA Q. Developing skills in youth to succeed in an evolving South Asian economy: a case study on Pakistan [R]. Islamabad: UNICEF, 2019: 45.

[3] 张颖，周明星. 鲁班工坊的国际化达成路径——以巴基斯坦鲁班工坊为例 [J]. 当代职业教育，2018（6）：83-87.

2．技术技能人才供不应求

根据巴基斯坦统计局的数据，2017—2018 年全国共有超过 6 550 万人属于劳动力，人口规模超过全国人口的三分之一，包含 5 074 万男性劳动力（占比 77.4%）和 1 476 万女性劳动力（占比 22.6%）。[1] 虽然人口基础众多，但是在制造业、服务业和建筑业等领域仍有人才缺口。联合国儿童基金会于 2019 年发布的报告《培养青年技能使南亚经济走向成功：巴基斯坦案例研究》中显示，2018 年在巴基斯坦劳动力市场中，机械操作员、缝纫工、电工、专业厨师、司机、电话接线员、装配修理工、焊工等岗位存在技术人才供不应求的情况。例如，该年机械操作员的人才缺口为 28 487 名、缝纫工的人才缺口为 19 406 名、电工的人才缺口为 14 970 名，这三种岗位的人才缺口程度最大。[2] 在这一背景下，旨在培养技术技能人才的鲁班工坊应运而生，它有助于加大对上述岗位的人才供给，一定程度上缓解技术技能人才供不应求的现状。

（二）鲁班工坊的建设现状

鲁班工坊是由天津市原创并率先主导推动实施的职业教育国际项目，致力于输出具有中国特色的教学模式、教学方案和教学设备，面向海外学生提供职业技能培训，培养高素质本土化的职业技能人才，服务国家"一带一路"倡议和中巴经济走廊建设。该项目先后在泰国、英国、印度、印度尼西亚建设鲁班工坊，逐渐成为中国职业教育"走出去"的国际品牌。旁遮普技术教育与职业培训部与天津现代职业技术学院共同创建鲁班工坊，

[1] Government of Pakistan Ministry of Statistics. Labour force survey, annual labour force survey [R]. Islamabad: Government of Pakistan, 2018: 25.

[2] AMINA K, MUHAMMAD U K, MARIA Q. Developing skills in youth to succeed in an evolving South Asian economy: a case study on Pakistan [R]. Islamabad: UNICEF, 2019: 49-50.

它是中国在海外开设的第五家鲁班工坊，向巴基斯坦分享中国职业教育的优质资源和经验。

巴基斯坦鲁班工坊选址建于天津职业教育服务中巴经济走廊技术技能人才的桥头堡——旁遮普省省会拉合尔市，坐落于该省技术教育与职业培训部总部院内，一期占地约 560 平方米。该工坊于 2018 年 7 月 18 日揭牌运营并于 2019 年 1 月 16 日正式开学，面向本土学生提供机电一体化技术、新能源技术、数控设备应用与维护等专业教学标准、技术培训和课程资源，培养服务于巴基斯坦相关方面的专业人才。为提升人才培养的质量，工坊为本土学生量身打造"专业技能＋汉语"的人才培养方案。在专业技能方面，工坊采用中国职业院校技能大赛装备，按照中资企业的生产和评价标准设计实训教学课程；在中文培训方面，工坊设置专业中文语言培训中心，研发专业中文、中国技术文化两大课程模块，通过线下与线上相结合的教学方式，为留学生、交换生等提供系统、灵活的专业汉语培训课程。根据张颖等学者的调研，2018 年巴基斯坦鲁班工坊共有巴方教师 5 名[1]，全部拥有机电专业硕士及以上学历并完成"工程实践创新项目"[2]的师资研修。此外，为促进产教融合的发展，巴基斯坦鲁班工坊-产教协同育人联盟应运而生。该联盟开创"1+1+6"的育人模式，即由海尔-鲁巴经济园区、巴基斯坦汽车配件制造商协会，以及 6 所由中方或巴方出资的大型知名企业组成拉合尔市当地第一个产教联盟单位，共同签署产教协同育人战略合作协议。[3]

---

[1] 张颖，周明星. 鲁班工坊的国际化达成路径——以巴基斯坦鲁班工坊为例 [J]. 当代职业教育，2018（6）：83-87.

[2] 工程实践创新项目（EPIP）教学模式是以实际工程项目为引导，以实践应用为导向，以创新能力培养为目标，以项目实践为统领的应用型技术技能型人才培养新途径。

[3] 张颖，周明星. 鲁班工坊的国际化达成路径——以巴基斯坦鲁班工坊为例 [J]. 当代职业教育，2018（6）：83-87.

（三）鲁班工坊的发展展望

以推动中巴经济走廊建设为目标，丰富职业培训内涵建设、提供产教融通的育人体系是中巴双方在职业教育领域实现高质量合作与发展的关键。

在政府层面，应进一步支持鲁班工坊的规模扩展，积极调动大使馆、高校、社会组织、企业和广大民众等多方力量的积极性，举办职业技能比赛、文化交流活动等，充分发挥官方媒体和民间媒体的强大传播功能，深化对彼此文化的理解、增进彼此之间的友谊，为增强"一带一路""民心相通"积累深厚的民意基础。

在高校和企业层面，依托巴基斯坦鲁班工坊，以中巴经济走廊的发展规划为导向，制定更具针对性的校际、校企合作计划，吸引更多企业加入鲁班工坊产教协同育人联盟，面向职业教育培训机构的学生增加其顶岗实习岗位。突出产教融合、工学结合的职业院校办学特色，根据中资企业的真实需求设置课程内容、引入实训设备、制定评价标准，定制标准化的专业人才培养方案，定向培养重点领域、紧缺专业的高水平研究型和应用型人才。

结　语

近年来，巴基斯坦政府愈发强调教育对文化资本积累和经济发展的重要作用，陆续出台了一系列教育领域的法律、政策文件，制定具体的教育发展目标、加大对教育领域的资金投入，推动国民识字率稳步上升、各类教育机构数量和在校生人数大幅增加、女性和弱势群体的受教育情况得到改善。此外，巴基斯坦还十分重视提升自身的教育国际化水平，与世界不同国家和地区开展密切的合作与交流。巴基斯坦在教育改革和发展的过程中，积累了一些经验，概括起来主要有以下几点。

第一，关注教育公平。巴基斯坦自独立至今，政府对教育公平问题予以高度重视，以法律的形式明确国家的每个公民都享有平等的受教育的权利和机会。从1947年召开的全国教育大会，到不同版本的国家教育政策和若干个"五年计划"，再到近年来提出的《巴基斯坦2025年：同一个国家，同一个愿景》，在政府召开的大型会议、发布的各类政策文件中，提高国民识字率、提升初等教育入学率、缓解教育资源分配不均一直是贯穿巴基斯坦教育发展始终的重要目标。政府积极出台相关政策、大力投入资金支持、引导多方合作参与，不断促进教育发展成果惠及全体人民，在教育公平方面取得了显著进展。

第二，兼顾教育质量。进入21世纪以来，巴基斯坦逐步将教育发展的重点由促进教育公平转变为深化教育公平、兼顾教育质量。近年来，"发展人力和社会资本"成为实现巴基斯坦国家发展目标的重要策略之一。在宏观层面，教育部门在政府的引导和监督之下，重视培养技术人才、高层次人才，加强师资培训和师范生人才储备，并逐步建立起较为完善的国家教育评估体系，统一教育内容和评价标准。在微观层面，各级各类教育机构越来越广泛地使用信息和现代科技手段，提升人员、财务、图书资料等方面的管理效率，加强自身与政府、企业、协会、基金会等利益相关者的联系，为学生提供多元化的教育资源。

第三，开展教育国际合作。在推进教育改革的过程中，巴基斯坦以开放的姿态和饱满的热情投身于高等教育国际化的建设之中。在高等教育、教师教育、职业教育等诸多领域，与英国、美国、澳大利亚、中国等不同国家和地区开展合作交流，包括但不限于鼓励学生赴海外留学深造、支持教师赴海外进修、与教育水平较高的国家开展合作办学项目、推进与别国的学历学位互认等。通过开展教育国际合作，巴基斯坦利用现有资源不断扩大其高等教育的区域和国际影响力、提升其劳动力在国际劳务市场中的竞争力，逐渐成为高等教育国际化的主要参与者之一。

虽然取得了一些教育成果，但是巴基斯坦在教育发展的过程中仍然面临诸多挑战，主要包括：教育资源分配不均，教育基础设施较为薄弱，教育经费较为匮乏、高素质教师十分短缺，人才培养模式不能满足社会经济发展的现实需要，教育信息化和全球教育竞争力相对落后，教育政策目标屡屡未能实现导致政府威信受挫等。展望未来，巴基斯坦需进一步完善教育相关的法律和政策体系，向女性、弱势群体倾斜教育资源，大力投入教育基础设施建设，丰富教育经费来源渠道，推进教师队伍建设，以就业为导向调整和优化人才培养方案，加强教育信息化建设，以政策实效提振民众对政府的信心等。在巩固前期教育改革成果的基础上，继续推动教育创新发展，提升巴基斯坦的教育实力和国际声誉。

多年来，中巴两国的教育交流在平等协商和互相尊重教育主权的基础上开展，形成平等、包容、互惠、活跃的教育合作态势，秉持"育人为本、人文先行，政府引导、民间主体，共商共建、开放合作，和谐包容、互利共赢"的合作原则，以教育合作交流为支点促进民心相通，并为政策沟通、设施联通、贸易畅通、资金融通提供人才和智力支持。两国共享优质教育资源，开展更大范围、更高水平、更深层次的人文交流，不断推进中巴两国人民相知相亲，共同开创教育美好明天。面向未来，两国在教育领域主要有以下三个重点合作方向。

第一，开展教育互联互通合作。

加强教育政策沟通，开展中巴两国的教育法律、政策协同研究，构建起双方教育政策信息交流通报机制，为双方政府、学校和社会力量提供有关教育政策方面的资讯参考。积极签署双边教育合作协议，逐步实现两国高校的学分互认、学位互授联授，协力推进中巴教育共同体建设。

助力教育合作渠道畅通。鼓励人员跨境流动，为中巴两国的留学生、教师、访问学者等提供更为便利的签证手续。鼓励双方高校在现有基础上缔结"姊妹校"关系，依托相同的研究课题和发展目标建立产学研国际合作联合实验室或研究中心，面向环境保护、地区和平、经济发展等两国共同的挑战和机遇进行学术探讨，拓展教育合作边界。积极举办校长论坛、学术会议、教育展等活动，打造中巴学术交流平台，促成双方学者、学生开展科研和学术方面的交流，推进"一带一路"优质教育资源共享。

促进中巴两国语言互通。鼓励双方高校设置更多的中文、乌尔都语专业，共同开发语言互通开放课程，逐步将中文、乌尔都语课程纳入双方学校教育课程体系。开展语言学习交换项目，发挥北京外国语大学等中国语言类高校的人才培养优势，建立健全中巴高层次人才联合培养机制，推进基础教育多语种师资队伍建设和外语教育教学工作。支持更多社会力量助力孔子学院和孔子课堂建设，扩大巴基斯坦孔子学院的数量和规模，提升孔子学院的办学质量，加强中文教师和志愿者队伍建设，不断增强孔子学院在巴基斯坦的影响力，全力满足巴国人民的中文学习需求。

推进中巴两国民心相通。加强中巴两国的学者和研究机构开展区域国别研究工作，鼓励双方高校建设中国或巴基斯坦研究中心，增进两国对彼此经济、政治、教育、文化等领域的了解。加强中巴两国青少年交流，为两国青少年提供海外研学旅行、寒暑期夏令营、长短期互访、国际比赛、国际文体活动的机会，增进青少年对中巴两国文化的相互理解，提高跨文化交流能力。加强双方在出版和传媒领域的合作，出版更多、更优质的中文和乌尔都语的教材和读物，将中巴两国优秀的文学作品进行互译和推广，借助电视台、广播电台、互联网等多种媒体渠道助力两国人民增进对彼此的文化理解。

推动中巴学历学位认证标准连通。据悉，2022 年 3 月 21 日，中国驻巴基斯坦使馆临时代办庞春雪与巴基斯坦高等教育委员会执行主任苏海尔共同签署《中华人民共和国教育部与巴基斯坦伊斯兰共和国高等教育委员会关于相互承认高等教育学历学位的协定》[1]，中国国务委员兼外长王毅和巴基斯坦外长库雷希在巴基斯坦首都伊斯兰堡共同见证了中巴有关合作协定签字仪式。中巴两国的学历学位互认工作取得重要进展。

第二，开展人才联合培养培训合作。

实施"丝绸之路"留学推进计划。提供充足、多种类型的政府奖学金、助学金和助学贷款名额，培养服务于"一带一路"建设的技术人才和高水平人才。扩大巴基斯坦来华留学生的规模，把握录取门槛、提升来华留学人才培养质量，完善对留学人员的教学、管理、考评和生活服务的全链条体系，保障平安留学、健康留学、成功留学。

实施"丝绸之路"合作办学推进计划。鼓励两国高校开展多种形式的合作办学，支持有条件的高等教育机构依托自身的优势学科和教育资源建设海外分校。高校应做好前期的论证和调研工作，考虑政治、经济、文化、

[1] 中国驻巴基斯坦大使馆. 中国巴基斯坦签署高等教育学历学位互认协定 [EB/OL].（2022-03-29）[2022-07-13]. http://pk.china-embassy.gov.cn/zbgx/202203/t20220329_10657088.htm.

自然条件等多种因素进行区位选址，积极吸引本土企业、高校、社会组织等多方主体共同参与，以当地的实际需求为导向进行人才培养，使学校顺利落地生根、开花结果。

实施"丝绸之路"师资培训推进计划。加强中巴两国的教师交流，推动两国高水平师资互访，通过研修班、教师工作坊、经验交流会等方式推进优质教育模式的互学互鉴，在提升教师学历层次的同时兼顾师资队伍的稳定性，提升区域教育质量。

第三，共建中巴合作机制。

加强"丝绸之路"人文交流高层磋商。建立开展中巴双边人文交流高层磋商机制，定期商定两国教育合作交流的布局和策略，协调推动两国建立稳定的双边教育合作模式、构建教育质量保障机制和跨境教育市场监管机制。

充分发挥国际合作平台作用。依托中巴经济走廊、上海合作组织、亚太经合组织等现有双边和多边合作机制作用，拓展中巴两国教育的内涵和外延。利用好"中巴经济走廊大学联盟"交流机制，实现"推动关键领域精准合作、推动科技赋能教育发展、推动人文交流惠及民生、推动产教融合协同育人"[1] 的目标，开展双方高校层面的务实合作。

实施"丝绸之路"教育援助计划。继续加大对巴基斯坦的教育援助力度和范围，以人为本、惠及人民，统筹利用政府和民间资源筹措多元经费，开展教学设备、教材课件、人才培养方案、配套师资培训等一体化援助，带动我国教育产品和服务进入巴基斯坦的本土教育市场，进一步促进两国的教育交流与合作。

历经 70 余载，中巴两国作为亲密无间的"铁杆兄弟"，开展教育合作

[1] 中国高等教育学会. 杜玉波：为构建新时代中巴命运共同体贡献力量——在"中巴经济走廊大学联盟"交流机制第四次会议开幕式上的讲话 [EB/OL].（2021-10-15）[2022-06-17]. https://www.eol.cn/news/yaowen/202110/t20211015_2164473.shtml.

交流具有得天独厚的优势。"一带一路"倡议为中巴携手共谋教育发展带来了巨大的潜力，为双方共创美好教育明天描绘出一副宏伟的蓝图。随着两国政治互信的不断巩固和经济贸易的互利互惠，共建"一带一路"的深入推进必将为中巴教育合作带来更为广阔的前景，实实在在地造福两国人民。

附　录

一、巴基斯坦主要高等教育机构一览

序号	高校名称	高校类型	所在省份
1	真纳大学	公立	伊斯兰堡首都特区
2	国立科技大学	公立	伊斯兰堡首都特区
3	COMSATS 信息技术学院	公立	伊斯兰堡首都特区
4	巴基斯坦工程和应用科学学院	公立	伊斯兰堡首都特区
5	航天科技学院	公立	伊斯兰堡首都特区
6	空军大学	公立	伊斯兰堡首都特区
7	巴基斯坦经济发展学院	公立	伊斯兰堡首都特区
8	国际里法大学	私立	伊斯兰堡首都特区

续表

序号	高校名称	高校类型	所在省份
9	国际伊斯兰大学	公立	伊斯兰堡首都特区
10	国立计算机与新兴科学大学	公立	伊斯兰堡首都特区
11	巴利亚大学	公立	伊斯兰堡首都特区
12	国立现代语言大学	公立	伊斯兰堡首都特区
13	国防大学	公立	伊斯兰堡首都特区
14	基金会大学	私立	伊斯兰堡首都特区
15	旁遮普大学	公立	旁遮普省
16	农业大学	公立	旁遮普省
17	健康科学大学	公立	旁遮普省
18	兽医和动物科学大学	公立	旁遮普省
19	拉合尔经济学校	私立	旁遮普省
20	高等学院	私立	旁遮普省
21	旁遮普中部大学	私立	旁遮普省
22	天资大学	私立	旁遮普省
23	管理科学研究院	私立	旁遮普省
24	国立艺术学院	公立	旁遮普省
25	爱荷华国王医科大学	公立	旁遮普省
26	工程技术大学	公立	旁遮普省
27	工程科技大学	公立	旁遮普省
28	国立纺织大学	公立	旁遮普省

序号	高校名称	高校类型	所在省份
29	海泰克大学	私立	旁遮普省
30	皮尔·迈尔·阿里·沙农业大学	公立	旁遮普省
31	拉合尔管理科学大学	私立	旁遮普省
32	拉合尔政府学院大学	公立	旁遮普省
33	巴哈丁·扎卡利亚大学	公立	旁遮普省
34	巴哈瓦尔布尔伊斯兰大学	公立	旁遮普省
35	费萨拉巴德大学	私立	旁遮普省
36	萨戈达大学	公立	旁遮普省
37	福尔曼基督教学院	私立	旁遮普省
38	古杰拉特大学	公立	旁遮普省
39	拉合尔女子大学	公立	旁遮普省
40	拉合尔大学	私立	旁遮普省
41	管理技术大学	私立	旁遮普省
42	法蒂玛真纳女子大学	公立	旁遮普省
43	敏哈吉大学	私立	旁遮普省
44	灯塔屋国立大学	私立	旁遮普省
45	教育大学	公立	旁遮普省
46	哈杰威尔瑞大学	私立	旁遮普省
47	金奈德女子学院	公立	旁遮普省
48	国立工商管理与经济学院	私立	旁遮普省
49	阿里教育学院	私立	旁遮普省
50	Wah 大学	私立	旁遮普省
51	帝国商学院	私立	旁遮普省
52	南亚大学	私立	旁遮普省

续表

序号	高校名称	高校类型	所在省份
53	阿迦汗大学	私立	信德省
54	卡拉奇大学	公立	信德省
55	信德农业大学	公立	信德省
56	伊克拉大学	私立	信德省
57	工商管理学院	公立	信德省
58	苏库尔工商管理学院	公立	信德省
59	沙希德·祖尔菲·阿里·布托科学技术学院	私立	信德省
60	格林威治大学	私立	信德省
61	COMMECS 商业和新兴科学学院	私立	信德省
62	达达博伊高等教育学院	私立	信德省
63	卡迪姆·阿里·沙·布哈里科技学院	私立	信德省
64	印度河艺术建筑学校	私立	信德省
65	陶氏健康学科大学	公立	信德省
66	伊斯拉大学	私立	信德省
67	齐亚丁医科大学	私立	信德省
68	利亚卡特医学与健康大学	公立	信德省
69	巴凯医科大学	私立	信德省
70	沙希德·莫塔玛·贝纳齐尔·布托医科大学	公立	信德省
71	信德医学学院	私立	信德省
72	医学与健康人民大学	公立	信德省
73	迈赫兰工程技术大学	公立	信德省
74	NED 工程技术大学	公立	信德省
75	奎德·阿瓦姆工程技术大学	公立	信德省
76	印度河大学	私立	信德省

序号	高校名称	高校类型	所在省份
77	达伍德工程科技大学	公立	信德省
78	塞德工程科技大学	私立	信德省
79	巴基斯坦纺织学院	私立	信德省
80	DHA 萨法大学	私立	信德省
81	信德大学	公立	信德省
82	乌尔都联邦艺术科技大学	公立	信德省
83	沙·阿卜杜勒·拉蒂芙大学	公立	信德省
84	卡拉奇经济技术学院	私立	信德省
85	穆罕默德·阿里·真纳大学	私立	信德省
86	商业技术学院	公立	信德省
87	真纳女子大学	私立	信德省
88	纽波斯特传播与经济学院	私立	信德省
89	汉达德大学	私立	信德省
90	贝纳齐尔·布托·沙希德大学	公立	信德省
91	普雷斯顿大学	私立	信德省
92	普雷斯顿管理科学技术学院	私立	信德省
93	纳泽尔·侯赛因大学	私立	信德省
94	拉斯贝拉农业大学　水与海洋科学	公立	俾路支省
95	俾路支信息科技工程管理大学	公立	俾路支省
96	俾路支工程科技大学	公立	俾路支省
97	俾路支大学	公立	俾路支省
98	萨达尔·巴哈杜尔·汗女子大学	公立	俾路支省
99	AI-哈姆德伊斯兰大学	私立	俾路支省

续表

序号	高校名称	高校类型	所在省份
100	农业大学	公立	开伯尔–普赫图赫瓦省
101	管理科学学院	公立	开伯尔–普赫图赫瓦省
102	开伯尔医科大学	公立	开伯尔–普赫图赫瓦省
103	犍驼罗大学	私立	开伯尔–普赫图赫瓦省
104	古拉姆·伊沙克·汗工程科技学院	私立	开伯尔–普赫图赫瓦省
105	工程技术大学	公立	开伯尔–普赫图赫瓦省
106	萨哈德信息科技大学	私立	开伯尔–普赫图赫瓦省
107	CECOS 信息工程与新型科学大学	私立	开伯尔–普赫图赫瓦省
108	白沙瓦大学	公立	开伯尔–普赫图赫瓦省
109	科技大学	公立	开伯尔–普赫图赫瓦省

序号	高校名称	高校类型	所在省份
110	阿卜杜勒·瓦利·汗大学	公立	开伯尔-普赫图赫瓦省
111	马拉坎德大学	公立	开伯尔-普赫图赫瓦省
112	克哈特科技大学	公立	开伯尔-普赫图赫瓦省
113	戈马尔大学	公立	开伯尔-普赫图赫瓦省
114	哈扎拉大学	公立	开伯尔-普赫图赫瓦省
115	伊斯兰学院	公立	开伯尔-普赫图赫瓦省
116	城市信息科技大学	私立	开伯尔-普赫图赫瓦省
117	夸塔巴信息科技大学	私立	开伯尔-普赫图赫瓦省
118	沙希德·贝纳齐尔·布托女子大学	公立	开伯尔-普赫图赫瓦省
119	阿巴辛大学	私立	开伯尔-普赫图赫瓦省

续表

序号	高校名称	高校类型	所在省份
120	沙希德·贝纳齐尔·布托大学	公立	开伯尔－普赫图赫瓦省
121	普雷斯顿大学	私立	开伯尔－普赫图赫瓦省
122	北部大学	私立	开伯尔－普赫图赫瓦省

二、获得巴基斯坦高等教育委员会认证的国际教育合作项目 [1]

发起合作方	所在地	开办时间	海外合作方	合作项目信息
亚洲太平洋信息技术学院	卡拉奇 巴基斯坦	2003	马来西亚：亚洲太平洋信息科技学院 英国：斯泰福厦大学	毕业生可获得英国斯泰福厦大学颁发的理工学士学位（计算机方向），此项目目前已终止。
爱德思伦敦考试委员会	伦敦 英国	2004	英国：爱德思伦敦考试委员会	毕业生可获得英国商业与技术教育委员会（BTEC）颁发的文凭。
巴基斯坦管理发展学院	伊斯兰堡 巴基斯坦	1999	澳大利亚：南昆士兰大学	毕业生可获得南昆士兰大学颁发的企业管理学士、企业管理硕士或企业管理双学位。
国际注册会计师 英国–巴基斯坦分会	拉合尔 巴基斯坦	2004/ 2008	英国：牛津布鲁克斯大学 英国：国际会计师组织	毕业生可获得牛津布鲁克斯大学颁发的理学学士学位（应用会计方向）或 ACCA 商业硕士学位。
会计和管理科学学院	卡拉奇 巴基斯坦	2007	马来西亚：思特雅大学	毕业生可获得思特雅大学颁发的艺术学士或理学学士（会计和金融方向）学位，项目于 2017 年 12 月中止。

[1] 数据来源于巴基斯坦高等教育委员会网站。

续表

发起合作方	所在地	开办时间	海外合作方	合作项目信息
Roots 国际学院	伊斯兰堡 巴基斯坦	1988	英国：伦敦大学 英国：贝德福特大学 英国：培生 英国：英博夏尔大学 英国：商业管理学院	毕业生可获得：英国伦敦大学授予的理学士或法学学位（2010年至今）；英国贝德福特大学授予的理学士（企业管理、会计和金融、信息科技方向）学位或文学士（工商管理、时尚设计）学位，项目于2020—2023年接受申请；英国培生（爱德思）授予的英国国家高等教育文凭，包括商业、时尚、纺织、旅游、酒店管理和计算机等专业方向，项目于2020—2023年接受申请；英国英博夏尔大学授予的文凭（法律或商务方向），项目于2015年开始，分别于2019年和2020年终止；英国商业管理学院授予的文凭（商务、科技和管理项目），项目于2017年终止。
巴基斯坦尼康学院	拉瓦尔品第 巴基斯坦	2009	英国：爱德思国际	毕业生可获得爱德思授予的英国国家高等教育文凭。
联邦专业研究学院	白沙瓦 巴基斯坦	2009	英国：爱德思国际	毕业生可获得爱德思授予的英国国家高等教育文凭。

续表

发起合作方	所在地	开办时间	海外合作方	合作项目信息
那玛尔学院	缅瓦利 巴基斯坦	2009	英国：布拉德福德大学	毕业生可获得布拉德福德大学授予的理学士文凭（移动计算机、互联网计算、软件工程或计算机科学方向）。
商业管理学院	拉合尔 巴基斯坦	2011	英国：商业管理学院	毕业生可获得英国商业管理学院授予的学士文凭，相当于获得巴基斯坦本科学位，项目于2017年终止。
格拉夫顿管理学院	伊斯兰堡 巴基斯坦	2012	英国：爱德思国际	毕业生可获爱德思授予的英国国家高等教育文凭。
里法国际大学	伊斯兰堡 巴基斯坦	2011	英国：北方大学联合会	学生在里法国际大学完成为期两年的"转学学位课程"（本科阶段）后可获得独立的文凭证书，毕业后可选择前往英国继续深造。
布理茨卓越教育	西亚尔科特 巴基斯坦	2012	英国：爱德思国际	毕业生可获得爱德思授予的英国国家高等教育文凭（商业、时尚和纺织方向）。
英国工商管理协会	英国	2013	英国：工商管理协会	毕业生可获文凭，相当于获得巴基斯坦本科学位。

259

续表

发起合作方	所在地	开办时间	海外合作方	合作项目信息
苏格兰学历管理委员会	卡拉奇 巴基斯坦	2015	英国：苏格兰学历管理委员会	毕业生可获得英国苏格兰学历管理委员会授予英国国家高等教育文凭。
英国教育培训系统	拉合尔 巴基斯坦	2015	英国：爱德思国际	毕业生可获得爱德思授予的英国国家高等教育文凭（商业、时尚和纺织业方向；计算机及系统开发方向）。
巴基斯坦教育基金会研究生院	白沙瓦 巴基斯坦	2010	英国：爱德思国际	毕业生完成为期两年的课程后可获得爱德思授予的英国国家高等教育文凭（商业方向）。
诺尔国际大学	拉合尔 巴基斯坦	2014	美国：路易斯维尔大学	毕业生可获得美国路易斯维尔大学授予的公共健康硕士学位。
商业领导力学院	伊斯兰堡 巴基斯坦	2015	英国：爱德思国际	毕业生可获得爱德思授予的英国国家高等教育文凭（商业方向）。
千禧年环球学院	伊斯兰堡 巴基斯坦	2015	英国：伦敦大学爱德思国际 英国：创意艺术大学 英国：赫特福德大学	毕业生可获得英国伦敦大学和爱德思授予的英国国家高等教育文凭，包括计算机、建筑、商业、时尚和纺织等方向（2015年至今）；英国创意艺术大学授予的文学学士文凭，包括2019—2021年开设时尚纺织、影视艺术、传媒方向，以及2019—2021年开设国际工商管理方向；英国赫特福德大学授予的理学学士文凭（计算机科学、工商管理方向），项目于2019—2021年接受申请。

续表

发起合作方	所在地	开办时间	海外合作方	合作项目信息
格里菲斯学院卡拉奇校区	卡拉奇 巴基斯坦	1999	爱尔兰：都柏林格里菲斯学院	毕业生可获得爱尔兰国家教育文凭委员会授予的学位证书，项目目前已终止。
工商管理与技术学院	伊斯兰堡 巴基斯坦	2000	美国：西密歇根大学	毕业生可获得西密歇根大学授予的学位证书，项目目前已终止。
卡拉奇信息技术学院	卡拉奇 巴基斯坦	1999	英国：哈德斯菲尔德大学	毕业生可获得哈德斯菲尔德大学授予的学位证书，项目目前已终止。
灯塔屋信息有限公司	伊斯兰堡 巴基斯坦	2002	新加坡：信息控股公司 澳大利亚：科廷大学	毕业生可获得巴基斯坦高等教育委员会认证的学历学位，项目目前已终止。
灯塔屋信息有限公司	拉合尔 巴基斯坦	2003	新加坡：信息控股公司 澳大利亚：科廷大学	毕业生可获得巴基斯坦高等教育委员会认证的学位，项目已于2003年终止。
数字科学院	卡拉奇 巴基斯坦	2007	英国：伦敦大都会大学	毕业生可获得伦敦大都会大学授予的理学学士学位（计算机与信息系统方向），项目已于2008年终止。
商业与金融学院	拉合尔 巴基斯坦	2016	英国：爱德思国际	学生完成为期两年的课程后可获得爱德思国家的英国国家高等教育文凭（工商管理、营销、人力资源管理和法律方向）。

261

续表

发起合作方	所在地	开办时间	海外合作方	合作项目信息
千禧年环球学院	拉瓦尔品第 巴基斯坦	2019	英国：伦敦大学 英国：创意艺术大学 英国：赫特福德大学	毕业生可获得：英国伦敦大学授予的理学学士学位（工商管理、企业管理、政治和国际关系，和会计金融方向），或法学士学位，项目于 2019—2021 年期间开设；英国创意艺术大学授予的文学学士学位（时尚媒体方向），项目于 2019—2021 年开设；影视艺术和传媒方向），项目于 2019—2021 年开设；英国赫特福德大学授予的理学学士文凭（计算机科学、工商管理方向），项目于 2019—2021 年开设。
千禧年环球学院	卡拉奇 & 拉合尔 巴基斯坦	2020	英国：伦敦大学 英国：创意艺术大学 英国：赫特福德大学	毕业生可获得：英国伦敦大学授予的理学学士学位（工商管理、经济管理和会计金融方向），或法学士学位，项目于 2020—2021 年开设；英国创意艺术大学授予的文学学士文凭（时尚纺织、影视艺术和传媒方向），项目于 2020—2021 年开设；英国赫特福德大学授予的理学学士文凭（计算机科学方向）或文学学士文凭（工商管理方向），项目于 2020—2021 年开设。

续表

发起合作方	所在地	开办时间	海外合作方	合作项目信息
巴基斯坦管理学院	卡拉奇 巴基斯坦	2020	英国：华威大学	毕业生可获得华威大学授予的理学硕士学位（工商管理方向），项目于2020—2021年开设。
巴基斯坦法律学院	拉合尔 巴基斯坦	2020	英国：伦敦大学	毕业生可获得伦敦大学授予的法学学士学位，项目于2020—2023年开设。
沙希德·祖尔菲·阿里·布托科学技术学院	卡拉奇 巴基斯坦	2019	英国：伦敦大学	毕业生可获得伦敦大学授予的法学学士学位，项目于2019—2022年开设。
大都会国际联合大学	伊斯兰堡 巴基斯坦	2020	英国：伦敦大学	毕业生可获得伦敦大学授予的法学学士学位，项目于2020—2021年开设。
拉合尔文法学校	拉合尔 巴基斯坦	2021	英国：伦敦大学	毕业生可获得伦敦大学授予的理学学士学位（会计金融、银行金融、工商管理、经济发展、国际金融、经济金融、政治与政治、国际关系、以及市场和国际商务方向），法学学士学位或文学学士学位（英语文学方向），项目于2021年开设。
法律研究学院	拉合尔 巴基斯坦	2020	英国：伦敦大学	毕业生可获得伦敦大学授予的法学学士学位，项目于2020—2021年开设。
法律研究学院	伊斯兰堡 巴基斯坦	2021	英国：伦敦大学	毕业生可获得伦敦大学授予的法学学士学位，项目于2021—2022年开设。

参考文献

一、中文文献

本书编写组. 习近平总书记教育重要论述讲义 [M]. 北京：高等教育出版社，2020.

柴瑜，王晓泉. "一带一路"建设发展报告（2020）[M]. 北京：社会科学文献出版社，2020.

陈继东，晏世经. 巴基斯坦报告（2014 年）[M]. 昆明：云南大学出版社，2015.

邓伟，李爱农. 南亚地理——资源与环境 [M]. 成都：四川科学技术出版社，2016.

冯增俊，陈时见，项贤明. 当代比较教育学 [M]. 2 版. 北京：人民教育出版社，2015.

顾明远，鲍东明. 推进共建"一带一路"教育专题研究 [C]. 北京：教育科学出版社，2017.

顾明远. 教育大辞典 [M]. 上海：上海出版社，1998.

顾明远. 顾明远教育演讲录 [M]. 北京：人民教育出版社，2014.

国家信息中心"一带一路"大数据中心. "一带一路"大数据报告（2017）[M]. 北京：商务印书馆，2017.

何朝荣. 南亚概论 [M]. 广州：世界图书出版广东有限公司，2015.

贺国庆，朱文富，等. 外国职业教育通史 [M]. 北京：人民教育出版社，2014.

胡德海. 教育学原理 [M]. 3 版. 北京：人民教育出版社，2013.

孔亮. 巴基斯坦概论 [M]. 广州：世界图书出版公司，2016.

拉赫曼，沙赫扎德. 继往开来的中国与巴基斯坦友好关系 [M]. 陈继东，等译. 昆明：云南大学出版社，2015.

李盛兵. 高等教育国际化研究 [M]. 北京：科学出版社，2019.

李永全. "一带一路"建设发展报告（2019）[R]. 北京：社会科学文献出版社，2019.

李政涛. 教育常识 [M]. 上海：华东师范大学出版社，2016.

联合国教科文组织. 反思教育：向"全球共同利益"的理念转变 [M]. 联合国教科文组织总部中文科，译. 北京：教育科学出版社，2018.

刘捷，谢维和. 栅栏内外：中国高等师范教育百年省思 [M]. 北京：北京师范大学出版社，2002.

刘捷. 专业化：挑战 21 世纪的教师 [M]. 北京：教育科学出版社，2002.

刘捷. 教育的追问与求索 [M]. 北京：人民出版社，2021.

刘进，张志强，孔繁盛. "一带一路"高等教育研究（2019）：国际化展望 [M]. 北京：北京理工大学出版社，2020.

刘进. "一带一路"学生流动与教育国际化 [M]. 北京：北京理工大学出版社，2020.

卢晓中. 比较教育学 [M]. 北京：人民教育出版社，2020.

陆有铨. 教育的哲思与审视 [M]. 北京：人民教育出版社，2016.

马里克. 巴基斯坦史 [M]. 张文涛，译. 北京：中国大百科全书出版社，2010.

牛健，张坤，高晓静. 巴基斯坦阿拉玛·伊克巴尔开放大学研究 [M]. 北京：中央广播电视大学出版社，2015.

诺丁斯. 教育哲学 [M]. 许立新，译. 北京：北京师范大学出版社，2017.

潘懋元，王伟廉. 高等教育学 [M]. 福州：福建教育出版社，2013.

秦惠民，王名扬. 高等教育与家庭流动 [M]. 北京：科学出版社，2019.

秦惠民. 教育法治与大学治理 [M]. 北京：人民出版社，2021.

任钟印. 东西方教育的覃思 [M]. 北京：人民教育出版社，2017.

沙阿布哈里. 巴基斯坦大学生学习满意度实证研究 [M]. 厦门：厦门大学出版社，2018.

单中惠. 在世界范围内寻觅现代教育智慧 [M]. 北京：人民教育出版社，2014.

石筠弢. 学前教育课程论 [M]. 北京：北京师范大学出版社，2014.

孙红旗. 巴基斯坦研究：第 1 辑 [M]. 北京：中国社会科学出版社，2012.

孙红旗. 巴基斯坦研究：第 2 辑 [M]. 北京：中国社会科学出版社，2017.

孙有中. 跨文化研究论丛 [M]. 北京：外语教学与研究出版社，2019.

孙壮志，赵克斌，王晓泉. "一带一路"建设发展报告（2021）[M]. 北京：社会科学文献出版社，2021.

唐孟生，孔菊兰. 巴基斯坦文化与社会 [M]. 北京：民族出版社，2006.

特罗. 高学历社会的大学——从英才到大众化 [M]. 东京：东京大学出版社，1976.

滕大春. 教育史研究与教育规律探索 [M]. 北京：人民教育出版社，2019.

王承绪，顾明远. 比较教育 [M]. 5 版. 北京：人民教育出版社，2015.

王定华，秦惠民. 北外教育评论：第 2 辑 [M]. 北京：外语教学与研究出版社，2021.

王定华，杨丹. 人类命运的回响——中国共产党外语教育 100 年 [M]. 北京：外语教学与研究出版社，2021.

王定华，曾天山. 民族复兴的强音——新中国外语教育 70 年 [M]. 北京：外语教学与研究出版社，2019.

王定华. 教育路上行与思 [M]. 北京：人民出版社，2020.

王定华. 中国教师教育：观察与研究 [M]. 北京：人民教育出版社. 2020.

王定华. 美国高等教育：观察与研究 [M]. 2 版. 北京：人民教育出版社，2021.

王定华. 美国基础教育：观察与研究 [M]. 2 版. 北京：人民教育出版社，2021.

王定华. 中国基础教育：观察与研究 [M]. 北京：人民教育出版社，2021.

王辉. "一带一路"国家语言状况与语言政策：第 1 卷 [M]. 北京：社会科学文献出版社，2015.

王璐，曾晓洁. 高校境外办学概念辨析与相关理论研究 [M]. 北京：人民出版社，2021.

王琦，史小今. 驻巴为铁：读懂中巴经济走廊时代的巴基斯坦 [M]. 北京：中国国际广播出版社，2019.

王彤. 世界与中国：构建人类命运共同体 [M]. 北京：中共中央党校出版社，2019.

卫哲. "一带一路"沿线国家法律风险防范指引·巴基斯坦 [M]. 北京：经济科学出版社，2016.

吴式颖，李明德. 外国教育史教程 [M]. 3 版. 北京：人民教育出版社，2015.

习近平. 论坚持推动构建人类命运共同体 [M]. 北京：中央文献出版社，2018.

习近平. 习近平谈"一带一路" [M]. 北京：中央文献出版社，2018.

谢维和. 我的教育觉悟 [M]. 北京：人民教育出版社，2016.

徐辉. 国际教育初探——比较教育的新进展 [M]. 2 版. 成都：四川教育出版社，2005.

薛克翘，赵长庆. 简明南亚中亚百科全书 [M]. 北京：中国社会科学出版社，2004.

闫丽君. 巴基斯坦商务环境 [M]. 北京：对外经济贸易大学出版社，2015.

杨翠柏，李德昌. 当代巴基斯坦 [M]. 成都：四川人民出版社，1999.

杨翠柏，刘成琼. 巴基斯坦 [M]. 北京：社会科学文献出版社，2005.

杨汉清. 比较教育学 [M]. 3 版. 北京：人民教育出版社，2015.

叶澜. 教育学原理 [M]. 北京：人民教育出版社，2007.

殷永林. 独立以来的巴基斯坦经济发展研究 (1947—2014)[M]. 北京：中国社会科学出版社，2016.

苑大勇. 终身学习视角下英国高等教育扩大参与政策研究 [M]. 北京：高等教育出版社，2013.

张淑兰，朱修强，拉里. 巴基斯坦 [M]. 大连：大连海事大学出版社，2019.

赵常庆. 简明南亚中亚百科全书 [M]. 北京：中国社会科学出版社，2004.

周洪宇，付睿. 全球教育治理导论 [M]. 武汉：湖北教育出版社，2020.

中国高等教育学会引进国外智力工作分会. 大学国际化理论与实践 [M]. 北京：北京大学出版社，2007.

中国亚非发展交流协会. 巴基斯坦——驶向蓝海的旗舰 [M]. 北京：世界知识出版社，2016.

二、外文文献

ALI S. Islam and education: conflict and conformity in Pakistan's madrassahs [M]. Newark: Oxford University Press, 2008.

ALTBACH P G, BALÁN J. World class worldwide: transforming research universities in Asia and Latin America [M]. Baltimore: JHU Press, 2007.

ALTBACH P G. Globalization and the university: realities in an unequal world [M]. Dordrecht: Springer, 2007.

DEARDOREF D K. Theories of cultural and educational exchange, intercultural competence, conflict resolution and peace education [M]. Singapore: Springer, 2018.

GREG M. Three cups of tea: one man's mission to promote peace-one school at a time [M]. London: Penguin Books, 2007.

GREG M. Stones into schools: promoting peace with education in Afghanistan and Pakistan [M]. London: Penguin Books, 2010.

HANS N. Comparative education: a study of educational factors and traditions [M]. New York: Routledge, 2012.

HIRST P H. Educational theory and its foundation disciplines [M]. London: Taylor and Francis, 2012.

HUMA NAZ SETHI. The environment of Pakistan [M]. London: Peak Publishing, 2007.

KAISER B. History of educational policy making and planning in Pakistan [M]. Islamabad: Sustainable Development Policy Institute, 1999.

KANDE E L. Comparative education [M]. Westport: Greenwood Press, 1970.

KNIGHT J. Higher Education in Turmoil: the changing world of internationalization [M]. Rotterdam: Sense, 2008.

KNIGHT J. Internationalization: concepts, complexities and challenges. International Handbook of Higher Education [M]. Dordrecht: Springer, 2006.

LANE J E, JOHNSTONE D B. Higher education systems 3.0: harnessing systemness, delivering performance [M]. Albany: SUNY Press, 2013.

ODIN J K, MANCIAS P T. Globalization and higher education [M]. Honolulu: Hawaii Press, 2004.

PETER B. Pakistan, a country study [M]. Whitefish: Kessinger Publishing, 2004.

PRAHALAD C K, DOZ Y L. The multinational mission balancing local demands and global vision [M]. New York: Simon and Schuster, 1999.

SCHLEICHER A. Preparing teachers and developing school leaders for 21 century [M]. Paris: OECD Publishing, 2012.

SHAH G H, BARI F, EJAZ N. The role of NGOs in basic and primary education in Pakistan: NGO pulse report [M]. Lahore: Lahore University of Management Sciences, 2005.

SHAHID P. Implementation of national education policies [M]. Islamabad: Academy of Educational Planning & Management, 1985.

SHAMI P A. Education in Pakistan: policies and policy formulation [M]. Islamabad: National Book Foundation, Ministry of Education, 2005.